Jianshou Yu Chaoyue
Gaoxiao Tushuguan Fazhan Yanjiu

坚守与超越：
高校图书馆发展研究

罗时进　唐忠明◎主编

苏州大学出版社
Soochow University Press

图书在版编目(CIP)数据

坚守与超越:高校图书馆发展研究/罗时进,唐忠明主编,—苏州:苏州大学出版社,2013.10
ISBN 978-7-5672-0646-5

Ⅰ.①坚… Ⅱ.①罗… ②唐… Ⅲ.①院校图书馆—图书馆发展—中国—文集 Ⅳ.①G259.256—53

中国版本图书馆 CIP 数据核字(2013)第 234332 号

坚守与超越:高校图书馆发展研究
罗时进 唐忠明 主编
责任编辑 周建国

苏州大学出版社出版发行
(地址:苏州市十梓街 1 号 邮编:215006)
苏州工业园区美柯乐制版印务有限责任公司印装
(地址:苏州工业园区娄葑镇东兴路 7-1 号 邮编:215021)

开本 700 mm×1 000 mm 1/16 印张 21.25 字数 359 千
2013 年 10 月第 1 版 2013 年 10 月第 1 次印刷
ISBN 978-7-5672-0646-5 定价:48.00 元

苏州大学版图书若有印装错误,本社负责调换
苏州大学出版社营销部 电话:0512-65225020
苏州大学出版社网址 http://www.sudapress.com

序 言

江作军

图书馆是高校重要的学术机构和文化窗口，是高校人才培养、科学研究、社会服务和文化传承创新的重要支撑，其重要性不言而喻。现在大家已经取得了一个共识，即一所好的大学，一定要有一个好的图书馆；换句话说，要建设一个高水平的大学，则必须将建设高水平的图书馆放在重要的议事日程上。也正缘于这一认识，长期以来我校高度重视图书馆建设，这不仅从图书馆以往的物质环境、基础设施上可以看出，更重要的是，我校的“211 工程”建设把图书馆的内涵发展放到了突出的位置。

我们也高兴地看到，近几年来，我校图书馆秉承优秀的传统，在数字化图书馆建设、图书馆文化建设、图书馆制度建设等各方面都取得了令人瞩目的成绩。“211 工程”三期平台建设项目已经圆满完成，数字图书馆建设进入我省高校的前沿方阵，某些指标在国内高校图书馆行列也有一定的领先性。科技查新工作和珍贵古籍保护工作不断创造佳绩，在为学校科研服务、为地方经济服务和文化传承创新等方面发挥了重要的作用；而图书馆文化建设更是有声有色，《中华读书报》曾以整版的篇幅对我校图书馆进行专题报道，在国内图书馆界产生了积极的反响。尤其令人高兴的是，我校图书馆以建成“吴文化数据库”为标志的特色数据库建设成就显著，在中国高校文献保障系统特色数据库建设项目评审中获得一等奖殊荣。最近我校图书馆在教育部 CALIS 三期应用服务示范馆评优中，不但获得“示范馆”称号，而且获得 CALIS 三期虚拟参考咨询示范馆一等奖和 CALIS 三期外文期刊(CCC)网示范馆二等奖。所有这些，都表明这几年我校图书馆在不断发展，前进的步伐令人振奋，它已成为苏州大学整体发展的重要组成部分。

江苏省教育厅不久前下达了《省教育厅关于进一步加强全省高等学校图

书馆工作的意见》,对我省高校图书馆事业的发展提出了一系列重要指导意见,其中对高校图书馆的学术机构功能和自身学科研究作了特别的强调。要发挥图书馆这一学术机构在学校各项事业发展中的“支撑作用”,就必须提高馆员素质,其中开展科学研究活动是一条重要的途径。我校图书馆历来重视科研工作,在抓常年性、常规化科研的同时,还采取每两年举办一届“学术周”活动的方式。据了解,第二届学术周全馆参与程度高,研究课题前沿性突出,馆员创新意识明显提高。最近,我校图书馆组成编委会,将其中具有相当质量的论文汇成一帙,即将正式出版,我感到非常高兴。在这里谨表示衷心的祝贺,也对全体馆员的积极参与表示感谢,对编委会认真严谨的工作致以谢忱!

在我校提出建设高水平研究型大学的建设目标下,图书馆工作如何适应新形势、新要求,客观分析,找到差距,准确定位,增强动力,为学校新一轮发展做出更大贡献,为地方经济发展和文化建设发挥更大作用,是摆在苏大图书馆人面前的新课题。也许这一课题本身就具有一定的图书情报学的“学科性”。我衷心希望我校图书馆在取得既有成绩的基础上,进一步加强研究,同时将研究成果转化为推动发展的正能量,创造更加辉煌的业绩!

编委会在著作出版前请我写一些话放到卷首,我对校图书馆和图书馆人一直深怀感情,就借此机会表达一些希望和祝愿,权代作序。

(作者为苏州大学党委常委、副校长、教授)

目录

Contents

高校图书馆加强声誉管理的内涵和途径

石明芳*

高校图书馆在高校中属于教学科研辅助单位，在学校很容易被边缘化，图书馆要提高学术机构功能并提升在学校的话语权，加强声誉管理越来越得到图书馆同仁的认可，声誉管理在图书馆的管理中显现出越来越重要的作用。

声誉是一种无形资产，通过从战略层面对图书馆声誉进行全方位管理，将图书馆愿景、文化、服务理念以及产品与服务通过各种方式和渠道传播、推广，既能增加内部和谐，提升服务能力和服务水平，同时对图书馆事业地位的提高与发展也有很重要的意义。

一、声誉与声誉管理

对于声誉的研究，可以追溯到 1763 年经济学鼻祖亚当·斯密（Adam Smith）对声誉的分析和解释，他认为声誉是一种保证契约能够得以顺利实施的重要机制，是对个人的隐性激励。美国著名管理学学者戴维斯·扬（Davis Young）、丰布兰（Charles Fombrun）、闰多瓦（Rindova）、巴内特（Barnett）、凯文·杰克逊（Kevin T. Jackson）等都认为，声誉管理是指企业为了建立、维持与社会公众的信任关系所进行的创建和维护企业声誉的一切活动的总和及整个过程，包括对获得消费者信任和赞誉程度进行追踪、考评的日常性管理。[1]

而声誉管理的研究，是初创于 20 世纪 80 年代。企业声誉理论的建立，将企业声誉视为影响企业发展的关键因素之一。良好的声誉是企业所拥有的独特资源，能在企业经营的各个方面提升综合竞争力。

对图书馆声誉的研究，目前还在初步阶段。高峰根据企业声誉管理论，给

* 石明芳（1965—　），女，硕士，副研究馆员，副馆长，主要研究方向为图书馆管理。

出了图书馆声誉的定义：它是各利益相关者(馆员、读者、合作者等)根据所掌握的直接或间接信息对图书馆所作出的综合性评价；它反映了各利益相关者对图书馆了解、信任与尊敬的程度。[2]

根据前人上述的研究，我们也可给出图书馆声誉管理的定义，即图书馆的声誉管理是指图书馆为了建立、维持与利益相关者的信任关系所进行的创建和维护图书馆声誉的一切活动的总和及整个过程，包括对获得利益相关者信任和提高其赞誉程度所进行的追踪、考评等日常性管理。

二、影响图书馆声誉的利益相关者

影响图书馆声誉的主要因素是图书馆的利益相关者，即馆员、读者、合作者、主管领导等。图书馆的声誉管理也就围绕这四个利益相关者进行。

1. 对馆员的声誉管理

馆员是图书馆事业发展的最重要的资源和首要财富，因而馆员的声誉管理应摆在首位，如果图书馆的工作得不到馆员的认可，声誉管理就成为空话，要在馆员中形成“爱馆如家”的现象，图书馆要贯彻人本管理理念。图书馆管理者要为馆员创设一个人性化的工作环境，让馆员能稳定专业思想，安心在图书馆工作。但目前高校图书馆的专业人才队伍不稳定，以本馆为例，近三年我馆流失中坚骨干人员有近 10 人，他们有的到院系做教务秘书、人事秘书、辅导员，也有的到机关做科员等。

要使馆员稳定思想，安心在图书馆工作，必须做好以下工作：① 关心馆员的业务成长；② 关心馆员工作环境的改善；③ 关心馆员的生活；④ 建立健全内部管理机制。

2. 读者的声誉管理

“读者至上”是每个图书馆的服务理念，也是每个图书馆的追求目标。图书馆要想在读者中赢得声誉，就要将读者至上的服务理念落到实处。可以从以下几个方面着手：

(1) 尊重读者，以真诚、平等、友善的服务使读者获得满足；

(2) 使图书馆的管理透明化，向读者展示工作流程；

(3) 招募志愿者参与图书馆的工作；

(4) 开展读者活动，公布活动方案，对活动结果如有关奖项等实时公示；

(5) 拓展服务范围和服务方式，如开展科技查新、校区间的通借通还、推广 RSS 定制服务等；

(6) 提升服务层次,为科研人员提供个性化、学科化服务。

图书馆要让读者一有信息服务需求,就想到图书馆有一群专业人员可以为他提供,这样图书馆的声誉就会大大提升。

3. 合作者的声誉管理

图书馆的合作者一般有纸质图书供应商和数字资源供应商,即书商和数据库商,还有图书馆联盟成员。与合作者加强沟通,建立互相信任、彼此和谐的关系,对于树立图书馆的社会形象、提升图书馆声誉非常重要。

对于图书馆纸质图书的采购供应商,目前大多数图书馆都实行了公开招标。在评标过程中,要公开、公平、公正。目前评标过程中采用综合评标法,即对应标书商的资质、书目数据和质量、涵盖品种、配送网络、仓储能力、加工能力、到货周期、财务状况、销售业绩、服务响应、价格、订到率等各种因素以进行综合评议与加权计算来确定,摒弃唯价格论,保护图书馆的权益。

数据库的采购一般是参加联采,也有进行个别谈判的。与数据库商的合作,更多地是加强读者的使用培训,以及加强读者与图书馆的有效沟通,解决读者在使用过程中出现的问题。

另外,馆领导和校主管领导的管理水平,以及对待员工的公平性等方面,对图书馆的声誉也会产生一定的影响。

三、提高图书馆声誉的措施

提高图书馆的声誉一般从这些方面入手: 加强宣传工作,积极开展读者活动,及时处理读者来信和来访,扩大服务范围,改进服务方式,提升馆员服务能力和学术能力,等等。具体来说,有以下四大举措。

1. 加强高校图书馆的宣传工作

长期以来,图书馆人工作做得多,宣传做得少,许多读者对图书馆的工作不了解。目前,图书馆的宣传工作逐步得到重视,一部分高校图书馆在机构设置上进行了改革,专门设立了公共服务部(或叫对外推广部),对图书馆工作加强宣传,让图书馆的正面信息经常在学校的新闻中出现。图书馆在开展各项活动前,要善于与学校宣传部门的领导和记者接触。媒体的报道,会让图书馆的声誉呈几何级数放大,能让领导和读者更加常态地关注图书馆的发展。主要抓好两方面的工作: ① 积极开展读者活动;② 及时处理读者来信来访。

2. 扩大服务范围,改进服务方式

现代图书馆已从单纯的提供图书杂志借阅服务发展为进入数字图书馆时代,图书馆拥有丰富的电子资源,能为读者提供知识服务。目前大多数高校图书馆除能开展科技查新、定题服务、文献传递等日常性工作,还能为科研人员开展个性化的学科化服务。

对传统的借阅服务,针对多校区的模式,各图书馆均开展了校区间通借通还、网上预约、网上荐购、RSS 订制、论文写作指导等服务。作为图书馆,要做好宣传,让每个读者都了解图书馆的服务,让读者感到图书馆是做好教学和科研的得力帮手。

3. 馆员服务能力和学术能力的提升

馆员是图书馆良好声誉构建中起决定性作用的因素。上述所有的优质服务最后都落实到馆员的具体工作中,所以提升馆员的服务能力和学术能力是图书馆长期以来的首要工作。

一是创建学术型图书馆,鼓励每一个馆员学习图书馆学、情报学等相关专业知识。每个馆员个体的服务能力直接影响图书馆的整体服务能力,高校图书馆“以人为本”、“读者第一,服务至上”的理念要深入每个馆员的内心,培养和提高馆员的信息意识与信息导航能力。

二是为馆员提供学术交流机会,提高馆员的学术能力。图书馆是一个兼具服务性与学术性的机构,学术研究与服务工作并重,特别是学科馆员的培养,将会改变一些人心目中“图书馆只是藏书之所,图书馆员不过是守书之人,凡人皆可为之”[3]的印象,突出图书馆的学术地位,提高图书馆的社会声誉。

三是馆员的成长环境直接影响潜在馆员的进入选择、现有馆员的去留选择和对工作的投入程度。良好的图书馆声誉能吸引新的优秀馆员的加入,同时又增加现有员工的工作投入程度、忠诚度和自豪感。

4. 图书馆业务工作的公开透明

高校图书馆每年的业务经费有上千万元,图书馆的资源和设备采购须实行公开招标。图书馆必须制订详细的招标方案(包括制定评分办法、撰写上年度中标单位的评估报告等),使招标工作有章可循。公正透明的工作程序,可提升高校图书馆的声誉。

图书馆的借阅规则等规章制度要在读者中广泛宣传,保障读者的知情权,使读者提升对图书馆的赞誉度。

综上所述,高校图书馆的声誉管理是一项综合性工程,需要图书馆各部门多层次、多方位齐抓共管,每一位图书馆同仁必须达成共识,在长期的工作中不断反思、改进,维护和发展高校图书馆的声誉。

参考文献

[1] 王连森,陈国军. 声誉管理: 大学发展的新课题[J]. 山西财经大学学报,2006(3): 12-15.

[2] 高峰. 图书馆声誉管理: 内涵、意义、原则与途径[J]. 大学图书馆学报,2010(1): 9-13.

[3] 欧阳佩瑾,杨昌斌. 图书馆队伍的整体素质与图书馆形象的建立[J]. 黔东民族师专学报,2000(4): 118-11.

高校图书馆事业发展的瓶颈与对策

储开稳*

在高等教育得到飞速发展的同时，作为高校办学三大支柱之一的图书馆却面临事业发展的瓶颈和日益矮化的问题。如何审时度势，面对问题，更新办馆理念，主动迎接挑战，实现图书馆的跨越发展，为广大师生提供更多更好的文献信息资源和服务，是高校图书馆在当下工作中应当认真思考的新课题。

一、高校图书馆事业发展的瓶颈因素

高校高度重视师资队伍建设、专业建设、课程开发，其发展规划往往洋洋洒洒，对图书馆应该得到的相应的发展却基本都是语焉不详，没有具体要求，这当中既有高等教育体制的原因，也有图书馆自身的因素。

1. 高等教育顶层设计中图书馆成为被遗忘的角落

教育主管部门对高校图书馆发展没有明确的要求，与此相对应的是，高校对图书馆建设普遍重视不够，尤其未能像重视师资队伍建设和实验设施配备一样重视图书馆队伍建设，图书馆工作人员缺乏准入门槛，很多图书馆成为高校人事安排的后花园。至于经费、设备投入，有时象征意义大于实际意义，不少图书馆馆长俨然是图书馆维持会会长。大部分高校扩招后图书馆馆舍是学校的标志性建筑，但图书馆的设施设备投入不足，尤其文献建设经费严重不足，少数高校根本就没有增加文献建设经费，甚至某些高校在增加其他项目经费的同时，反而在减少文献建设经费。然而纸质书刊的价格每年都在上调，特别是外文原版期刊的价格居高不下，这使得不少高校外文原版期刊的征订成为盲区，生均文献信息资源的增长乏力，基本停留在评估合格水

* 储开稳(1966—)，男，学士，副教授，馆长助理，主要研究方向为文学阅读与图书评论。

平线上下。而电子资源由于投入较大,所以高校图书馆往往都是保重点,数字资源的整合仅仅停留在设想和规划中。

2. 图书馆自身先天不足

主要表现在:① 专业队伍素质有待提高,读者服务水平相对较低;② 主动服务意识不强,服务能力亟待提升。

二、高校图书馆可采取的对策

基于上述瓶颈因素,作为图书馆的管理者,笔者认为建立和完善科学的办馆理念和管理方法,结合本馆特色建立一套兼容高校办学理念和自身特色的图书馆体系,是高校图书馆健康发展的关键所在。推进高校图书馆健康发展可以采取以下措施,以促进高校图书馆充分利用固有资源,更好地为高校师生提供教学和科研服务。

(1) 图书馆人必须奋发有为,科学定位,明确办馆理念,时时牢记“有为才能有位”。只有自强不息,才能赢得尊重,才能真正体现图书馆作为高校三大支柱之一的重要作用。

多年来,不少图书馆人始终未能走出象牙塔,尤其是高校图书馆未能站在专业建设与人才培养这样一个高度来看待图书馆的发展。图书馆的建设与发展确实有其自身的规律,但图书馆的发展首先是要能够提供高校专业建设与人才培养所需要的服务。有些高校图书馆工作人员恐怕连自己学校需要什么样的文献资料、学校的专业建设发展到了什么程度都不甚了了,那么有谁会在意你图书馆的存在呢?因此必须改变这一现状,在高校校园内,图书馆人必须外连院系发展,内重固本强基,抓好队伍建设,提供特色服务。[1]

第一,外连院系发展乃至高校所在地方经济文化的发展。现阶段高等学校办学要体现有别于其他学校的独特办学风格,主要表现在人才培养、科研教学、校园文化建设等方面。图书馆作为高等学校教学和科研的文化基地与文献保障中心,必须依据学校的定位、特色以及发展目标、办学规模、人才培养规格、学科布局、服务方向、管理模式等,在文献信息保障上扮演好自己的角色,为学校教学和科研工作服务。图书馆人必须走出图书馆,根据二级院系专业建设与人才培养的需要,将有限的图书馆经费用到高校专业建设与人才培养最需要的文献资源建设上去,主动服务于二级院系专业建设与人才培养以及地方经济文化的发展。

第二,内重固本强基,注重规模发展与内涵发展相适应。高等院校的发展与图书馆的全面建设和壮大息息相关，高等学校的校园文化建设、学风建设、科研技术的信息支撑等很多方面都与图书馆内涵建设密切相关。因此，高校图书馆的建设要切实树立科学发展观，一方面，要预防片面追求规模而忽视内涵、追求数量而不顾质量的倾向；另一方面，要充分认识到，一旦偏离了高校整体协调发展的轨道，高校图书馆再发展也只能是一种表面的繁荣。图书馆除了要注重提高服务水平、延长服务时间以外，还要积极参与本地区高校图书馆数字化平台的建设，重视馆际交流，取长补短，踊跃参加各级各类培训，不断学习新知识、新技能，鼓励图书馆人提升自身业务水平，提高图书馆现有专业队伍的整体服务水平。[2]

（2）在有为的基础上，呼吁教育主管部门重视图书馆建设，实行高校图书馆准入制度，促进高校从思想上重视图书馆的建设，尤其真正像重视师资队伍建设一样重视图书馆人才队伍建设，像教师必须具有教师资格证一样，让图书馆人具有图书馆工作从业资格证书，并根据需要提出相应要求。知识管理与知识服务在当今信息社会中显得尤为重要，高等院校是培养全面发展的高素质人才的重要场所，而高校图书馆则是人才培养的文化基地和信息集散地，没有一流的图书馆，就没有一流的学校，所以高校图书馆总体水平是衡量高等学校办学水平的重要指标之一。学校一定要充分利用区位优势，充分重视图书馆的建设和发展，要像抓教学、抓科研和教师队伍建设一样，抓好图书馆的建设工作，保证教学和科研的正常进行。相信随着江苏省图书馆工作会议的召开，高校图书馆的建设必将再上新台阶。[3]

（3）在有为的基础上，推动高校加大对图书馆的资金投入。图书馆的建设经费主要来源于高等学校每年的财政拨款，学校经费不足，以及学校领导和图书馆分管领导对图书馆重视程度不够，导致图书馆划拨经费往往不足以适应图书馆事业发展速度和规模，这是图书馆发展最大的瓶颈之一，也是高校全面发展的一块短板。由于图书馆在高等学校教学与科研中的地位无法取代，客观上要求必须加大对图书馆建设经费的投入力度，努力完善文献信息的资源保障，以适应读者日益增加的多样性需求。

高校图书馆自身也要努力开拓经费的来源渠道，拓宽服务领域和规模，组建专业队伍，拓展参考咨询、科技查新等服务，增加创收，以弥补图书馆经费严重不足的状况。还应努力争取各方面图书资料的捐赠，特别是本校科研骨干、学术带头人的科研著作，以及名家藏书，增加馆藏文献资源。积极参加本地区高校图书馆数字平台的建设，利用一切可用资源，为高校的专业建设、人才培养打造更好的服务平台。

（4）高校图书馆应以创新意识推进网络化和信息化建设。有创新才有发展，发展才是硬道理。高校图书馆只有不断进行理论和实践创新，才能求得生存和发展的空间。应着眼于促进图书馆管理的全面创新，整合图书馆的业务流程、组织结构、管理模式和服务方式，早日实现图书馆文献信息资源的数字化、服务方式的网络化和检索手段的智能化，为加快实现数字化、信息化发展奠定行之有效的管理基础。笔者认为网络化和信息化建设主要从以下四个方面来实现：一是管理体制创新；二是服务理念创新；三是服务方式创新；四是服务内容创新。

（5）高校图书馆要加快队伍建设和完善人才结构工作。具体来说，可采取以下措施：一是提高思想认识，让馆员充分认识到终身学习的重要性；二是有计划、按步骤地对在职人员进行专业培训，不断提高其工作能力和专业水平；三是注重复合型人才的培养，优化人才结构，鼓励现有人员获得第二学历或硕士文凭，学以致用，以实用为原则；四是对勤于学习的人员进行奖励，把津贴分配与岗位、实绩及再学习能力挂钩，提高在职人员学习的积极性。[4]

高校图书馆作为高校全面发展不可或缺的一个重要组成部分，其建设和发展没有现成的模式可循，只有根据高校的办学规律，在实践中不断地摸索和总结，在实践中求发展，时时牢记“有为才能有位”这一真理，找准方向，明确目标，将高校图书馆建设和发展推进到一个更高的水平。

参考文献

［1］刘璐. 试论知识经济条件下我国图书馆的管理创新［J］. 高校图书馆工作，2008，28（1）：78－80.

［2］张碧莹. 论当前数字图书馆管理的创新型改革［J］. 兰台世界，2011，08：70－71.

［3］殷利艳. 图书馆核心竞争力及其培育［J］. 唐山师范学院学报，2008，02：149－150.

［4］凌娜. 高职院校图书馆的建设与发展探讨［J］. 科技情报开发与经济，2006，16（20）：52－53.

基于知识地图的我国公共图书馆与高校图书馆研究对比研究*

董丽娟**

改革开放以来,我国公共图书馆和高校图书馆事业取得了飞速发展。可是长期以来学界较少见到关于公共图书馆和高校图书馆的研究领域的对比分析。类似研究均不区分高校图书馆和公共图书馆的研究人员,同时,所采用的分析方法也较为单一,主要采用文献计量的方法,如王景文、周金元等。[1-2]近一两年来,少数研究者开始尝试使用信息计量与知识图谱分析方法相结合的思路来研究图书馆学情报学领域的研究现状,但多为对特定研究领域的可视化描述。如文献因子分析、基于图论的聚类分析方法与文献计量学方法相结合,对信息资源管理的研究现状进行描述[3];采用复杂网络分析方法对信息服务的研究现状进行描述[4]以及对近5年国内数字图书馆领域的知识图谱分析[5]等。

本文拟综合运用文献计量、社会网络分析、复杂网络和知识图谱等研究工具,以国内近15年(1996—2010年)的公共图书馆和高校图书馆研究人员发表在领域内核心期刊上的学术论文为分析对象,对近15年来国内公共图书馆与高校图书馆学术研究的基本现状、领域构成、前沿问题等进行分析。

一、数据采集的基本思路

为尽量全面地反映近年来我国公共图书馆和高校图书馆研究人员的学术研究现状,本文检索了北京大学图书馆最新发布的《核心期刊要目总揽(2008版)》中圈定的19种图书馆学情报学核心期刊近15年的所有研究成果

* 本文发表于《图书与情报》2011年第3期。

** 董丽娟(1978—),女,硕士,馆员,主要研究方向为信息资源建设与服务及阅读推广研究。

(以万方数据库为主,未收录的文献信息以 CNKI 和维普数据库作为补充)。

设定检索条件是：首先,以作者单位中包含“大学图书馆”、“学院图书馆”、“学校图书馆”、“师专图书馆”、“职大图书馆”、“电大图书馆”、“医专图书馆”等为检索条件,检索高校图书馆研究人员在核心期刊上发表的所有文章信息;其次,以作者单位中包含“国家图书馆”、“省图书馆”、“市图书馆”、“县图书馆”、“区图书馆”以及各省级行政单位图书馆字样(如“首都图书馆”、“天津图书馆”等)为检索条件,检索公共图书馆研究人员在核心期刊上发表的所有文章信息。为研究方便起见,本文不区分第一作者或其他作者,即将第一作者或其他作者属于高校馆或公共馆的文献均归入对应的文献集合中。

经过上述工作,共检索得到了公共图书馆研究人员发表的文献 4539 篇,高校图书馆研究人员发表的文献 15054 篇。各年份公共馆和高校馆发表文章数量走势情况基本呈逐年上升趋势。

二、基于知识地图的公共馆和高校馆研究领域分析方法

为了更好地描述和刻画这种跨学科的概念体系,笔者分别以所收集的公共图书馆和高校图书馆文献数据为分析样本,采用概念共现分析的方法构建了概念(关键词)网络。基本思路如下：以所收集文献的关键词为顶点,两个关键词在文献中共现的次数为两个顶点之间边的权值。举例来说,假设有三篇文献,其关键词如表 1 所示：

表 1　关键词列表

文　献	关键词列表
文献 1	网络;信息服务;图书馆
文献 2	图书馆;信息服务
文献 3	信息服务;信息资源管理

则三篇文献所形成的概念网络共有 4 个结点,分别为“信息服务”、“网络”、“图书馆”、“信息资源管理”;顶点与顶点之间有 4 条无向边,其中“信息服务”和“图书馆”在两篇文献(文献 1 和文献 2)中共现,因此两者之间边权值为 2,如表 2 所示：

表2　无向边列表

无向边	边权值
信息服务—网络	1
网络—图书馆	1
信息服务—图书馆	2
信息服务—信息资源管理	1

使用社会网络分析软件 Pajek[5]绘制其网络图，如图 1 所示*：

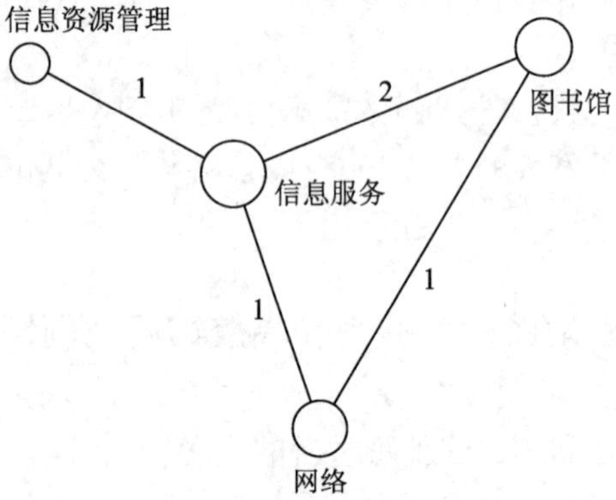

图1　简单的概念网络示意图

遵循上述思路，本文编制了 java 程序，并对公共图书馆领域的 4539 篇文献和高校图书馆领域的 15054 篇文献的概念分别进行统计，最终得到两个包含无向加权网络。下文将分别对上述两个网络作进一步分析。

三、近 15 年国内高校图书馆研究的领域分析

使用上述方法，得到一个 33121 个顶点（关键词）、54366 条边的一个复杂网络。篇幅所限，该网络的复杂网络属性不再进行验证，但基于大量前人研究成果[6-9]，该网络应当属于复杂网络。

为更加清晰地划分信息服务研究领域，本文采用边介数聚类算法[10]（G-N算法）对概念复杂网络进行聚类处理。边介数聚类法是在原有网络的基础上依据各边边介数的大小依次断边分割的过程，这种算法的关键点在于确定

* 图中结点的大小对应于该结点的度数大小，边权值用边上所标的数字表示。

每条边上的介数值。边介数指的是所有通过这条边的任意两节点间最短路径的和,显而易见连接集团间的边的介数会相对比较大。算法的基本思想是,每一轮通过删除可能连接任意两个集团的边(介数最大的边),逐步使得隐藏的集团显现出来。主要步骤如下: ① 计算网络中所有边的介数值;② 找到并删除介数值最大的边,如果介数值最大的边不止一条,那么随机选择其中一条删除;③ 重新计算剩余边的介数值;④ 重复第 2 步直至所有的边都被删除。[11]

为考察信息服务研究领域的核心概念及其演变规律,本文抽取了网络中边权值大于 3 的边和相关顶点作为研究样本,以保证网络图中边和顶点可以代表该领域的核心架构。本文使用 Java 程序实现 G-N 算法,并去除了介数最高的 15 条边。然后使用 Pajek 软件绘制信息服务研究概念网络示意图。经研究分析可以得知,近 15 年国内高校图书馆研究可以明显地划分为以下 8 个子领域: ① 文献著录;② 信息组织;③ 资源建设;④ 图书馆评价;⑤ 参考咨询;⑥ 文献计量;⑦ 信息素养;⑧ 知识产权相关。

四、近 15 年国内公共图书馆研究的领域分析

使用社会网络分析软件 Pajek 绘制网络,得到一个 7038 个顶点(关键词),14825 条边的国内公共图书馆研究概念复杂网络。同样使用 G-N 聚类算法,可以将该网络划分成如图 2 所示的几个研究领域。

经过 G-N 聚类之后,公共图书馆研究领域形成了十几个大小不等的独立子图(如图 2 所示)。从图 2 中可以看出,国内公共图书馆领域的研究中最大的一个联通子图由 5 个独立组成: ① 基层图书馆;② 图书馆精神;③ 人才培养;④ 日常管理;⑤ 核心概念。

除了上述 5 个重要板块之外,还有两个孤立的独立子图。其中较大的一个独立子图主要是国家图书馆的相关业务。作为公共图书馆界“唯其马首是瞻”的重量级机构,国家图书馆的很多业务或发展理念对国内公共图书馆界一直发挥着巨大的引导作用。较小的一个独立子图则主要是与元数据和文献标引相关的文献著录概念群,这也表明,相比高校图书馆而言,公共图书馆界对于技术的关注更加离散化,其技术也就谈不上很好地支撑图书馆事业的整体发展了。

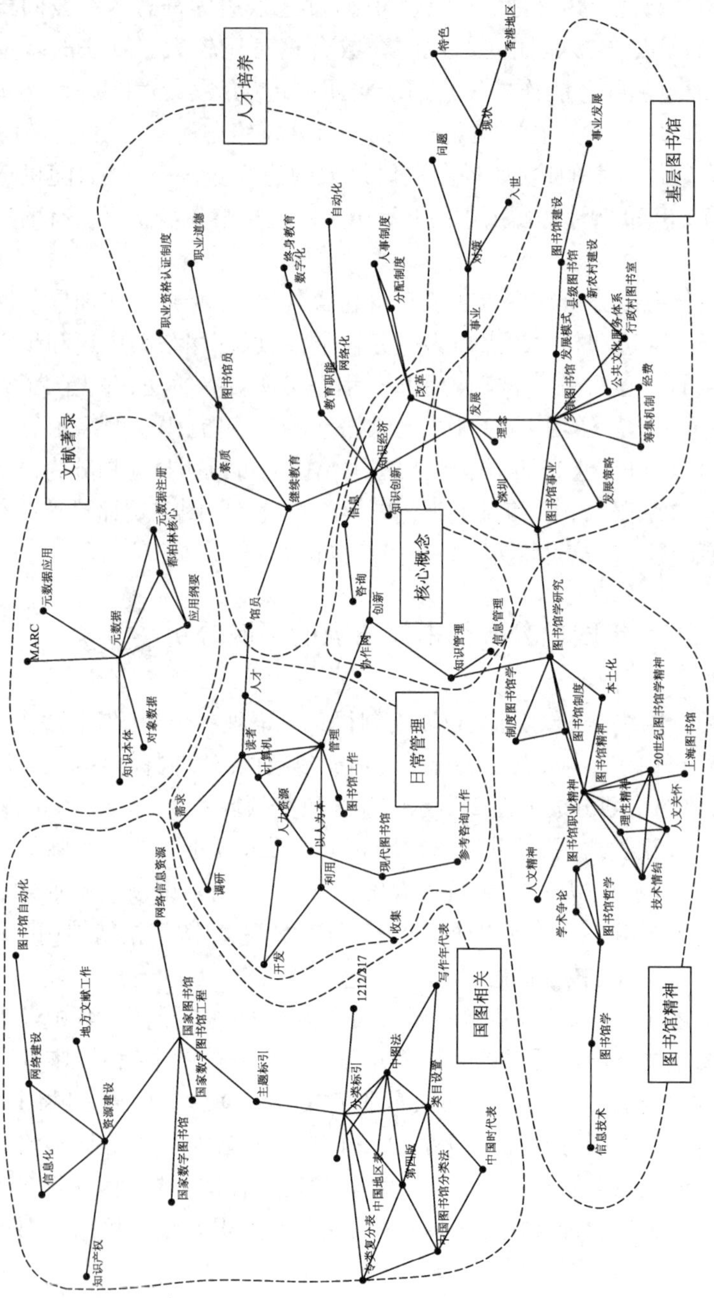

图2 国内公共图书馆研究领域的知识地图分析

五、近 15 年国内公共馆与高校馆的研究特点分析

通过上述分析可以看出,近 15 年来,国内高校图书馆和公共图书馆的研究存在以下基本特点。

1. 公共馆与高校馆之间关注的研究问题都具有鲜明特点

作为两类有着不同用户群以及不同的管理体系的图书馆群体,近 15 年来,国内公共图书馆和高校图书馆各自所关注的理论问题和实践问题具有鲜明的差异。从笔者基于知识地图的分析来看,国内高校图书馆研究包含 8 个主要的研究领域,公共图书馆包含 7 个主要的研究领域,但其中具有相通性的只有"文献著录"一个板块,而这个板块无论在公共馆还是高校馆中都不是核心的研究领域。

从研究内容来看,高校图书馆的研究显得实践性导向更强一些,无论是参考咨询、图书馆评价还是信息素养等问题,都与其实际工作密切相关,问题导向十分明确。而公共图书馆的研究中,人文性、思辨性的东西则比较多,这也是由公共图书馆与人民大众的文化需求直接相关的特殊地位所决定的。值得注意的是,近年来,国内总分馆建设、图书馆立法等研究热潮不断涌动,在笔者所列出的 G-N 聚类结果中,已经有两个小的子图是关于这个问题的。尽管因为规模较小,而没有展现出来,但这一领域确实有潜力成为未来国内公共图书馆研究的重点领域。

2. 高校馆相比公共馆其研究领域的体系性更强、理论基础更加完善

前文中曾经指出,与公共馆相比,高校馆的研究文献数量要多很多。从研究领域的聚类结果上分析,经过 G-N 聚类之后,公共图书馆研究领域形成了十几个大小不等的独立子图,这本身就说明,相比高校图书馆而言,国内公共图书馆研究领域尚处于不断成型之中。

从研究内容来看,处于高校图书馆研究领域的核心位置的是参考咨询、文献计量、文献著录这样一些图书馆学研究多年来积累的"看家"学科。因此,高校图书馆研究领域的研究基础是比较完善的,研究板块之间的互动或衍生关系也有着比较成熟的学术脉络。而反观公共图书馆研究领域,其位于核心位置的是一些体现时代特征的概念,例如知识经济、信息技术、改革发展等,由于这些概念的理论性不强,因而公共图书馆研究领域的理论基础很不牢靠,整个公共图书馆研究领域就像建立在"沙子"上的高楼一样,随时会面临因为理论基础不牢而迁移或变形的风险。这在实际中的表现就是公共图

书馆研究者的“跟风”、追热点的现象相比高校图书馆来说更加严重。

六、结　语

本文运用知识地图的方法，分别构建了国内高校图书馆和公共图书馆学术研究的领域概念地图。对两者分别进行了聚类分析，给出了目前高校图书馆和公共图书馆研究的主要领域，并对两者的不同之处进行了对比分析。希望本文的研究能为国内同类的研究提供有益借鉴。

参考文献

[1] 王景文，黄晓鹂. 由对医学图书馆学论文的计量分析看我国医学图书馆学研究的发展[J]. 医学信息学杂志，2010(7).

[2] 周金元，李品，刘竞. 近五年图书情报领域研究成果计量分析[J]. 图书情报研究，2010(2).

[3] 王建冬. 基于文献计量的国内信息资源管理研究领域分析[J]. 大学图书馆学报，2010(2)：97－105.

[4] 王建冬. 基于复杂网络方法的国内信息服务研究概念网络分析[J]. 现代图书情报技术，2009(10)：56－61.

[5] 王继民，王建冬，张鹏. 我国数字图书馆研究论文(2005—2009)的统计分析[J]. 数字图书馆论坛，2010(3/4)：81－88.

[6] 王建冬，王继民，田飞佳. 博客圈的特征及其演化机制初探[J]. 现代图书情报技术，2008(4)：56－60.

[7] 赵鹏等. 一种基于复杂网络特征的中文文档关键词抽取算法[J]. 模式识别与人工智能，2007(6)：827－831.

[8] 王建冬，孙慧明. 基于网站链接分析的“211”高校排名实证研究[J]. 现代图书情报技术，2008(10)：64－69.

[9] 王建冬. 信息的社会性分析：起源、理论与应用[J]. 图书情报知识，2009(4)：36－43.

[10] Girvan M，Newman M E J. Community structure in social and biological network[J]. Proc Natl Acad Sci，2002(99)：7821－7826.

[11] 莫春玲. 复杂网络中聚类方法及社团结构的研究[D]. 武汉理工大学硕士论文，2007.

知识经济时代图书馆营销的策略研究

——兼谈匹兹堡大学图书馆的服务营销

王美琴*

随着全球信息化进程的加快,我国信息产业的发展态势越来越强劲,据不完全统计,2005 年北京注册的信息咨询公司已经有 700 多家,世界 500 强信息咨询企业正陆续入驻中国。同时,由于互联网的智能信息搜索、泛在信息搜索等技术的发展,图书馆面临着诸如 google、百度的双重夹击,在这样的浪潮冲击下,图书馆已不能固守旧有的藩篱,除了需要拓展服务内容和服务深度外,还需更新服务方式,更需加大宣传和营销力度。

一、图书馆营销概念由来及其必要性

图书馆营销的历史早于图书馆营销概念之形成,最早发轫于塞缪尔·斯维特·格林在美国图书馆协会《改进图书馆员与读者间的人际关系》的发言,该营销意识强调的是图书馆应该为每个普通人服务。[1] 从 1896 年开始至 20 世纪 70 年代,不同的学者和专家提出过诸多的图书馆营销观念(如"为图书馆作广告"、"图书馆管理中的商业方式"、阮冈纳赞的"五定律"、"图书馆公共关系"等),其中贡献最大者是菲利普·科特勒,他著有《非赢利组织的营销》一书,使图书馆服务营销观念被普遍接受。

就图书馆而言,营销的概念不同于企业的营销理论。企业的营销是通过创造与交换产品和价值,从而让个人与群体需求得以满足的一个社会和管理

* 王美琴(1975—),女,硕士,副研究馆员,办公室主任,主要研究方向为信息检索与信息资源管理。

活动过程。图书馆营销强调使用者的需求，即将馆藏资源、信息服务等以迅速而可靠的方式及渠道向读者传递，并深入基层每一角落，使读者认识和了解图书馆，进而喜欢利用图书馆资源。[2]

尽管图书馆是一个非营利组织，但是图书馆本身也不可能仅仅是一个公益性的文化事业单位，它已成为获取知识、加工知识、配置知识资源的基础产业。[3]图书馆有能力、有条件为社会提供优质资源。特别是当今数字图书馆建设具有资产投入大、技术更新快等特点，如果不进行有效的营销宣传，就会造成资源的严重浪费。“有所为才有所位。”图书馆基本靠政府和学校的投资，没有必需的创收任务，这导致目前图书馆的地位普遍低下。所以，不论从图书馆本身而言还是从社会资源的优化配置而言，图书馆必须改变传统的管理模式，开展营销活动。

二、图书馆营销战略与策略

1．图书馆领导层的战略规划

图书馆作为准公共产物，在按照现代营销理念的要求，通过实施科学的营销策略谋求自身发展的过程中，既要遵循现代营销管理的基本规律要求，同时又要体现它自身的特殊性[4]。为有效实施图书馆的营销策略，图书馆领导层应围绕本馆特色和所在机构的定位，制定好相应的战略规划，通过自上而下的规划，在全馆范围内树立营销观念，确立用户意识。

这样的形势要求图书馆与市场经济接轨，图书馆领导层要用市场化、产业化的思维指导图书馆信息服务工作，秉承“用户第一”的原则，在保持一批较稳定用户的同时，还应该注意发掘新的信息用户，不断拓宽自身的用户群。一定要高度重视用户的意见和建议，及时解决用户的疑难问题。为了达成战略规划的有效实施，图书馆领导层还需进行相应的组织机构改革，比如，重新规划部门设置，选举合适的人员充当信息营销的排头兵；进行相应的绩效考核机制改革，给予相关人员必要的经济、精神和职位晋升方面的奖励——因为图书馆的营销活动是一项艰难而慢效性的工作，需要充分的智慧、智力和智能。

2．实施推进中的策略

（1）建设优质馆藏[5]；（2）打造图书馆品牌服务；（3）设置营销或公共关系岗位；（4）与用户零距离接触；（5）利用多种工具进行有效宣传。

对于图书馆而言，不可能花费大量的金钱去做宣传活动，所以其常用的宣传手法大致有下列几项。

(1) 广告：包括报纸、杂志、网络、电台等形成的广告，这种广告不需要花费太多的资金，主要是主动提供新闻信息给纸质媒体、网络及电台等。

(2) 张贴海报、出版手册、馆讯等，通过问卷及传单，了解读者需求，宣传图书馆馆藏。

(3) 举办专题研讨会、读书会、专题讲座等。

(4) 网络营销。图书馆应利用 Internet 的特有优势，最大限度地实现读者的个性化信息需求，以最大限度地实现图书馆的根本目的。网络营销正是图书馆信息服务有效竞争的强有力手段[6]。

通过以上这些宣传手段，能够有效扩大图书馆的影响，提高公众的知晓度，让公众知道图书馆在做什么，能做什么。

3. 图书馆服务营销的持续性、巩固阶段性成果

图书馆的服务宣传工作，是一项长期的、持续的活动，并不是靠一两次、一两个学期甚至一两年的专项推广就能达到理想的效果的，每个图书馆都应做好打持久战的准备。

在后续的服务营销中，除了服务内容需要推陈出新外，还必须做好每个阶段的工作总结、定期的回访用户、定期的组织主题活动等。服务营销，贵在坚持，应通过图书馆人的努力将服务真正深入用户内心。

三、美国匹兹堡大学图书馆的服务营销项目介绍[7]

自 20 世纪 80 年代开始，美国就有许多图书馆实施了营销活动，比如，美国国会图书馆利用广播和印刷品广告等进行宣传，提高图书馆的知晓度、价值和利用率，匹兹堡大学图书馆就是其中较早实施图书馆营销的图书馆之一。该馆拥有学生读者 34000 名，员工 4400 名(其中拥有博士学历的工作人员 73 名)，建设有 392 个项目，其图书馆系统包括分布于 5 个城市的 20 多个图书馆，其参考咨询工作在 ARL(研究图书馆协会)中位列第 9 位。它在推广图书馆服务营销项目中实施了以下工作。

1. 调查用户的需求与图书馆服务的现状

(1) 通过用户调查(使用 LibQual 软件对结果进行分析评估)，对用户的需求与图书馆提供的资源和服务之间的距离进行分析，以了解图书馆服务的情况。

(2) 利用焦点访谈与师生进行交流，调查师生对图书馆的资源了解情况。通过这两项调查分析得出结论：用户很尊重图书馆员的工作；图书馆的资源

很多很重要，但用户不知道怎样有效利用资源。

2. 制订了相应的营销计划

营销过程中并不对图书馆进行夸大，而是客观地宣传图书馆的服务和宗旨。具体举措包括：专门雇佣了一位公共关系专员负责所有与外界的交流；所有服务使用统一的图书馆标志，将标志印在如笔、鼠标垫、胸牌、网页、T恤、帽子等上面；用一些简短的语句作为图书馆的宣传语，力求言简意赅，容易记忆；通过海报、宣传刊物、报纸等发布消息，发送Email给全校师生，注重让公众了解图书馆，并让当地新闻媒体对图书馆进行报道；重新设计图书馆的网页；等等。

3. 提供相应的服务

(1) ZOOM服务(变焦服务)，即将图书馆的资源进行整合，使读者能够统一检索包括400种数据、联机目录、电子图书、网上资源等在内的所有信息，如同Google一样通过一个检索点就能查到馆内所有的资源。为此提出了一个口号："点击太容易了，简直不像在研究。"同时在学校一些重要地方举行ZOOM的推广活动，将ZOOM的标志做在冰箱贴和鼠标垫等宣传物上。

(2) Libraries to Go(走动的图书馆)：向学者投递文献。

(3) Wireless Laptop Project(提供无线上网手提电脑)：每个学生可以连续借用手提电脑四小时，然后还可以续借。

(4) Electronic Reserves Project(电子预留服务)：把相关参考书、文章等放在网上，学生凭借密码在线浏览。

(5) Real Time Digital Reference：通过发送Email、在线聊天等方式进行实时咨询。其中，发送Email方式为每周7天全天候回答所有人的咨询，有6个专业馆员进行解答，服务的对象为校内外所有读者；在线聊天模式服务对象只限本校人员，由12个馆员负责，大部分集中在下午12：00－17：00进行。此外，图书馆员还到食堂、宿舍等地设置流动咨询台，为读者解答问题。

四、结　语

图书馆的营销推广活动是一项庞大的工程，涉及图书馆的各个业务职能部门和每一个图书馆人，做好这项工作的艰巨性是有目共睹的，稍有不慎，就会流于形式、无疾而终，所以，图书馆人必须有足够的毅力。我们相信，只要图书馆人行动起来，使知识服务深入用户，中国的每个图书馆都可以像上海交通大学图书馆一样成为图书馆的楷模，为中国图书馆事业书写辉煌篇章。

参考文献

[1] 国外图书馆营销概念及简史. [2011-11-18]. http://www.nlc.gov.cn/old/old/science/tyck/2003/13-1.htm.

[2] 朱弋玮. 从营销观点谈图书馆扩大服务[J]. 图书馆建设,2001(4).

[3] 孙瑞英. 构建图书馆的营销理念[J]. 图书馆建设,2006(3).

[4] 葛霞. 图书馆市场营销：理论分析与策略探讨[J]. 图书馆理论与实践,2006(1).

[5] 王知津,张丽丽. 基于博弈论的图书馆营销策略[J]. 江西图书馆学刊,2006(2).

[6] 李树茂. 论图书馆信息服务的网络营销模式与策略[J]. 图书馆工作与研究,2006(3).

[7] http://www.library.pitt.edu/. [2011-11-18](同时参考了2006年5月Rush G. Miller在南大所作题为Marketing Library Services Programs and Services的报告).

浅谈高校图书馆新书阅览室的管理与服务*

吴秀琼**

新书阅览室是高校图书馆收集、存储、利用纸质新书，为教学和科研提供信息保障和服务的机构之一，它是兼有管理和服务职能的部门，是高校学生人文素质教育的重要基地。新书阅览室与其他类型的阅览室相比，在传递文献的方式、速度、范围等方面有着不可取代的优势和独特的功能。本文从理论和实践的角度，针对新书阅览室的管理与服务进行一些探讨，以期为高校图书馆新书阅览室的建设与发展提供参考。

一、环境管理

在当前网络信息发达的时代，图书馆能够吸引读者，很大程度上是因为图书馆能营造出一个适宜读者阅读的环境。为此新书阅览室应该在阅览环境建设与管理方面下功夫，以营造出以人为本的阅览环境。

1. 营造和谐温馨的阅览环境

良好的阅览环境可以让人的心灵得到净化，灵魂得到升华。走进阅览室，充足的采光、舒适的室内温度、整洁安静的阅读环境，有助于读者静心阅读，提高阅读效率，也可使读者自觉地注意自己的言行，对培养读者良好的人文素质具有重要的作用。

2. 进行合理的空间布局

新书阅览室应当科学合理地安排书架区、阅览区及工作区。书架要整洁有序，严格按照排架规则摆放图书，这样读者找书时才能一目了然，节省时

* 本文发表于《内蒙古科技与经济》2011 年第 22 期。

** 吴秀琼(1964—　)，女，大专，高级工，主要研究方向为读者服务。

间;阅览区应有充足的自然采光,通风状态良好,桌椅间距要宽松,同时在适当的位置可以摆放一些花卉、盆景,这样既能美化环境,改善室内空气质量,又能使读者心情舒畅,缓解疲劳;工作区应设置在阅览室门口,以便总揽全局和服务读者咨询。

3. 文化氛围

新书阅览室的墙面可贴上温馨的入室提示语、名人画像和名人名言。在桌椅的选择上,可选择一些有文化气息的木制桌椅或沙发,从而营造出浓郁的文化氛围,使每位入室的读者都能受到文明的洗礼,得到文化的熏陶。

二、藏书管理

新书阅览室的生命力就在于它的鲜、活、快,将最新的信息在第一时间内传递给读者。在读者需求多样化、信息更新高速化的情况下,加强新书阅览室的藏书管理,这就要求我们不断地更新思路。笔者认为可通过以下途径加强藏书管理。

1. 按读者需求调整购书比例,优化藏书结构

一般新书阅览室都会集中陈列各学科类别的新书,但是读者对各类图书的需求情况不一。因此新书阅览室在进书时要以读者需求量为出发点,以读者利用为最终目的,要注重将读者喜欢的、热门的图书及时入藏,而一些借阅率不高的图书可以少入藏,甚至不入藏。可以在新书阅览室进行新书采购调查。此外,还要注意日常观察和统计,收集读者利用新书阅览室的需求及习惯。还可以和读者交谈,直接征询他们的意见和要求。阅览室工作人员将这些情况及时反馈给图书馆有关部门,以便协调工作。

2. 做好剔旧和新书的更新上架工作

新书阅览室的空间有限,不可能所有的图书都保留,以致新书不新,因此必须及时做好剔旧和新书的更新上架工作。但是,确定图书的更新速度,既要考虑到新书的"保鲜度",又要注意到读者的"消化功能",既不能长期不换,也不能过于频繁地更换,图书更新的周期确定应结合书籍量和日平均读者人次这两大因素。

3. 新书加工要迅速

图书到馆后需要加工,但是传统图书馆加工的周期较长,新书往往加工成了"旧书",其利用价值大打折扣。因此,新书阅览室的新书,要专门及时处理,使其以最快的速度与读者见面,必要时可以省掉部分加工环节,等图书从

新书阅览室下架后返回编目部门再加工。

4. 做好新书的宣传工作

阅览室工作人员应做好新书的宣传报道工作。可通过张贴新书通报，发放新书目录单，通知和利用网络、报纸、广播等多种传播手段来宣传新书，让更多的读者来借阅，由此来达到提高借阅率的目的。此外，还可以通过开展各种读书活动来提高新书阅览室的利用率，提高读者的读书效率。

三、读者管理

读者管理是新书阅览室管理工作的重要组成部分，主要是指对读者违规现象的预防及处理。在新书阅览室中，读者不遵守阅览室规则而出现的违规现象主要有：不使用代书板、随意乱放图书造成图书错架、乱架；污损图书，偷窃图书；抢占座位，乱放座椅等；不注意卫生，随地扔弃纸屑垃圾，在室内吃东西或是电话没有设置在静音状态等。对此，工作人员应着重预防并加强管理，而在处理读者违规时应充分体现育人为本的思想。

1. 建立规章制度，加强对读者的宣传教育工作

首先，要建立、健全新书阅览室的各项管理规章制度，如入室须知、借阅制度、图书遗失和污损的赔偿制度等，做到有章可循，有法可依。其次，要对读者进行积极的行为规范教育，使其知晓并能自觉遵守阅览室的规章制度。尤其要加强对新生入室前的培训，指导他们熟悉阅览室的规章制度，熟悉馆藏，帮助他们了解图书分类，了解检索的基本知识以及代书板的作用和用法等。

2. 设置提示牌，加强巡视，加大设备投资力度

可在室内显著位置设置提示牌，提示读者要爱护图书，保持卫生，维护安静的阅读学习环境。工作人员要加强巡视，积极指导读者正确利用新书阅览室，同时有效地制止读者违规现象的发生。图书馆应加大投入，安装高精度的监控设备，并定期维护，使其保持正常运转，从而最大限度地减少图书丢失。

3. 鼓励读者参与图书管理

可聘请读者充当临时管理员、保洁员，让读者积极参与新书阅览室的管理工作。这不仅可以加强读者与工作人员的沟通理解，减少相互之间的摩擦，同时还可以培养读者的主人翁意识，使阅览室真正成为学习知识的第二课堂。

4. 用人性化管理手段处理违章读者

在新书阅览室的日常工作中,常常会遇到一些违章读者。对此,工作人员要采用人性化管理手段进行处理。对于轻微违规者,要通过耐心细致的说服教育,让其明白遵守规则的必要性,切勿采用简单粗暴的处罚方式,尽量通过语言交流使双方达到心灵的沟通,使读者明白严格管理的真正目的是为读者创造一个良好的阅览环境,建立一个文明的阅览秩序,以更好地服务于读者。对于较严重的违章读者,要根据图书馆的有关规章制度进行处理。可视情节轻重,在批评教育的同时,分别或综合采取暂停其入室资格,强令其接受图书馆的相关教育与培训,在课余时间参加图书馆的义务劳动,罚款及通报批评等措施来达到教育的目的。

四、优质服务

新书阅览室是直接面对读者的部门,工作人员的服务水平与质量直接关系到图书馆的声誉。为了向读者提供一流的服务,工作人员应该苦练内功,扎扎实实做好每一项工作。

1. 注意自身言行,文明服务

新书阅览室的工作人员每天都要面对大量的读者,其一言一行都会影响到读者。首先,要从内心热爱图书馆工作,热爱读者。只有思想认识到了,才能体现在具体言行上。工作人员要按时开馆、闭馆,要面带微笑地耐心解答读者的咨询,主动热情地与读者进行交流和沟通,服务读者态度要和蔼,要热情周到,要以诚相待。工作人员如果使用"请不要把包带进室内"、"请您使用代书板"、"谢谢您的合作"这样和风细语般的话语,还有谁会认为其服务态度不好呢?此外,工作人员还应该从细微处着手搞好服务。高校图书馆的服务对象大部分是学生,在校学生求知欲强,但往往不太遵守规章制度,可塑性强,但往往不太注意自身言行。笔者在工作实践中发现,及时、必要的提醒能很好地执行图书馆的规章制度,有效发挥图书馆的功能。如果工作人员能做到以上这些,读者一般都能自觉地遵守新书阅览室的各项规则,尊重工作人员的管理与服务,这样新书阅览室就会成为每一个读者的精神乐园。

2. 广纳读者意见,及时回馈信息

新书阅览室要在公共场所设置意见箱,接受读者的信息反馈。反馈内容可以为读者服务工作的改进提供重要的信息和依据。关键在于,工作人员要对问题进行及时处理和回复,以增强读者的信任度,提高读者的满意度。

3. 苦练内功，提高自身业务水平

作为一名合格的新书阅览室工作人员，光有积极热情的工作态度是不够的，必须要不断学习，努力提高自身的业务水平，这样才能更好地为读者服务。馆员不仅要有图书情报学的基本知识，随着电子技术在图书馆的普及，还要掌握一定的计算机知识、互联网技术、多媒体技术等新的服务手段；要熟悉本室的藏书体系，对读者有问必答；要充分做好参考咨询工作，根据读者的实际情况指导阅读，让读者能快速、准确地找到所需资料。

五、结　语

对于新书阅览室的工作人员来说，管理和服务是日常工作中并行不悖、同等重要的，在实际工作中两者是密不可分的。科学管理不等于服务冷淡，服务至上不等于管理混乱。在提供优质服务的同时，对少数读者的不文明行为进行及时制止和适当处理，这也是对其他读者的提醒和警示。只有同时重视管理和服务两方面的工作，图书馆的新书阅览室建设才能取得成功。

参考文献

[1] 韦建静. 试论新书阅览室管理及服务[J]. 时代经贸,2010(5)：93－94.

[2] 董群花. 构建和谐图书阅览室的思考[J]. 科技情报开发与经济,2011,21(9)：79－80,88.

[3] 严红. 高校图书馆新书借阅室管理方式初探[J]. 贵图学刊,2007 (2)：57－58.

[4] 丁振波. 强化图书馆阅览室工作对策思考[J]. 网络财富,2010 (12)：180.

高校图书馆参与城市社区文化建设的可行性分析

——基于PEST和SWOT分析法

孙掌印[①]

一、引 言

高校图书馆是现代社会先进文化建设和传播的重要前沿阵地，也是先进文化建设的重要组成部分，理所当然地应该在满足高校教学科研需要的前提下，充分发挥其自身的优势和特色，行使社会服务职能，努力为大众服务、为社会服务，为社会进步和科学文化繁荣提供文献信息资源支撑，这是高校图书馆实现和保障人民基本文化权益的使命和职责。但是，就目前来讲，高校图书馆的服务大多局限于高校本身，其社会公共服务的潜能并没有得到充分的发挥。因此，科学分析高校图书馆参与城市社区文化建设的现状及制约因素，对高校图书馆参与城市社区文化建设进行可行性分析，为实现社会资源利用的最大化提供理论依据，同时推动高校图书馆参与城市社区文化的健康发展，这些都是值得深入探讨的问题。

二、高校图书馆参与城市社区文化建设的现实意义

《国家"十一五"时期文化发展规划纲要》中提出："机关、企业、学校的文化设施要尽可能向社会开放，积极开展文化服务。"教育部《普通高等学校图书馆规程(修订)》中明确提出："有条件的高等学校图书馆应尽可能向社会

① 孙掌印(1985—)，男，双学士，助理馆员，主要研究方向为图书馆参考咨询与读者管理。

读者和社区读者开放。"在国家这种大力提倡文化共享的大环境下,城市社区文化建设的发展需要高校图书馆的参与,高校图书馆参与城市社区文化建设也就具有了很强的现实意义。

高校图书馆参与城市社区文化建设的现实意义具体体现在：① 实现了社会文献信息资源的大共享;② 扩大了高校图书馆本身的社会影响力,并强化了高校图书馆的社会服务功能和社会地位;③ 有利于高校图书馆自身的整体性建设和长远发展;④ 提高了城市社区居民的文明程度;⑤ 推动城市社区精神文明建设的发展进程;⑥ 及时有效弥补了公共图书馆在资金和资源方面的不足;⑦是城市社区文化大发展的需要;⑧ 为城市社区居民提供了获取文献信息资源的平等途径;⑨ 为城市社区文化建设大发展提供动力;⑩ 是构建全民学习、终生学习的学习型社会的需要。

三、高校图书馆参与城市社区文化建设的 PEST 和 SWOT 分析描述

1. PEST 和 SWOT 分析法概述

PEST 分析法是战略咨询顾问用来帮助企业检阅其外部宏观环境的方法。分析的具体内容会有差异,但一般都应该对政治(Political)、经济(Economic)、社会(Social)和技术(Technological)这 4 大类影响企业主要外部环境的因素进行分析,简称为 PEST 分析法。

SWOT 分析法是安索夫于 1956 年提出来的,是一种企业战略分析方法,即根据企业自身的既定内在条件进行分析,找出企业的优势、劣势及核心竞争力之所在。其中,S 代表 strength(优势),W 代表 weakness(弱势),O 代表 opportunity(机会),T 代表 threat(威胁),其中,S、W 是内部因素,O、T 是外部因素。按照企业竞争战略的完整概念,战略应是一个企业"能够做的"(即组织的强项和弱项)和"可能做的"(即环境的机会和威胁)之间的有机组合。SWOT 分析法的一个重要的功能就是论证某一领域是否适合企业的经营,适合体现持久的竞争优势。

本文主要借助 PEST 和 SWOT 分析法对高校图书馆参与城市社区文化建设的可行性进行分析,以全面了解高校图书馆参与城市社区文化建设过程中的优势和需要完善的地方,为我国高校图书馆参与城市社区文化建设,走进城市社区,深入而高效地投入城市社区文化建设提供理论依据。

2. 高校图书馆参与城市社区文化建设的 PEST 和 SWOT 分析

高校图书馆参与城市社区文化建设的 PEST 分析如表 1 所示。

表 1 PEST 分析

外部环境因素	高校图书馆参与城市社区文化建设
政治法律环境要素	国家政策导向为高校图书馆参与城市社区文化建设提供了保证。全民学习、终身学习的学习型社会的提出,加速了高校图书馆走进城市社区的进度。
经济环境要素	高校图书馆参与城市社区文化建设的过程中存在资金不足的问题。高等教育规模扩张速度过快,使得高等教育经费非常紧张,导致投入高校图书馆方面的资金更少。
社会与文化环境要素	城市社区居民渴望到高校图书馆获取信息。随着高等教育的快速发展,现代城市社区居民大部分都是受过不同层次教育的,他们对文献信息资源的渴求,使得高校图书馆参与城市社区文化建设成为历史发展的必然趋势。
技术环境要素	信息技术的快速发展使高校图书馆走进城市社区成为可能。高校图书馆拥有高技术人才和先进的技术设备,这为高校图书馆参与城市社区文化建设提供坚实的基础。

表 1 运用 PEST 分析法对政治法律环境要素、经济环境要素、社会与文化环境要素、技术环境要素 4 个方面进行深入分析,间接地显示出我国社会公共文化体系的发展相对完善,高校图书馆参与城市社区文化建设的外部环境已经具备而且已经成熟,暗示了高校图书馆参与城市社区文化建设是城市社区文化发展的需要,是城市社区居民对文化渴求的必然结果。

高校图书馆参与城市社区文化建设的 SWOT 分析如表 2 所示。

表 2 SWOT 分析

	优势(Strength)	劣势(Weakness)	机遇(Opportunity)	挑战(Treat)
发展环境	国家大力提倡文化大发展为高校图书馆事业的发展营造了良好的氛围;经济保持良好发展势头为高校图书馆事业的发展提供了财政保障。	高校图书馆参与城市社区文化建设事业发展缺乏法规依据。	国家“文化发展战略”的制定,为高校图书馆事业指明了发展目标和方向。	城市社区的逐年增长和人口结构的变化,使得高校图书馆参与城市社区文化建设面临重大挑战。

续表

	优势(Strength)	劣势(Weakness)	机遇(Opportunity)	挑战(Treat)
政府态度	高校图书馆参与城市社区文化建设受到政府的高度重视,这为高校图书馆事业的发展提供了政策保障。	高校图书馆主管机关和业务辅导体系不同,各级高校图书馆主管单位不一,缺乏统一的领导体制。	大力发展城市文化软实力的提出,使高校图书馆走进城市社区成为可能。	将高校图书馆纳入公益文化事业,支持社区图书馆建设,认可了图书馆的阅读活动;关怀图书馆的发展,确立了高校图书馆的社会地位。
技术支撑	城市信息化建设的成果为高校图书馆参与城市社区文化建设事业的发展提供了技术保障。	高校图书馆与城市社区信息技术的无缝对接存在诸多问题。	城市社区文化服务网络的建设,可以使图书馆事业真正渗透进千家万户。	出版物的数字化程度不断上升;计算机、传真及互联网等科技手段给图书馆的未来发展带来广泛的影响。
高校图书馆现状	高校图书馆文献资源量大、专业学科数据库丰富,信息资源更新及时,在信息资源建设、人才队伍、信息技术和服务经验等方面拥有得天独厚的优势,应该并且能够为城市社区文化建设提供各个层面的信息服务。	高校图书馆文献专业性过强、资金不足、服务观念急需转变、管理体制受多重限制等。	国家相关的政策法规引导,地方政府的政策支持,还有高校图书馆学术界的理论支持,这些都为高校图书馆参与城市社区文化建设提供了基础。	信息环境发生很大的变化、服务对象的扩大、传统观念的束缚等都给高校图书馆走进城市社区带来了挑战。

表2中SWOT分析法通过分析发展环境、政府态度、技术支撑、高校图书馆现状4个方面,总结了高校图书馆参与城市社区文化建设的优势、劣势、机遇和挑战。

四、高校图书馆参与城市社区文化建设的可行性

通过PEST和SWOT分析法可以看出,我们所探讨的这些方面是促使或制约高校图书馆参与城市社区文化建设的重要因素,其中,处理好政治法律环境要素、经济环境要素、社会与文化环境要素、技术环境要素,利用好高校图书馆参与城市社区文化建设的优势、机遇和挑战,避开或解决好劣势,只有

这样,高校图书馆参与城市社区文化建设才能具有很强的可行性。

1. 借助地源和文献信息资源优势,参与城市社区文化建设

截至2011年年底,不含港台地区高校,我国共有1983所普通高校,这些高校都有图书馆,可享受文献服务的图书馆数量将超过1800所,这样就形成了高校图书馆数量多、分布广的态势,为高校图书馆参与城市社区文化建设提供很大的便捷条件。我国所有高校图书馆都经过了多年积累,形成了较大规模的馆藏,内容丰富,学科资源齐全。据不完全统计,到2011年,高校图书馆资源整合已达7000万册(件)。每个高校图书馆既有传统的纸质资源,也有现代化的电子资源,还有大量的中外文数据库。大量的纸质、数字资源及数据库数据总量已经远远超过了所有公共图书馆的文献信息资源总量。

2. 凭借高素质的专业技术人才优势,参与城市社区文化建设

我国高校图书馆拥有一批受过良好高等教育、具有前沿的图书情报专业知识、熟悉计算机应用的专业人才,这些高素质人才具备对广博而庞杂的各类信息进行甄别和遴选的能力,能够很好地开展深层次、高质量、有针对性的城市社区服务。我国高校图书馆都设有专门的情报服务部,特别是国家"985"、"211"院校的图书馆,都培养了一大批具有高素质和高业务水平的信息服务人员,这些人员当中博士、硕士占有相当高的比例。

3. 利用先进的信息技术和设备优势,参与城市社区文化建设

我国高校图书馆(特别是重点大学图书馆)都已经普及计算机网络化管理,采访、编目、典藏、借阅、查询都已经实现了计算机智能化管理。信息技术和设备的日益完善是实现信息资源大共享的必要条件,大部分高校都建成了网络技术、计算机技术、通讯技术的现代化信息技术中心,这为高校图书馆参与城市社区文化建设,为城市社区服务,完成文献信息资源共享提供了强大的助力。同时,高校图书馆专业的参考咨询馆员可以顺利地利用网络信息技术为城市社区用户提供科研立项检索、科技成果专利查新等各项服务。

4. 依靠政策引导和政府支持,参与城市社区文化建设

国家文化发展战略为高校图书馆参与城市社区文化建设指明了方向,高校图书馆可以抓住"十二五"期间国家大力发展公共文化重点工程建设、加大文化资源向城市社区倾斜的机遇,在地方政府的支持和在城市社区的配合下,大力开展高校图书馆参与城市社区文化建设工作。国家政策导向为高校图书馆参与城市社区文化建设提供了保证。全民学习、终身学习的学习型社会的提出,加快了高校图书馆走进城市社区的进程。

5. 搭乘城市信息化发展快车，参与城市社区文化建设

如今，城市的基础地理、基础设施和基础功能全部实现数字化、网络化、智能化和可视化的发展。城市信息化又称城市数字化，它以计算机网络为基础的，依靠各种信息技术为主的现代高科技对城市的各类信息资源进行开发管理。城市信息化建设为高校图书馆参与城市社区文化建设提供了技术保障；城市社区文化服务网络的建设，使高校图书馆参与城市社区文化建设事业真正渗透进千家万户。

五、结束语

高校图书馆是高校的文化先锋阵地，它有着强大的社会影响力，如果高校图书馆想要进一步的提升自己的社会地位，成为整个社会的文化信息中心，就必须走进城市社区，参与整个城市社区的文化建设，做到以城市社区的文化建设和发展为己任，坚持文化兴区，在参与城市文化建设方面寻求突破。高校图书馆必须深刻认识参与城市社区文化建设的意义，充分发挥自身拥有的优势，积极投入城市社区文化建设的浪潮，取得实实在在的业绩，为社会主义文化建设做出应有的贡献，为我国全民学习、终身学习的学习型社会再添新生力量，在整个城市社区文化发展中显示其不可或缺的价值，得到社会各界及城市社区居民的尊重、关心、支持，同时优化其生存的外部环境，为其自身发展开辟新的途径。

参考文献

[1] 温万虎. 高校图书馆参与城市社区文化建议的思考[J]. 图书与情报，2006(4)：90－93.

[2] 周澜. 高校图书馆向社会开放的思考[J]. 图书情报工作，2008(7)：144－147.

[3] 康嘉. 高校图书馆开展社会服务的 SWOT 分析[J]. 农业图书情报学刊，2011(11)：194－197.

[4] 陈希，彭一中. 高校图书馆向社会开放的途径与策略[J]. 图书与情报，2007(5)：114－115.

[5] 殷翠芬，王有敬. 高校图书馆服务社区的研究[J]. 图书馆学研究，2007(11)：80－81.

[6] 张凌. 高校图书馆参与社区图书馆建设研究[J]. 中国图书馆学报，2006(6)：100－102.

高校图书馆馆员素质建设中职业倦怠的挑战及其对策

肖　云*

一、引　言

职业倦怠是现代市场竞争条件下普遍存在的一种由工作所引起的心理枯竭现象。这种由于心理原因造成的疲惫感会对员工的工作效率产生消极的影响,它已经成为现代人工作的头号杀手,因而引起了管理者的普遍关注。图书馆作为服务型机构,其工作质量的高低,很大程度上取决于馆员的工作积极性,而这种工作积极性又是一种伸缩性很强的个人潜能,只有将这种潜能充分地转化为工作行为,才能收获良好的管理效果。然而,在图书馆的现实工作中,经常会有馆员出现职业倦怠的现象,如对工作消极厌倦、情绪低落等,这种消极的心理反应不仅会影响图书馆的服务质量,也会打击馆员的学习热情,限制馆员的个人发展。忽视了这种消极心理因素,就无法开展具有针对性的继续教育和培训计划,也就很难切实提高馆员队伍的整体素质。本文从馆员职业懈怠角度出发,探讨职业倦怠给馆员素质建设带来的具体挑战,并提出相应的解决方案。

二、图书馆馆员的职业倦怠

所谓“职业倦怠”,就是指一个人长期从事某种职业,在日复一日地重复机械的作业中,渐渐会产生一种疲惫、困乏,甚至厌倦的心理,在工作中难以提起兴致,打不起精神,只是依仗着一种惯性来工作。职业倦怠最常表现出

* 肖　云(1969—　),女,学士,馆员,主要研究方向为信息资源管理。

来的症状有三种：① 对工作丧失热情，情绪烦躁、易怒，对前途感到无望，对周围的人、事物漠不关心；② 工作态度消极，对服务或接触的对象越发没耐心、不柔和；③对自己工作的意义和价值评价下降，常常迟到早退，甚至开始打算跳槽或是转行。

如今，不少图书馆馆员出现了职业倦怠，尤其是有四五年以上工作经验的馆员，因为他们对所做工作轻车熟路，其对工作的热情会随着时间而逐渐消退，以致有不少人产生职业倦怠情绪。造成图书馆馆员职业倦怠的原因可能是多方面的，从20世纪90年代开始便有学者从多个角度进行了深入的探讨。曾咏秋认为：从社会心理角度来看，社会地位低下、缺乏成就感是造成馆员职业倦怠的主要原因；从个体心理学角度来看，馆员素质有待提高、工作满意度低则是主要原因。[1]尹虹娟认为市场经济因素的消极影响、社会对图书馆重视不够、信息时代的高要求与馆员素质偏低的矛盾等是造成馆员职业倦怠的主要原因。[2]此外，吴涛从传统文化影响的角度出发，认为长期以来的计划经济造成了图书馆理念和管理的偏差，具体表现在缺少竞争激烈机制、劳动价值和劳动报酬背离、职业价值观和个人价值观冲突等，这些因素都可能导致馆员职业倦怠。[3]

针对图书馆馆员的职业倦怠，学者们提出了许多应对措施。比如满足馆员的基本需求，引导其实现更高需求；实行人本管理；完善激励措施；等等。还有一个被普遍提及的措施便是加强图书馆馆员的继续教育，建立馆员在职培训制度，为馆员提供继续教育的机会，更新其知识，提高其综合素质及竞争力。

服务是价值的一种体现，质量是一种层次，水平是一种展示。如何克服这种职业上的倦怠感，重新找回对工作的热情，以最佳状态迎接新的挑战和机遇？假若图书馆馆员只是把服务大学生和一线教师看作一种工作，那么服务理念就会是清淡而无味的；假若图书馆馆员把优质服务、满意服务当作是一种理想信念来追求和实现，服务理念就会有一种超前的境界，理性的升华。现在图书馆馆员中也有不少人意识到自身觉悟的局限性，为了提高自身的素质，与时俱进，他们参加继续教育乃当务之急。此外，图书馆馆员继续教育的必要性还体现在以下两个方面。

1. 图书馆馆员的继续教育也是大势所趋

《国家中长期教育改革和发展规划纲要》第一次提出“努力造就一支师德高尚、业务精湛、结构合理、充满活力的高素质专业化教师队伍”的战略目标，对教师队伍建设提出了新的更高的要求。那么，图书馆馆员怎样才能为大学生和一线的教师提供更好的服务和帮助呢？图书馆工作人员的岗位职责，就是用标准和职责严格规范自己的行为，使大学生和一线教师时时处处感受到图书馆馆员的服务就在身边，有困难、有问题就来找图书馆员，使广大师生看到的是笑脸，听到的是坦诚，感受到的是亲切，使他们“有事而来，满意而归”。

2. 图书馆馆员应该是大学生资源的推介者

新的形势对图书馆馆员的服务有了新的要求，服务标准是越来越高，内容越来越具体。随着校园数字化的普及与建设，教育信息化的核心应从掌握使用计算机技能逐步转移到让网络成为教师和学生学习的工具上来，要使网络成为学习的资源，让教师和学生适应网络学习环境，即适应并享用网络这个超越时空界限的大课题。由于网络所提供的信息资源繁杂多样，有精华，也有糟粕，而学生由于社会经验不足，思考问题不够深入，往往不能对信息作出正确合理的选择。所以，在数字化网络环境下，图书馆馆员应该是资源的推介者，要对信息进行严格的筛选和整合，为学生进行网络资料查找设定一个大的方向以及总的原则。这样，图书馆馆员应该担任学生学习促进者的角色，对网络资源加以设计、整合，并向学生介绍，提供有利于学生学习发展的资源，从而充分实现网络资源的价值，创建有利于学生身心健康发展的外部环境。继续教育培训可以提高馆员实现以上目标的能力，为馆员承担更大的责任、从事更富有挑战性的工作以及提升到更重要的岗位创造条件。

三、职业倦怠给馆员素质建设带来的挑战及对策

1. 职业倦怠原因众多，馆员需求各异

如前文所述，造成馆员职业倦怠的原因是多种多样的，不同年龄、岗位、职称的馆员有不同的需求。这就要求我们建立起多层次、多类型的培训体系，在开展馆员素质建设工作时，要分梯队、分层次进行。针对不同类型馆员的特点和需求，开展不同形式和内容的训练。

学校可以根据馆员不同的年龄阶段、不同的职称结构、不同的工作岗位等要求，建立多层次、多类型的培训体系，满足教育发展与馆员个体发展的需要，实现专业培训与师德培训并重、学历培训与专业培训结合、本校培训与校外培训并举的格局，建立科学、有效的培训评价制度，为图书馆馆员的职业发展构建平台。

学校还可以以专题学习、学术报告等形式鼓励馆员制订个人、团体的学习计划，撰写学习心得、案例分析、工作随感等，学校定期进行检查，通过指

导—自学—反思—研究的模式，让他们在反思中提高，在合作中成长，从而极大地促进馆员们的专业化发展。

要实现高校图书馆馆员队伍整体素质的提高，学校应建立以图书馆馆员发展为目标的管理体系，体现以人为本的管理理念和组织文化，创造良好的环境与氛围，把图书馆馆员的个人职业生涯计划与组织的职业生涯管理有效结合起来，高效激励馆员能力，开发馆员潜力，推动图书馆馆员人力资源的可持续发展。管理者应该积极支持、帮助、指导馆员提升职业发展能力，促进其个体需要和组织的发展目标相一致，从而提高馆员的工作成就感和工作满意度，实现组织发展和个人价值的双赢。[4]

2. 懈怠程度不同，培训强度与要求不宜“一刀切”

馆员在实际工作过程中，难免会出现懈怠心理，但松懈的程度会有不同。因此，管理者在针对馆员的职业懈怠采取相关措施时，不妨先对馆员进行相关的测度，科学地评估馆员所处的状态。同时，测度和评估的结果也提醒我们在推动馆员继续教育时，不仅要根据人群特点选择学习的形式和内容，而且在要求和强度上也该有所差异。比如，可以尝试以下几种形式。

（1）大力探索“学分银行”制度。高校图书馆馆员继续教育要大力探索“学分银行”制度，使每位工作人员在任何时候、任何地方、以任何方式、参加任何项目的学习都能够取得学分并储存起来，达到一定的学分后便可兑换学习证书，其简单流程就是个人开户→获得学分→存入学分→支取使用。这种学习制度的好处在于将学习的自主权交给馆员自行掌握，馆员可以根据自己的实际情况和兴趣，安排学习内容和进程，有利于调动学习者的积极性，培养长期学习的习惯。

（2）组织小组研讨或辩论。在同一个图书馆工作的馆员，往往会面临相似的压力和困惑。馆员之间有效的沟通和倾诉，可以减轻压力，寻找支持，因此，在继续教育时要注意团体意识的培养。组织小组研讨或辩论是一个不错的形式，图书馆管理者可以根据继续教育的学习内容，提出相应的问题，将图书馆馆员分成若干小组，给每个小组指定某些议题，馆员们进行小组内部的讨论以及小组间的交流，阐述自己的观点，并聆听其他馆员的想法，取他人之长，补自己之短，集众人的智慧，缓解自己的压力，解决自己的困惑。集体学习可以活跃学习氛围，馆员在轻松的学习环境中完成学习任务，还有助于馆员养成团队意识、与人沟通的能力以及组织协调的能力。

3. 教育投入要适当

解决职业倦怠固然可以提高服务质量，但是在进行继续教育投入时也要考虑到成本和收益的均衡。在图书馆经费有限的情况下，对于馆员的培训又是一个长期投入的过程，因此，推进馆员继续教育时要充分利用互联网带来的便捷和低成本。具体可以采用远程开放培训模式和网络化的培训模式。

四、结 语

总之，高校图书馆应该把为大学生和一线教师服务工作的重点放在层次的提高上，这就要求我们把已建成的各类平台加以巩固提高，把没有搭建的平台搭建起来；在服务理念、服务方式、服务手段等各方面都要有创新、学会换位思考，用心来体验；坚持爱岗敬业的职业操守，全面提高自身的综合素质；树立想师生之所想、急师生之所急的思想，把满足师生的需求作为自己最大的心愿。在实际工作中，根据广大师生的需求，开创管理服务新格局，打造自己的特色服务品牌，使自己的管理成为具有“亲和力”的优质服务窗口，在学校整体发展、和谐稳定、文化推进等方面，起到明显的促进作用。

参考文献

[1] 曾咏秋. 高校图书馆员职业倦怠的心理学分析[J]. 江西教育学院学报(社会科学版)，1996(4)：75－77.

[2] 尹虹娟. 高校图书馆不容忽视的一个问题——馆员的职业倦怠[J]. 图书馆学研究，2002(1)：12－13，18.

[3] 吴涛. 图书馆员职业倦怠的归因及其对策[J]. 图书馆学研究，2004(8)：28－31.

[4] 肖永英. 我国图书馆员职业倦怠研究述评[J]. 图书馆杂志，2006(1)：10－13.

高校图书馆建筑设计理念与要素探析

黄湲丹*

一座图书馆建筑成功与否，往往取决于设计者对图书馆使用功能、服务理念、管理模式及读者需求等方面的理解与思考。“以人为本”的理念是现代图书馆的核心，应贯穿于图书馆建设的全过程，它包括建筑设计、建筑模式及内外部环境设计等环节。现代图书馆建筑应是现代建筑艺术、装饰艺术和园林艺术等有机结合的精品，是符合现代图书馆功能和业务的智能化建筑。

网络时代的图书馆是“无墙的图书馆”，随着图书馆数字化的进程不断加快，电子资源的数量增长迅猛，传统的图书馆不断受到冲击，但是从长远看，图书馆纸质文献不可能消失，图书馆作为一个建筑实体是不可能被取代的。相反，它将扮演更重要的角色，因为它是象牙塔中的象牙塔，它提供舒适方便的空间给读者查阅馆藏资料，是人生第二课堂，也是心灵的疗养院。

本文探讨大学图书馆建筑规划的理念与步骤，介绍图书馆建筑之基本理念，说明建筑设计所应包含的要素、图书馆设计需要注意的问题，探讨图书馆建筑设计的原则，最后总结苏州大学炳麟建筑的经验，建议未来图书馆建筑规划时应注意的事项。

一、图书馆建筑之基本理念

1. 图书馆建筑的哲学观

人性化的理念越来越多地融入图书馆的建设中去，图书馆建筑设计的核心就是“以人为本”，读者的需求是图书馆建筑空间设计的基础，在功能上要求实用、方便，在美感上追求深远的意境，以期表达人与书的交融。换言之，

---

* 黄湲丹(1967—　)，女，学士，馆员，主要研究方向为读者服务。

一座现代化的图书馆建筑,除了建筑物本身有其在文化层面上的表象外,同时还应该是一座存储知识和传递信息的殿堂。

2. 图书馆管理的哲学反映在建筑的设计上

在规划图书馆的空间需求时,必须重新思考图书馆工作流程的合理性。要在建筑空间上发挥图书馆的功能,必须先分析图书馆馆藏的布局是否合理,读者是否能无障碍使用,人力资源安置是否最为精简,如何使图书馆具有艺术感染力,并通过造型、色彩、绿化等创造一个"馆人合一"的环境。

3. 图书馆美学意境的追求

建筑之美不仅能使人赏心悦目,还可体现建筑物的精神。就图书馆而论,广大读者对构成一座图书馆所应具有物质的、精神的因素,都有着一种创造与欣赏的美学追求,这一点值得我们去探讨。图书馆建筑不仅要有崇高深远的艺术性,更要显现图书馆宁静、祥和的风格,亦即在外观和内部结构上都能给予人一种"享受":造型具有时代感,布局具有前瞻性,设施体现现代化,以提供给读者一个完善而绝佳的环境。

以苏州大学炳麟图书馆为例,该馆建筑本身就是一件艺术品,形似"水晶莲花",充分让人领略江南水乡的特色。

4. 图书馆建筑设计的原则

英国著名图书馆建筑专家H·福克纳-布朗借用著名的基督教"十诫"提出了十大图书馆建筑原则,即"福克纳布朗十诫":① 灵活性;② 紧凑性;③ 适用性;④ 扩展性;⑤ 多样性;⑥ 条理性;⑦ 舒适性;⑧ 稳定性;⑨ 安全性;⑩ 经济性,这"十诫"始终是图书馆建筑设计的准则。各类图书馆的设计都有其具体特点,但有些基本原则是必须共同遵循的,图书馆建筑设计理应符合以下基本原则:① 充分满足功能要求;② 科学先进;③ 经济高效;④ 环境协调,造型美观;⑤ 灵活可变,考虑发展;⑥ 馆与设计密切配合;⑦ 因地制宜;⑧ 符合规范。此外,信息技术对现代图书馆建筑的冲击以及人体工学的考虑亦须注意。

二、图书馆建筑设计的要素

1. 因地制宜的权宜措施

馆址是否理想,要根据多种因素和条件综合判断,但最重要的是要预估建设完成后长期使用的效果。此攸关读者的便利、图书的维护、造价的合理以及图书馆功能的充分发挥。选择时应考虑下列事项。

(1) 位置适中,交通便利。图书馆是为读者服务的,首先应考虑的是对于读者的便利性。特别是高校图书馆,馆址既要与教学区接近,又要与宿舍生活区距离不远,当处学校活动的中心地带。

(2) 环境安静、优雅。为了使读者能专心致志、集中精神地进行学习和研究,创造安静的环境是极为重要的。否则,即使硬件条件再好,其实际使用效果也会打折扣。

(3) 适宜的自然环境和地质条件。图书馆的馆址要选择在采光、通风良好的地方,决定馆址前最好能有地质勘察的报告。

(4) 留有扩建余地,便于日后的发展、扩建。除了充分考虑发展和扩建的可能性外,在开始规划和设计时亦必须考虑分段施工的可行性。

高校图书馆选址,在遵循上述原则的同时,更强调其核心地位：将图书馆的选址确定在其所在校区的中心或次中心位置;使其临近所在校区的主干道;与所在校区的主要园林景区相邻。炳麟图书馆就是位于苏州大学独墅湖校区正门处,为独墅湖校区标志性建筑。

2. 读者无障碍使用

图书馆建筑应能够让人们高效率地利用,内部设施设计得合理,就会使读者和馆员的行走距离缩短到最低限度。随着图书馆开架范围的不断扩大和现代化技术的不断发展,图书馆内部的服务设施要设计清晰,除了展示图书馆总体示意图以及分布示意图外,还要有足够的学科栏目架标和导向图,做到即便是新读者第一次步入图书馆,也能迅速找到咨询台、借还处、各个阅览室等,实现无障碍使用图书馆。

就读者而言,移动路径越短越好,可以节省时间并提高利用率。就馆员而言,路径的安排影响的是工作效率。但是在为读者服务的前提下,不能只为了工作人员的方便,而造成读者的不便,从而降低服务品质。

3. 家具布置本身即是设计的一部分

家具的设计与布置,展现不同的空间特性,且反映出人们不同的生活方式和爱好。因此,家具的设计与布置是现代室内建筑设计极为重要的部分。书库的安排、桌椅的排列、复印机安放、各个阅览室布局等,均须审慎地安排和布置。家具布置对图书馆来说,是图书馆设计的本体。一般说来,家具的选用必须符合专业实用性、规格标准化、经济节能型、人体工学、无障碍设计、色彩及与相关环境的搭配等原则。以往的图书馆建筑,均是先建好外部建筑,然后再进行内部装修,如此一来,很难做到"馆人合一"的协调,所以内部装修、设计必须在外部建筑施工之前通盘考虑、规划好。以炳麟图书馆为例,从图书馆筹建开始，图书馆人就参与其中，从外观、功能布局、内部装修等各个方面提出建议。

4. 环境因素的考虑

环境的物理因素包括颜色、声音、灯光、温度、湿度等。

(1) 隔音问题。说话声、间歇性的机械声，例如汽车、空调等的噪音，容易干扰注意力，因此，在图书馆的建筑设计上对声音的处理应特别重视。对于声音的控制，可考虑下列几种方式：① 采用地毯代替地板；② 采用吸音的材料作为天花板；③ 利用书架的特殊排列。

(2) 采光问题。图书馆的采光必须充足，当窗户带进光源的同时也带进了热量。如果采光设计得好，日光就是一个很好的光源，而且效率也很高。据计算显示，日光的功效大约是有效荧光的两倍。如果能正确利用自然光源，减少空调的使用和人工照明，能有效减少电能利用，起到节能环保的作用。虽然自然采光是最经济、最实用的采光方式，但是过多的直接照射，则有害于书籍及读者，因此必须将自然采光和人工照明这两种采光方式结合起来布局和利用。

(3) 通风问题。温度、湿度、空气流动、空气污染、灰尘、噪音等均会影响学习的精神状态与效率，而温度与湿度的控制，对资料的维护尤其重要，故通风与否对图书馆建筑甚为重要。理想的温度可在摄氏 18 ~ 24 度之间，湿度则在 40%~60%。以炳麟图书馆古籍特藏部为例，该部线装古籍达 15 万册，含善本古籍 7000 余册，其中不乏明版及清前期本、精刻本、明清稿抄本、名家批校本等，因此，针对不同的藏书，炳麟图书馆古籍特藏部分别设置了普通古籍书库和善本书库，以满足不同的存储要求。

(4) 色彩问题。色彩主要为知觉上所产生的心理与生理的功能。图书馆的色彩不但要能与建筑物个性相衬，而且要在视觉上发挥舒适、宁静的功效。

一座图书馆建筑的建成，不能光靠一个人的智慧，而是许多人共同的思考、相互的讨论所成的结晶。随着科技的日新月异，图书馆的数字化程度越来越高，同时，数字化的需求越来越体现在图书馆建筑中。此外，硬件设备大量增加，维护的成本也越来越高，因此，图书馆应追求科学化的管理，以最经济、最实用、最环保的图书馆建筑，为读者提供最有效、最贴心、最绿色的服务。

三、结　语

总而言之,图书馆建筑设计要坚持“以人为本”的理论,追求艺术、宁静的美学意境,最大可能的满足读者的需求,为读者营造良好的学习氛围;同时,图书馆设计时要考虑地理、设施和环境等方面的问题,使图书馆成为名副其实的学校标志性建筑,成为学习与科研的神圣殿堂。

参考文献

[1] 黄红卫. 对高校图书馆建筑设计中几个问题的思考. 高校图书馆工作,2009(2).
[2] 钱静怡. 略论高校图书馆建筑中的人本思想. 图书馆与档案,2008(23).
[3] 鲍家声. 现代图书馆建筑设计. 中国建筑工业出版社,2002.

盗版书的类型及其识别*

梁　爽**

图书盗版现象由来已久。以前图书馆识别盗版书,主要依靠验收人员根据图书的外观和印刷质量来鉴别。而随着印刷技术的发展,特别是激光照排技术的应用,盗版书已非仅凭验收人员肉眼能鉴别,必须利用现代化的手段加以鉴别。

现代出版业给每一本书设计了身份标识——ISBN 号,ISBN 号又称国际标准书号,是图书书号的机读形式。按规定,每一种图书的每一个版本都有一个世界唯一的标识代码,它是由组号、出版社号、书序号和校验号四段组成的。ISBN 号被广泛地运用于图书采访查重和编目工作中,从 ISBN 号入手可以检验出图书是否为盗版。本人根据在编目工作中的经历,总结出盗版书常见的几种情形。

一、翻　印

翻印是指印刷一种书名、作者、出版社、ISBN 号等文献外部特征和内容特征都与正版图书完全一致的图书,这种图书一般只能依据印刷质量来辨别。以前铅字排版时,盗版书往往纸张、印刷质量都很差,而且还有很多错别字,仅凭这点就很容易识别。但是,采用激光照排后,盗版书在印刷内容上完全与正版书无异,加之由于现在很多盗版书商已达到一定规模,印刷质量和所用纸张也能做到与正版图书无异,使得这类盗版书仅从印刷质量角度很难分辨。

例如,《BIAD 建筑设计深度图示》一书,本次所编两本,其书名、作者、出版社、ISBN 号等文献外部特征和内容完全一致。但其中一本捐赠书的重量明

* 本文发表于《图书馆杂志》2012 年第 3 期。

** 梁　爽(1970—　),女,硕士,馆员,主要研究方向为文献资源建设。

显比另外一本轻，说明其所用纸张质量较差，经比较，确定其为盗版书。

二、盗 号

盗号是指盗版者盗用正版图书的ISBN号，印刷一种ISBN号与正版书相同，但书名、作者、内容甚至出版社都与正版书完全不同的图书。这种现象在盗版书中较多，而且手段多样，归纳起来有以下几种。

1. 书名、出版社、作者、内容与正版均不同

例1 ISBN同为978-7-5609-4113-4

正版书名为《深圳特色样板间》，杨昌盛主编，华中科技大学出版社，2007年版。

盗版书名为《特色样板间》，夏辉著，青海科技大学出版社，2007年版。

例2 ISBN同为978-7-5609-5578-0

正版书名为《先进制造技术》，任小中主编，华中科技大学出版社，2009年版。

盗版书名为《奢华别墅》，香港国际出版社，作者无，出版年无。

例3 ISBN同为978-7-5611-5615-5

正版书名为《绝妙小户型：620例中国最精致人居空间设计》，克而瑞(中国)信息技术有限公司编著，大连理工大学出版社，2010年。

盗版书名为《2010建筑设计大赛年鉴》，王光编，吕竞译，中国建筑技术出版社，2010年版。

这种书属于不加伪装、赤裸裸的盗版书、比较容易鉴别，只要在国图或CALIS等联机系统查其ISBN就可知道是否为盗版。

2. 书名、出版社、作者与正版相同，但内容不同

例如，两册图书ISBN同为7-80685-558-0，书名也同为《空间印象：第四届建筑装饰室内设计大赛》，出版商均为上海画报出版社，但是两者封面和内容完全不同。经鉴定，其中一本为盗版书。

这种图书隐蔽性大，除非与正版图书进行实物比较，否则很难鉴别。

3. 删改出版社

例1 ISBN为978-7-112-11007-0，书名为《韩国首尔迁都规划竞赛作品集》，中国建筑工业出版社，2010年版。

而与该书同名、ISBN为978-7-112-11008-7的盗版书，其出版社却改为纯属子虚乌有的“中国建业出版社”，并且该书还盗取了与正版书ISBN号相似

的其他图书的 ISBN。

例 2 ISBN 同为 978-7-5381-6620-0

正版书名为《未来　建筑：垂直密度》，辽宁科学技术出版社出版。

盗版书名为《未来　建筑：高层密度》，浙江大学出版社出版。

例 3 ISBN 为 978-1906417-25-3，书名为《凯莉-赫本风格家居》，辽宁科学技术出版社出版。该书版权页标注“本书英文版 2004 年第一版，Acqui small 出版”，却未注明授权辽宁科学技术出版社出版，而且它的 ISBN 号也不规范，该书实为盗印国外出版社出版的书。

4. 删改副题名

例 1 ISBN：978-7-308-06764-5《未来　建筑》正版书两个分卷的副题名分别为《新万锦　竞赛》和《鹿特丹　竞赛》。而与其 ISBN 号相同的盗版书的副题名是《竞赛》。

例 2 ISBN：978-7-5335-3264-2《2009 室内设计模型》正版书副题名为《酒店　商业空间》，而相同 ISBN 号的盗版书将副题名改为《办公空间　酒店　商业空间》，内容则与正版书相同。

5. 版次、价格、页码与正版不同

例 1 ISBN 为 978-7-112-12048-2，书名为《BIAD 建筑设计深度图示》。正版书是 541 页（上、下册），260 元，尺寸为 42×30 厘米。而同名盗版书则改成了 482 页（全一册），498 元，尺寸为 42×30 厘米。

例 2 ISBN 为 978-7-80228-484-5，书名为《卡耐基人际关系心理学》，新世界出版社出版，正版书是 2007 年出版；而相同 ISBN 号的盗版书却是号称 2008 年出版的第 2 版。

三、造　号

造号就是编造一个不存在的 ISBN，这种书又称伪书。伪书一般采用假作者、假出版社、假授权、假内容等方式，相对于盗版，这种书更难鉴别。

1. 出版已存在的书

例 1 ISBN 为 978-5387-4585-9，书名为《欧洲建筑设计学》，（德）威尔弗利德·柯霍著，浙江科技大学出版社，2009 年出版。

该书版权页并未注明任何国外版权信息，实则是未取得国外出版社授权，造号出版的盗版书。

例 2 正版书 ISBN 为 978-7-5609-6482-9，书名为《景观细部设计手册》

（Ⅰ），佳图文化编，华中科技大学出版社，2010 年出版。

而与该书题名、著者、出版社相同的盗版书的 ISBN 则是 978-7-5609-6354-9，而这个 ISBN 是根本不存在的，属于造号盗版书。

2. 出版不存在的书

这类盗版书伪装性很强，一般情况下，我们在国家图书馆、CALIS 等系统里查不到，就认为是盗版书，但是有时这些大馆也有辨别不出的情况。

例如：ISBN 为 978-7-5640-1508-4，书名为《哈佛图书馆墙上的训言》，丹尼·冯著，北京理工大学 2008 年出版。这本书是造号盗版书，但是蒙蔽了包括国家图书馆等在内的国内许多权威大馆。

3. 出版假借与正版图书为多卷册的书

例如：正版书名为《大师智慧》，副题名为《经典空间设计》，贾方著，华中科技大学出版社出版，ISBN 为 978-7-5609-6001-2。

而假借为该书第二卷的盗版书名为《大师智慧》（Ⅱ）副题名为《顶级设计师》，贾方著，华中科技大学出版社，ISBN 为 977-1-0070-8800-1。

四、容易误作为盗版的书

2006 年以前国内出版的图书 ISBN 都是以 7 开头的，2006 年后首位加入了国别代号 978，特别是重印书不仅首位加了 978，末尾的校验号也增大了一个数。这就使得同一本书重印后的 ISBN 和 2006 以前出版时的 ISBN 不一样，如果不知其中原委就容易误作盗版书。

例如，《电气照明》一书由俞丽华编著、同济大学出版社出版，2001 年出版第 2 版时该图书的 ISBN 为 7-5608-2332-7；2009 年该书重印时，ISBN 则改为 978-7-5608-2332-4。

再如《园林景观设计详细图集》（5）一书由中国建筑工业出版社出版，2004 年出版第 1 版时 ISBN 为 7-112-06583-6；2007 年第 3 次印刷时，ISBN 则改为 978-7-112-06583-7。

五、结　语

盗版书的危害非常大，对于个人而言，它不仅误导了读者，还可能向读者传授无价值的、错误的甚至有害的信息；对于图书馆而言，它不仅损坏了图书馆的声誉，还会造成馆藏数据的混乱，比如相同的书有两个 ISBN，或同一个

ISBN 查到的却是两本不同的书。

盗版书虽然情形多样、情况复杂，但只要依据图书的 ISBN 从图书订购系统、出版社发行的新书目和全国各大图书馆馆藏数据、CALIS 等，多渠道、仔细认真地进行比对、查找，完全能够识别出盗版图书。

参考文献

[1] 刘新权. 拒盗版书刊于馆门之外[J]. 高校图书馆工作，2000(1)：62－63.

[2] 夏冰. 图书盗版的几种情形及图书馆的防范措施[J]. 图书馆，2006(2)：116－117.

[3] 赵惠萍，朱章锁. 提高防范意识拒盗版书于高校图书馆门外[J]. 农业图书情报学刊，2008(5)：94－96.

[4] 汤罡辉，王元. 对馆藏伪书问题的思考——从《哈佛图书馆墙上的训言》谈起[J]. 图书馆建设，2010(8)：22－25.

浅析书商书目数据的质量控制*

张秀芳**

20 世纪 90 年代后期，编目业务外包开始被引入我国图书馆界，近几年来得到较大发展，并逐渐在高校图书馆应用，成了国内图书馆界比较普遍的方式。面对激烈的市场竞争，书商为了吸引客户，基本上都是随书配送 MARC 格式的书目数据供图书馆免费套录使用。由于书商提供的书目数据相对规范，能够保证新书与数据的一致性，在新书送达前或送达时，即可提供书目数据，非常及时，且套录时命中率较高，因而很受图书馆的青睐。利用书商的书目数据，减少了编目人员的文字录入劳动，从而节省了人力资源，加快了编目速度，提高了工作效率。我校图书馆中文图书主要利用书商免费提供的书目数据，目前书目数据主要由苏州新华书店、北京百万庄图书、浙江省新华书店提供。由于各书商提供的书目数据来源不同，书目数据的标准不同，各书商聘用的编目人员自身的素质及对编目各种著录的规则理解不同，因此各书商著录的书目数据常常存在一些质量问题。

一、书商书目数据常见的质量问题

1. 名称著录不规范

主要表现为题名不规范，副题名、交替题名或并列题名著录不当，外国人名著录不够规范等。

（1）“200”字段的著录。由于题名页形式具有多样性，这给编目人员带来困扰，造成某些题名和责任者数据著录不规范。例：由徐仲，陆全编《线性代数（同济 · 第四版）导教 · 导学 · 导考》一书，其题名页、封面、书脊形式均为《线性代数（同济 · 第四版）导教 · 导学 · 导考》。书商著录为：2001# $a

* 本文发表于《江西图书馆学刊》2012 年第 1 期。

** 张秀芳（1968— ），女，学士，馆员，主要研究方向为信息资源建设。

线性代数 $e 同济·第四版 $e 导教·导学·导考,编目人员把“同济·第四版”、“导教·导学·导考”错误地理解为副题名,人为地分隔成若干个 $e 子字段进行著录。正确的著录应为: 2001# $a 线性代数(同济·第四版)导教·导学·导考 $f 徐仲,陆全编。

(2) 并列书名的著录。普通图书著录规则明确规定并列书名是指在书名页上,相当于正书名的另一语种或几个语种的书名,而与书名意义相同的其他文字不载于书名页上(例如翻译著作),不应视为并列书名,可著录于附注项。许多书商书目数据常将书的并列书名著录错误,这违背了此原则。例如:《弹性力学及有限元基础》(Fundamental Elasticity Mechanics and Finite Element Method)这本书的书名页和封面上只有英文书名,正书名应该照录书名页上的英文书名,而书商书目数据却随便将其汉译书名当作正书名。正确的著录方法应该是: 2001# $a Fundamental Elasticity Mechanics and Finite Element Method $d 弹性力学及有限元基础 $zchi517 1# $a 弹性力学及有限元基础 $zchi。

(3) 版本项的著录。该字段是记录图书的版次。书商数据对版次的著录较混乱,如有“第二版”或“2 版”等著录格式,正确的录入应为“第 2 版”。还有,对于在创作过程中形成的、用于说明图书形式变化或内容特点的版本,如通俗本、缩写本、节本、改写本、提高本、中级本、儿童版、纪念版、译注版等,视为说明书名的文字,应著录于 200 字段的 $e 子字段,而不能著录于 205 字段,而书商数据多将此著录于 205 字段,这是错误的。如商务印书馆编辑部编的《辞源》,在版权页上标注的版次分别为 1983 年 12 月修订第 1 版和 2001 年世纪珍藏本第 1 版,其中“世纪珍藏本”是用来说明图书形式变化的文字,所以应著录于 200 字段的 $e 子字段,而“修订本”是用来说明图书内容变化的文字,所以应著录于 205 字段。

(4) 责任者的著录。中国文献编目规则规定: 责任者超过三个,只著录第一个,后用“[等]”表示,其余责任者在 304 字段作附注。如果题名页上责任者后已标出“等”字,则“等”字不用加方括号。书商的书目数据往往忽略了对其他责任者在 304 字段作附注或 701 字段做相应的著录形式检索点。如湖南科学技术出版社出版的《现代女性心脏病》一书,由陈林祥,余泽洪,彭若宇,姜德谦编。书商数据著录形式是: 2001# $a 现代女性心脏病学 $f 陈林祥……[等]编 701#0 $a 陈林祥 $4 编。这不仅不符合中国文献编目规则的规定,而且读者用其他责任者作为检索入口时,就找不到文献,正确著录应该是: 2001# $a 现代女性心脏病学 $f 陈林祥#[等]编 304# $a 编者还有: 余泽洪,彭若宇,姜德谦 701#0 $a 陈林祥 $4 编 701#0 $a 余泽洪 $4 编 701#0 $a 彭若宇 $4 编 701#0 $a 姜德谦 $4 编。

(5) 有汉译姓名的外国责任者的著录。如人民卫生出版社 2009 年出版的《默克诊断手册》(美)罗伯特·贝尔考(Robert Berkow)主编,书商数据著录形式是:2001# $a 默克诊断手册 $f(美)贝尔考(Berkow,Robert)主编 701#1 $a 贝尔考 $b 罗伯特 $g(Berkow,Robert) $4 主编。首先,200 字段的著录显然是不妥的,因为其汉译姓名与原文姓名的顺序不一致,200 字段应遵循照录原则,采用直序方式才正确。其次,701 字段采用倒序方式分别对译名和原名提供检索点也不正确,正确的著录是:2001# $a 默克诊断手册 $f(美)罗伯特·贝尔考(Robert Berkow)主编 701# 1 $a 贝尔考 $4 主编 701# 1 $Berkow@bR. $4 主编。

2. 分类标引不规范

分类标引问题主要有三种:一是归类错误,即分类号与图书所属的学科不相符;二是同一类图书,归入不同的类目中;三是分类级次不统一。具体情况如下:

(1) 归类错误。分类号与图书内容的学科属性不相符,把某一学科的图书归入另一学科。如有的书商将《中国子工业年鉴》分入 TN-54。按照《中图法》(第四版)的规定,无线电电子学、电信技术归入 TN,其实,此书主要是介绍电子工业经济方面的内容,正确的分类应归入 F426.6-54。

(2) 同一类图书,归入不同的类目中。同类书被归入不同的类目中。书商的编目人员对文献内容的理解差异导致相同内容的图书归入不同的类目中。如有的书商将《雅思 IELTS 考试词汇》一书归入 H310.41,有的书商将它归入 H310.4。《中图法》(第四版)规定:总论英语水平考试的书归入 H310.4,专论英语水平考试某一方面的著作归入有关各类,所以,此书正确的分类号应为 H313。

(3) 分类级次不统一。分类级次不统一主要表现在,同一类书,有的数据有复分、仿分号,有的未加复分、仿分号。如《现代 VLSI 电路设计》(影印版)和《现代 VLSI 电路设计——芯片系统设计》(影印版)两本书,给的分类号分别是 TN47、TN470.2。同一种书,前者未加仿分号,而后者有仿分号,这显然是不一致,必须将其统一加复分、仿分号。

3. 主题标引不规范

一般来说,主题标引和分类标引一样,书商提供的编目数据大多采用图书在版编目上的主题词进行标引,书商外包人员在编目过程中,既不会通过分类标引去查主题标引是否准确，也不对主题词选取是否规范进行判断，因此，主题标引的错误与主题词选取不规范的情况均甚为严重。

如《高等学校反腐败概论》一书，某书商的提供的编目数据中，主题标引为：606 #0 $a 高校反腐，正确的主题标引应该是：601 02 $a 中国共产党 $x 高等学校 $x 廉政建设。

二、提高书商书目数据质量控制的对策

1. 选择合适的外包书商

选择合适的外包书商是编目业务外包过程中最重要的一个环节，直接关系到业务外包的成败。由于各外包商在配备编目人员的素质和力量等方面存在很大的差异，因此，在决策编目业务外包之前，必须对各外包书商编目的力量、质量和资质等信息作充分的调研，在调研的基础上选定若干诚信度高、编目质量好、实力强的公司参加投标，从而有利于在招标过程中选择最优秀的书商承担图书分类编目业务工作，从源头上把握好书目制作的质量关。

2. 制定并签署有效的合同

因为图书馆与外包商之间的合作是以利益为基础的非行政隶属关系，所以必须加强管理，严格按正常程序签订外包合同，用具有法律效力的外包合同约束双方，以保证各自的利益。图书馆要制定条款清晰、内容明确、涵盖全面的外包合同。因为各馆的加工要求不一样，所以要把图书馆要求的部分加工或全加工的细则形成书面文件，作为合同的一部分。例如：磁条的长度、材质；馆藏章、条码、书标的样式、字体、加工位置；对书商编目人员的要求；编目数据来源、著录方面的要求；编目数据中字段的规定；有本馆特色的分类；等等。所有要求都必须做到尽可能详尽。

3. 加强与书商的沟通和合作

在编目业务外包过程中，除了对书商分编的每个批次图书的书目数据进行跟踪检查或抽查外，还要和外包书商及其编目人员建立良好的沟通渠道，对出现质量问题的数据进行详细的记录并进行分类，然后反馈给书商编目人员，让其修改，最后再检查，如此反复，直至合格。而作为外包书商在发现问题时，也应该主动和图书馆沟通，以减少差错和失误。合作双方只有建立起良好的沟通机制，才能增进相互的了解和信任，使外包业务能够顺利进行。

4. 提高编目人员的业务素质

建设一支高素质的编目队伍是书目数据质量的保证。利用短期培训、组

织业务交流等途径对书商的外包人员进行培训，使他们能真正掌握计算机编目工作的基本原理与方法，深入理解《中文文献编目规则》、《中国机读目录格式》(CNMARC)等各种标准、规范，熟悉本馆的分类细则和书目数据的著录细则等，并正确运用这些标准、规范来对外部编目数据进行套录，既利用了套录编目的优势，也保证其能够转化为标准、规范的本馆书目数据。

5. 建立严格的审校制度

校对审核是编目工作的重要环节，也是控制编目质量的重要手段。通过校对能够及时发现书商编目人员编目时没有注意到的问题和由于编目人员的失误所造成的新问题等。审核人员对已编好的每条数据的各个字段、子字段逐一进行校对和分析，纠正数据中的错误，认真核对校验，力求准确，严把质量关。同时，要针对工作中出现的问题，及时召开业务研讨会，解决有争议的著录、标引等技术问题，统一认识，提高编目数据的质量，使书目数据满足资源共建和共享的要求。

参考文献

[1] 徐福叶. 高校图书馆编目业务外包浅析[J]. 黑龙江科技信息，2009(30).

[2] 王江. 图书馆编目外包中书目数据质量的控制[J]. 图书馆论坛，2009(6).

[3] 张三记. 图书馆如何控制外包商书目数据质量[J]. 内蒙古科技与经济，2008(13).

[4] 赵伯兴，戴行德. 论编目业务外包环境下的书目质量控制[J]. 国家图书馆学刊，2008 (4).

高校图书馆零借阅率现象成因及对策*

顾蔷芬** 黄 玲***

高校图书馆作为学校的文献保障中心,肩负着为教学和科研服务的重任,既要满足各院系专业用书的需求,还要满足不同层次读者的需求。图书馆藏书利用,是图书馆工作的出发点和归宿,藏书利用率的高低直接反映了图书的服务质量和服务水平。

图书在一定时期内一次没有被读者借阅过,其所占馆藏图书总数的比例,称为零借阅率。零借阅率越高,图书馆的藏书利用率就越低。零借阅率现象在各高校图书馆都不同程度地存在着,它的存在使图书馆有限的经费和有限的藏书空间受到挤压,是极大的资源浪费。因此,有必要对零借阅数据进行科学的统计分析,挖掘出影响图书利用率的潜在因素,并提出相应的对策。

一、图书零借阅数据分析

选取数据源研究的时间段非常重要,选择的图书入馆年份过早或过晚,图书利用率的调研都不能客观地反映实际问题。一般来说,图书入藏后三年的借阅情况比较有代表性。因此,本文以2007—2009年度中文图书为主要数据采集对象,通过汇文文献信息服务系统统计模块获取了这三年苏州大学图书馆中文图书零借阅率统计表,如下:

* 本文发表于《农业图书情报学刊》2011第9期。
** 顾蔷芬(1968—),女,学士,副研究馆员,主要研究方向为文献资源建设。
*** 黄 玲(1957—),女,学士,副研究馆员,主要研究方向为文献资源建设。

类　名	类号	馆藏种数	零借阅率图书种数	百分比
马列类	A	374	99	26
哲学类	B	3890	560	14
社科总论	C	2348	447	19
政治法律	D	5299	1307	25
军事类	E	199	50	25
经济	F	8316	1970	24
文化、科学、教育、体育	G	5868	898	15
语言、文字	H	6941	586	8
文学	I	10147	1703	17
艺术	J	3640	586	16
历史、地理	K	6469	1619	25
自然科学总论	N	231	69	30
数理科学和化学	O	3355	485	14
天文学、地球科学	P	99	51	52
生物科学	Q	978	193	20
医药、卫生	R	7169	2046	29
农业科学	S	132	50	38
工业技术	T	15732	3292	21
交通运输	U	141	55	39
航空、航天	V	14	8	57
环境科学、安全科学	X	550	212	39
综合性图书	Z	忽略不计		

需要说明的是，大部分综合性图书是非借状态，不可外借，故均不在此统计范围之内；有相当一部分图书入库时分配至新书阅览室，而这些新书在阅览室只阅不借，故也未统计在内。

苏州大学图书馆是一所具有悠久历史的综合性图书馆，其入藏的图书几乎涉及了所有学科领域。由上表可以看出，语言文字类（H）、哲学类（B）、数理科学和化学(O)、文化、科学、教育、体育(G)、艺术类(J)、文学类(I)、社科总论类(C)图书的零借阅率较低,均低于20%。这几类图书零借阅率较低,除与本校专业设置相吻合,有相应的专业读者外,最主要的原因是,它拥有不同专业、不同层次的读者群,读者需求量大。而天文学、地球科学(P)、航空、航天(V)图书的零借阅率高达50%以上,利用率较低。这两类图书对于该校来说属于非专业对口类图书,且品种很少,所以这种现象是正常的。其他类目的图书零借阅率介于20%~40%,均属正常范畴。分析这些零借阅现象,形成的原因是多方面的,可从这些原因入手,寻找相应的对策,以提高图书的利用率。

二、零借阅率现象的成因

1. 文献老化的原因

随着时间的推移和科学技术的迅速发展,文献半衰期越来越短,比如计算机、医学类图书,由于技术更新速度较快,这些图书的更新换代也就相应地加快。内容老化的图书随着时间的推移成了滞书,并构成了图书馆藏书中零借阅率图书的主体。高校图书馆评估的重要指标就是图书馆藏书量的多少和平均每一位学生拥有的图书册数——生均册数。因此,鉴于保证藏书数量,图书馆购书经费不足,以及没有能力快速地购进大量新书,图书馆就会把年代长的图书搜集起来,高搁在书架上充斥着图书馆有限的藏书空间,而这些旧书很少有人问津。因此时间因素是零借阅图书形成的决定性因素。

2. 采访环节的原因

近几年来,各高校图书馆为了使评估达标,都大量购置新书,以便凑够评估要求的生均图书册数。以苏州大学图书馆为例,2006年为达到评估指标年进书12万册,这些书中虽然不乏一些质量好、学术价值较高的书籍,但也难免有鱼龙混杂的品种。另外,在采购新书时,由于采访人员的工作疏漏,或水平所限,也可能购进与本馆特色不相符的图书,这些书进入图书馆后,就可能出现零借阅率现象。

3. 编目环节的原因

新书加工过程中的分类、著录等环节的工作往往由于编目人员的个人素质、专业技术水准以及责任心等不到位,有可能使分类编目环节出现错误,从而造成零借阅率现象的发生。比如:由于工作的失误,录入了错别字,读者检索不到该书,就会出现"死书";再如,一套丛书中的某本书未按丛书归类,该书便成为孤本，读者借阅不到，这也容易造成零借阅率现象的发生。

4. 典藏环节的原因

典藏工作是新书加工的最后一个环节，也是非常重要的一个环节。如果在典藏过程中工作人员粗心或者责任心不强，会导致零借阅率现象的发生。苏州大学图书馆现有三个分馆，即本部校区馆、北校区馆和新校区炳麟馆。各校区都有院系和相应的学科专业，新书入库是根据院系和学科专业分配的，如医学部在新校区，那么医学类(R)图书就分配到新校区炳麟馆，这样方便读者借阅和使用。如果把图书的馆藏地点分配错误，就容易造成“死书”现象。

5. 流通环节的原因

(1) 图书失窃或者损坏；

(2) 无意或有意的图书错架；

(3) 读者阅读习惯的变化。

三、提高文献利用率的对策

综上所述，影响图书借阅的因素有多种，必须采取相应对策，提高图书利用率。

1. 调整馆藏结构，合理布置图书

根据学校院系的分布，从方便读者使用的角度出发，确立相应的馆藏分布：① 新书随院系按学科专业典藏入库，如社科类图书入新校区炳麟馆理工类图书入本部馆，就近方便读者借阅，提高各类专业图书的利用率；② 开设新书专架，读者一进入书库，便可以在新书专架上浏览，花最短的时间找到自己所需的最新的图书；③ 设立特色书架或另辟书架，如“苏大文库”，突出特色馆藏，可以极大地方便读者；④ 定期剔旧，更新知识，对那些过于陈旧、学术价值低、缺少实用性、无人借阅的藏书，根据文献半衰期的规律，及时做好剔旧工作，充实新知识，这样才能提高图书利用率。

2. 把好采访关，提高购书质量

采访人员通过各种途径充分调研，掌握读者的阅读情况，努力使文献收集更加贴近读者需求。如：① 建立了采访人员定期走访院系和本馆读者工作部门的制度，征求、听取读者和图书馆服务一线人员对采访工作的意见和建议，每次走访都做好书面记录，认真研究落实，不断改进文献采访工作；② 本馆汇文文献信息服务系统设计了荐购图书的功能，订购图书时我们充分重视读者的荐购意见，及时办理并做好信息反馈；③ 定期做好馆藏与读者借阅统计工作，如书商订购统计，馆藏学科种册数统计；读者借阅统计等，通过对这些信息的统计分析，采访人员可以了解馆藏结构及馆藏的利用情况，使采访工作有的放矢，充分发挥图书馆为学校教学和科研服务的职能；④ 图书馆还与院系资料室合作开展文献资源共建共享，充分发挥院系资料室文献收集更具针对性的特长，满足读者对专业文献的需求。

3. 以人为本，开展多元化的读者服务

为了满足不同类型读者的多元化文献借阅的需求，要彻底打破传统的被动服务局面，拓宽流通服务范围，采取灵活多样的方式，进行全方位的服务。① 延长开放时间，保证每周天天开放，充分利用图书馆资源；② 实行开架借阅，制定合理的借阅规则，如本馆自 2011 年 2 月起，规定本科生借阅册数从原来的 6 + 1 增加到 10 + 1，即可借 10 本流通大库图书，加 1 本新书阅览室图书，加快了图书流通，满足广大师生多读书、读好书的要求，最大限度地提高藏书利用率；③ 加强宣传，做好导读工作，本馆开展了多种形式的导读活动，比如新书推介、“图书馆月”、“科研周”等活动，有效提高图书的利用率。

4. 全面提高图书馆工作人员的道德水平和专业素质

馆员的素质是图书馆服务有效发挥作用的基础和前提，也是影响图书利用率的重要因素。馆员应具备良好的职业道德和敬业精神。工作人员要具有高度的责任感和工作热情，热爱本职工作，树立为读者服务的强烈意识。馆员还应具备良好的专业素质和服务能力。工作人员要不断地丰富、完善自己，形成以图书馆专业知识为核心的多元化知识结构，以及娴熟的服务交流技巧。这就需要通过多种途径对馆员进行现代化知识的培训，使其适应现代科技给图书馆服务方式带来的新变化，从而充分利用馆藏资源，为读者提供快捷而准确的服务，最大限度地发挥图书馆的职能。

参考文献

[1] 雷顺利. 基于零借阅图书分析的馆藏优化和质量控制[J]. 图书馆杂志，2010(1).

[2] 陈进　刘宝杰. 从未被借阅图书数据分析医科大学图书馆 LIB2.0 的应用[J]. 医学信息学杂志，2009(9).

[3] 温国华. 统计分析对图书采购工作的指导意义[J]. 图书馆工作与研究，2009(9).

[4] 周佳丽. 借阅数据分析背景下的馆藏结构调整建议[J]. 图书馆学刊，2009(7).

[5] 王灿荣. 高校图书馆的流通书库借阅状态分析及对策[J]. 大学图书情报学刊，

2009(2).

[6] 王慧. 浅议图书馆书库布局对读者借阅率的影响[J]. 内蒙古科技与经济,2009(4).

[7] 秦萍. 网络环境下高校图书馆的图书借阅分析及思考[J]. 科技促进发展,2009(8).

[8] 张莲. 图书馆图书借阅统计分析对比[J]. 重庆文理学院学报,2009(8).

[9] 刘乐乐. 高校图书馆图书流通率分析及对策[J]. 农业图书情报学刊,2008(6).

基于数据分析的馆藏组织和优化*

顾蔷芬** 黄社光***

高校图书馆是学校的文献信息保障中心，肩负着为学校的教学、科研服务的重任。合理的馆藏、有效的服务是充分发挥馆藏文献的功能、最大限度地满足教学和科研需求的根本保障。

图书馆文献采购分布、图书利用情况，从一定程度上反映了图书馆的整体管理水平，特别是对图书馆藏书质量和服务水平的有效反馈。因此，分析研究馆藏结构的合理性、读者借阅的倾向性，是提高采访质量、提供优质服务的最佳途径。本文以苏州大学图书馆为例，从2007—2009年度图书馆藏书类别、利用率统计出发，对本馆目前藏书的合理性进行分析，进而提出改进高校图书馆采访工作，优化馆藏结构的意见，以充分利用文献资源。

一、数据采集

选取数据源研究的时间段非常重要，选择的图书入馆年份过早或过晚，图书利用率的调研都不能客观地反映实际问题。一般来说，图书入藏后三年的借阅情况比较有代表性。因此，本文以2007—2009年度中文图书为主要数据采集对象，通过汇文文献信息服务系统统计模块，获取了这三年各学科的馆藏分布及利用情况，包括各大类图书的种、册、复本率、利用率等信息。

---

* 本文发表于《晋图学刊》2011年第5期。
** 顾蔷芬(1968—)，女，学士，副研究馆员，主要研究方向为文献资源建设。
*** 黄社光(1954—)，男，大专，副研究馆员，主要研究方向为文献资源建设。

二、数据分析

1. 中文图书入藏统计分析

苏州大学图书馆是一所具有悠久历史的综合性图书馆，其入藏的图书几乎涉及了所有学科领域。从表1可以看出，2007年入藏社会科学类图书占年入藏图书66%，自然科学类图书占34%；2008年入藏社会科学类图书占年入藏图书65%，自然科学类图书占35%；2009年入藏社会科学类图书占年入藏图书67%，自然科学类图书占33%。这反映出本馆文献采集文理学科相对平衡发展的格局，且入藏的种册数与本校的专业设置、科研课题大体相匹配，馆藏丰富，能满足本校教学、科研的需要。这三年的年购书经费略有增加，但增长幅度较小，远远赶不上图书价格上涨的幅度。

表1　2007—2009年度中文图书入藏统计表

年度	图书购置费(元)	类别	馆藏种数	馆藏册数	平均复本	平均单价(元)	馆藏比例
2007	3935480.65	社会科学类	17600	69574			66%
		自然科学类	13338	35901			34%
		总计	30938	105475	3.41	37	
2008	3955586.34	社会科学类	16909	59994			65%
		自然科学类	12214	32109			35%
		总计	29123	92103	3.16	43	
2009	3973705.32	社会科学类	19049	55754			67%
		自然科学类	10848	26556			33%
		总计	29897	82310	2.75	48	

2. 中文图书各学科外借比例分析

表2是对近三年的中文图书分类外借比例统计，从表中可以看出，语言文字类(H)、自动化技术和计算机技术(TP)、文学类(I)图书的外借量几乎始终排在前列。这三类图书外借率高，除与本校专业设置相吻合，有相应的专业读者外，最主要的原因是，它拥有不同专业、不同层次的读者群。此外，表2也反映近几年读者利用情况有下降趋势，尤其是2009年的下降较为明显。不可否认，网络资源和电子图书的使用影响了馆藏图书的利用率，因而必须对纸

质文献的利用情况有科学而全面的认识;高等学校本科教学评估指标中对生均文献量的要求,也在一定程度上制约了高校图书馆正常的剔旧工作,这些都对文献利用率产生了重要影响。但是,作为图书馆,仍应该本着“读者第一,服务至上”的宗旨,不断提高馆员的业务修养,认真做好学科发展分析、学科需求分析、出版状况分析等基础工作,使之与读者需求不断趋同,同时想方设法大力加强馆藏宣传工作和读者服务工作,使文献建设和文献储备发挥最大的社会效益和经济效益,更好地为读者提供准确、周到的服务。

表 2　2007—2009 年度中文图书分类外借比例统计表

类名	类号	2007 年		2008 年		2009 年	
		已外借种	外借比例（%）	已外借种	外借比例（%）	已外借种	外借比例（%）
马列类	A	85	88	92	76	98	63
哲学类	B	1361	95	1125	88	847	71
社科总论	C	637	92	656	83	611	70
政治法律	D	1568	91	1388	84	1038	54
军事类	E	76	84	31	74	43	64
经济	F	2364	89	2065	77	1919	64
文化、科学、教育、体育	G	1698	90	1764	89	1511	75
语言、文字	H	2274	96	1891	94	2197	85
文学	I	2971	95	2689	92	2793	68
艺术	J	1192	89	942	82	924	80
历史、地理	K	1926	87	1696	74	1300	66
自然科学总论	N	68	83	59	69	35	55
数理科学和化学	O	979	92	1039	86	866	79
天文学、地球科学	P	22	65	11	65	15	31
生物科学	Q	311	87	282	84	192	67
医药、卫生	R	2220	83	1621	74	1352	60
农业科学	S	36	86	26	70	21	38

续表

类名		类号	2007 年		2008 年		2009 年	
			已外借种	外借比例（%）	已外借种	外借比例（%）	已外借种	外借比例（%）
工业技术	T	TB	195	72	177	67	168	58
		TG	75	69	61	57	85	65
		TH	209	89	189	81	161	72
		TK	18	78	13	62	21	78
		TL	9	53	2	25	4	40
		TM	98	86	103	77	92	60
		TN	412	83	362	70	416	65
		TP	2393	93	2411	89	2495	79
		TQ	143	75	106	67	88	50
		TS	188	88	142	81	161	72
		TU	386	84	394	79	658	64
交通运输		U	10	83	47	67	29	49
航空、航天		V	2	50	0	0	4	50
环境科学、安全科学		X	141	73	105	64	84	43
综合性图书（略）		Z						
总计			24162	78	21424	74	20268	68

3. 图书的藏用对比分析

衡量图书馆藏书结构是否科学合理的一个重要标准，就是看其是否能满足读者的文献需求，是否有利于流通量的提高。根据这一理论，通过对表 1、表 2 进行分析归纳（见表 3），认为可以对文献采访作出适当的调整，从而进一步完善藏书结构，满足读者的需求。

表3　中文图书主要学科馆藏与外借比例排序对照表

年份 \ 序号		1	2	3	4	5	6	7	8	9	10	11	12
2007	馆藏排名	I	H	F	TP	K;R	G	B	J	O	C	Q	TN;TU
	外借排名	H	I;B	O;C;TP	G	F;J;TH	A;TS	K;Q	S;TM	E;TU	N;TN;U	R	TK;TQ
2008	馆藏排名	I	TP	F;H	K	G	R	B	O	J	C	TN;TU	Q
	外借排名	H	I	G;TP	B	O	Q	C	J	TH;TS	TU	F	A;R;K
2009	馆藏排名	I	H	TP	F	K	G	R	B	O	J	C;TN;TU	Q
	外借排名	H	J	O;TP	TK	G	TH;TS	B	C	I	Q	K	TN;F;TU;A;R

备注:"Z 综合类、D 法律类"图书除外。

三、改进文献采访,优化馆藏结构

1. 以重点学科为核心,彰显文献收集的学术性

高校图书馆采访工作要以重点学科为核心,兼顾一般学科的需求,强化高校图书馆文献收集注重学术性的思想理念。图书馆通过系统、完整的专业文献收集,将国内外有价值的相关文献提供给教学研究人员参考借鉴,这些文献具有显著的专业性、学术性,是高校图书馆文献资源建设的重要组成部分。在采访工作中,我们从重点学科入手,带动文献收集向高学术层次上发展,提升文献资源建设的质量,为学校学科建设奠定文献基础。

2. 以课程设置为基础,落实文献收集的知识性

大学图书馆馆藏文献种册数必须与本校课程设置相适应。同时要注重文献采访的知识性。近几年,本馆语言、文学、计算机等类目的图书入藏量和借阅量一般都位于前列,可见这些图书的入藏与利用在传递知识、促进专业教育等方面发挥着重要作用。针对某些类目图书因复本减少导致外借量下降,可增加本科生的最大借阅册数,提高馆藏利用率。因此,高校图书馆应增加读者尤其是本科生的借阅册数。一些高校图书馆已着手改进这方面的工作,满足广大学生多读书、读好书的要求,充分利用图书馆资源。

3. 以读者需求为引导,加强文献收集的针对性

高校图书馆采访人员可以通过各种途径掌握读者阅读情况,努力使文献

收集更加贴近读者需求，如建立采访人员定期走访院系和本馆读者工作部门的制度，征求、听取读者和图书馆服务一线人员对采访工作的意见和建议。每次走访都做好书面记录，认真研究落实，不断改进文献采访工作。图书馆采用的文献信息服务系统一般都设计了荐购图书的功能，订购图书时我们应充分重视读者的荐购意见，及时办理并做好信息反馈。另外，图书馆还与院系资料室合作开展文献资源共建共享，充分发挥院系资料室文献收集更具针对性的特长，满足读者对专业文献的需求。由校图书馆牵头进行全校文献资源整合组织，促进了文献资源的充分利用，对文献资源共享具有现实意义和深远影响。

4. 以学校发展规划为方向，体现文献收集的前瞻性

文献收集的理想状态是以其前瞻性成为学校发展的前期准备工作。一段时期以来，高校为适应改革开发的需要，纷纷设立了一些新的学科专业，如苏州大学新设立了城市轨道交通学院、建筑与城市环境学院，原先这些专业的馆藏图书较少，我们与学院配合，在短期内采集了一批相关专业的图书，做好新设专业教学与科研的文献保障服务，努力使文献采访的动态过程与学校的发展方向保持一致。在当今数字化技术高速发展、互联网无处不在的信息社会，图书馆应根据教学科研需要，合理调整印刷型文献、数字文献和网络信息资源的比例，走“实体馆藏”和“虚拟馆藏”相结合的道路，优化馆藏结构，推动形成适应学校发展要求、良性循环、科学合理的馆藏结构体系，更好地为教学科研提供快捷、高效的优质服务。

参考文献

[1] 雷顺利. 基于零借阅图书分析的馆藏优化和质量控制[J]. 图书馆杂志，2010(1)：9－12.

[2] 刘宝杰. 从图书利用率看文献资源建设的合理性[J]. 医学信息学杂志，2009(11)：58－61.

[3] 温国华. 统计分析对图书采购工作的指导意义[J]. 图书馆工作与研究，2009(9)：50－53.

[4] 周佳丽. 借阅数据分析背景下的馆藏结构调整建议[J]. 图书馆学刊，2009(7)：87－90.

[5] 王灿荣. 高校图书馆的流通书库借阅状态分析及对策[J]. 大学图书情报学刊，2009(2)：55－58.

[6] 樊五妹. 图书采购和读者借阅统计分析[J]. 农业图书情报学刊,2007(4):40-42.

[7] 周柳. 统计数据分析馆藏资源的合理性[J]. 农业图书情报学刊,2008(3):32-34.

[8] 刘乐乐. 高校图书馆图书流通率分析及对策[J]. 农业图书情报学刊,2008(6):63-66.

[9] 徐金满,张蕾. 对图书借阅的分析[J]. 科技情报开发与经济,2007(29):4-6.

高校图书馆采编工作走向社会化趋势——业务外包*

陈亦伟**

图书馆业务外包工作开始于20世纪80年代中后期，最早由西方国家的图书馆开展，它是指图书馆为了整合利用馆外最优秀的专业化资源，把原有馆内无法完成的、工作效率低下或不占优势的业务，交由外部专业组织完成，从而提高图书馆自身的核心竞争力，弥补自身不足。图书馆业务外包主要有采访编目外包、图书加工外包、回溯建库外包、流通上架外包、计算机硬件维护外包、现代网络技术外包、物业管理外包等，而其中编目和图书加工外包是目前图书馆应用较广泛、成效较显著的一种外包管理方式。

近几年我国图书馆界将采购编目、书刊加工上架、书目数据回溯建库、数据库建设等专业性工作业务外包的图书馆越来越多。然而学术界、图书馆界对此反应激烈，先行者大胆实践、积极探索，保守者本能抵制、诟病不绝，观望者左顾右盼、停止不前。但现在图书馆界书刊采购实行政府招标，图书发行市场竞争激烈，许多原来图书馆的基础工作现都由书商来完成，这为图书馆业务工作，尤其是采编工作的业务外包走向社会化提供了契机，这是图书馆减员增效、科学合理地建设文献资源、提高利用率和保障率的重要举措，是图书馆社会资源和市场机制下人力资源合理配置的需要，是大势所趋。

一、图书馆采访工作的业务外包

图书馆采访工作是图书馆文献资源建设的一项基础性工作，面广量大，它的工作水平和质量的高低，直接影响到读者的使用需求，而图书馆整体的

* 本文发表于《中华医学图书情报杂志》2011年第6期。

** 陈亦伟(1964—)，男，学士，副研究馆员，文献建设部主任，主要研究方向为书刊采访与期刊管理。

战略发展和个性发展，即图书馆核心工作的确定，是实现业务外包的前提和基础。外包作为一种中间组织服务，不需要扩大图书馆的规模，却在实际上拓宽图书馆的边界，不需要增加馆舍和人员就可分享到馆外优质资源，克服自己的弊端，降低服务成本，提高服务能力和水平。

1. 采访工作业务外包的特点

采访工作是高校图书馆文献资源建设中一项特别重要的技术性工作，它的业务外包仅限于部分业务的外包，即供应商根据图书馆采访人员选定的书目来配送图书，并按照图书馆的要求对图书进行验收、盖馆藏章、贴条码和磁条等基础性工作。而高校图书馆的采访工作要积极向“学科馆员采访制”和“专家选书制”推进，即按学科门类进行专业化分工，针对学科专业特点和重点学科，并根据有学术专长的专家学者对本学科发展动态进行采访，这是高校图书馆赖以生存的核心，该工作是不能实行业务外包的。

2. 采访工作业务外包后的工作重心

由于高校人员编制问题，目前高校图书馆采访人员人少，工作量大，原先的图书馆采访工作仅限于完成每年的进书任务，工作质量和工作水平无法得到保证和提高，高校图书馆的生存权受到挑战。高校图书馆采访工作部分业务外包后，采访人员要及时补充和增加，而采访工作重心要切实转移，即采访人员在文献资源建设上要集中力量做好馆藏结构、师生文献利用情况、各学科发展动态、学校专业设置和重点学科建设发展态势等调查，形成具有学术性、专业化的馆藏特色文献资源建设规划；要对现有的馆藏文献结构、文种结构、时间结构进行调查分析及研究，围绕本馆的地域优势、资源优势、特色优势来进行文献资源的采购；要以每年采购经费和采购总量为基准，制订各专业文献采购计划，同时按照师生比例和不同专业对文献需求情况制定图书的复本量，对重点学科、重点专业等给予倾斜；要不断拓宽“访”这一高校图书馆采访工作的核心领域和范围，加强和深化与读者之间的沟通和交流，对采访工作做到一丝不苟、精益求精，努力增强图书馆的信息服务优势和核心竞争力。

二、图书馆编目工作的业务外包

编目工作业务外包在国内外图书馆界发展较快，现已成为一种常态。由于图书发行市场竞争非常激烈，图书发行公司为了争夺市场，竞相为图书馆提供相关的配套服务，为了占领市场，他们不断提高服务质量和水平。而现在国内外著名的图书馆联机编目数据库也很多,如美国的 OCLC,现有 64 个国家和地区的 22000 个图书馆和科研机构在利用它的产品和服务。而国内像国家图书馆、CALIS 和 JALIS 等,在高校之间推进联合编目和文献资源保障工作,目标是通过共享信息资源将全国高校图书馆融合为一个整体。现在国内一些大型专业图书发行公司都与 CALIS 有合作关系,利用其规模和技术优势承包高校图书馆的编目加工业务。

1. 编目工作业务外包的特点

编目工作业务外包主要分为部分外包和全外包,目前大部分高校图书馆都是实行部分编目业务外包,即将部分非核心编目业务外包给书商来完成,如编目数据的提供、图书加工等。也有少部分高校图书馆把编目业务全部外包给专业公司或书商,但即使是全部外包,也留有部分本馆编目人员用来抽检和审核外包人员所做的书目数据,以保证本馆书目数据的正确和完整。编目工作实现社会化管理后,可大幅减轻编目人员的负担,减少编目人员数量,降低图书馆工作成本,提高编目质量和到馆文献处理速度,减少图书积压和重复劳动,使图书馆书目数据更加规范化,达到图书馆减员增效的目的,使图书馆更专注于信息服务等核心业务。

2. 编目工作业务外包后的风险控制

任何一种新生事物的出现都是机遇和风险共存的,富有挑战性。虽然编目工作已走向社会,成为了一种社会化工作,但高校图书馆绝不能一包了事,对可能产生的问题和风险要有控制预案,只有这样,这项工作才能得到良性发展。首先,要选择合格的外包商,签订外包合同,使双方都受到法律约束。现在书刊采购都是通过政府招标来进行的,对编目工作都有明确和细化的要求,通过招标选择到高质量、专业化的外包商是保证本馆书目数据库质量的前提,同时用合同来防范风险和保护双方利益。其次,要制定本馆详细的编目业务外包细则。编目工作是图书馆一项专业性很强的工作,编目细则中除了要列明编目规则和规范标准外,还应对编目格式、种次号取号规则、丛书和多卷书处理规则、复本书处理及图书加工处理等列出明确的著录和加工要求,这样才能保证图书馆书目数据的准确和编目质量,防范编目业务外包风险。最后,要建立编目业务外包绩效评估机制。绩效评估具有控制与管理的功能,能在一个层面上了解某项工作的进度和状况。对编目业务外包适时进行绩效评估,能对事前的决策和事后成效进行探讨,以便及时修正不足,调整规范要求。对外包人员所做的书目数据进行验收和修订,这是外包工作中的重要环节,所以,建立编目业务外包绩效评估机制,对外包工作实时监督和控制，及时了解工作进度、工作质量和合同履行情况，了解编目和图书加工过程运作情况，这些对及时发现问题和修订编目数据错误等都有重要作用，不可或缺。

3. 编目工作业务外包后编目工作的重心

编目工作业务外包后，高校图书馆编目工作应将工作重心从“书本位”向“人本位”转移，面对信息服务社会化的挑战，应从事务性和反应性的被动信息服务向诊断性层次的主动信息服务转移。高校图书馆编目人员作为图书馆的业务骨干，一般都具有较高的学历和素质，许多方面都有自身优势，在编目业务外包后，编目工作的重心可从组织文献转移到组织知识，转向网络系统多资源的揭示和开发、办公自动化免费资源的获取及组织、虚拟馆藏建设、揭示馆藏资源优势及提供定题服务、图书馆知识及资源检索培训等方面来，真正实现图书馆的服务价值和服务理念。

三、结　语

高校图书馆采编业务外包体现了高校图书馆从传统图书馆向现代图书馆转型过程中，图书馆业务职能社会化的必然趋势。随着图书馆采编业务外包的不断成熟和发展，越来越多的高校图书馆在减员增效这一大环境下逐渐接受这种业务管理模式。但是，我们也应看到，采编业务外包虽是一种图书馆职能社会化的发展趋势，有很多优点，可由于这项业务外包在国内是新生事物，发展还不稳定，大家还在进一步探索和完善。比如由图书馆业务外包所引起的图书馆工作重心的变化引发了新的人力资源分配矛盾，这是高校图书馆目前迫切需要解决的问题。由于信息技术在图书馆中广泛应用，图书馆工作效益和服务水平的不断提高与人力资源的增长是一种正比发展关系，而我国图书馆人力资源配置的惯性运作方式基本上是把大部分业务能力强、素质高的人员集中在内部业务部门，像采编部通常就集中了很多业务素质很高的人员，而流通、阅览等对外服务部门就很缺乏这类人员，现在我们都在建设数字图书馆，都在把图书馆工作重心转向服务，当把工作重心转到服务上来时，却普遍感到人力资源的严重不足。图书馆自动化、网络化、数字化水平越高，对人力资源的需求和要求也越高；图书馆服务的层面越广，对人力资源的业务水平要求也就越高。高校图书馆内部业务部门和对外服务部门都需要高水平的工作人员，而图书馆并没有这么多理想的高水平人员，由此，图书馆各项工作自然会面临挑战和问题，靠图书馆自力更生、包打天下的做法已不现实,除了培养和引进高水平人才外,借助外部力量不失为解决问题的有效途径,因此图书馆进行业务外包就显得十分必要和重要。而通过业务外包,可以重新合理进行人员配置,使合适的工作人员充实到图书馆服务第一线,为读者提供多层面的信息服务,来体现图书馆的核心价值观——因为在当今社会,无论现代技术和手段如何发达,都无法替代和超越人与人之间直接面对面的交流,而能够获得师生认同的高校优秀图书馆员,只能产生于读者服务的第一线。由此得出结论,图书馆采编业务外包与图书馆服务重心的转移、人力资源的调配、深化图书馆服务和开展增值服务、降低管理和服务成本、实现图书馆减员增效是一个结合体,密不可分,缺一不可。

参考文献

[1] 黄艳芬. 图书馆编目业务外包特点与风险控制[J]. 广东工业大学学报(社科版),2008(2):102-104.

[2] 程焕文,姜瑞其. 谈图书馆采编业务外包[J]. 图书情报工作,2006(1):6-9.

[3] 史承业. 我国图书馆业务外包研究述评[J]. 福建图书馆理论与实践,2007(4):12-14.

[4] 莫振轩. 国内图书馆业务外包研究现状及趋势[J]. 图书情报工作,2007(8):113-116.

[5] 黄波,李铁刚,何萍. 高校图书馆采编工作重心转移与加工业务外包[J]. 大学图书馆学报,2007(1):99-102.

高校图书馆图书联合招标采购模型的探讨

王景丽*

长期以来,在“大而全、小而全”的馆藏思想下,经费有限性与馆藏无限性的矛盾一直存在。本文通过对我国现行图书馆图书采购的现状进行分析,建立图书馆自己的联合采购模型,并探讨采购模型建立时需要注意的问题,为我国图书馆联合采购的建立与发展提供一定的借鉴。

一、图书馆图书招标采购中存在的现实问题

我国政府招标采购法自 2003 年 1 月 1 日开始实施,该法规对政府的采购行为进行了规范。2006 年开始实施的图书馆行业招标管理办法,使招标采购方法成为图书馆图书采购的唯一方法,这对于提高购书经费的实效效率、增加采购过程的提名度,以及提高工作效率与质量等具有一定的帮助。但是,随着网络技术的发展,图书馆行业通过招标采购的方法进行图书采购也出现了一定的问题。具体说来,有如下几点。

1. 过分强调购书折扣而忽略采访质量

图书馆的功能是更好地为大家服务,采购招标的目的是通过招标,降低购买成本,使有限的经费更好地为用户服务。然而,图书供应商的服务质量的标准化评判才是招标中最重要的,服务是需要成本的,这必然会提高供应商的书目的折扣率。但是现在很多图书馆采取的是最低中标法,直接使更多的书商通过降低折扣率去中标,这造成一个不良后果,那便是采访的质量得不到保证。

* 王景丽(1983—),女,学士,助理馆员,主要研究方向为文献资源建设。

2. 招标委员会的成员组成不合理

图书采购归入学校统一招标管理后，各高校的图书招标工作都相应成立了一个招标委员会，为体现招标过程的公正性，这些成员来自学校的不同部门，以避免招标被某一个部门把持而产生腐败。但问题也在此凸显——由于评标小组成员经常是非本行专家超过了法定人数，这些外行责任人既不了解图书馆的有关业务，又不熟悉投标公司的实况，因此无法对标书中各项承诺辨别真伪。不了解市场的决策者——招标委员会对图书的选择往往是凭主观印象和个人情感等因素，未能进行理性分析，使竞标结果虽然公开却并不公平，因而一些学校图书馆在如此程序下选出的图书供应商，往往在图书供应和服务方面都有欠缺，甚至图书供应的各个环节，问题层出不穷。

3. 招标体制不完善，缺乏合理的供应商评价机制

图书招标制度已成为图书采购的一致选择，各高校虽然引进了招标制度，但该制度本身的缺陷、操作中的不规范、监督机制的缺失，也不得不让我们深刻反思：虽然建立起了供应商的评价机制，原则上图书采购招标评分标准主要是针对书商能够提供的服务和报价制定的，从理论上来说还是比较合理的，具有很好的执行性和参考性；但实际上，对图书馆提出的服务要求，所有的书商都会进行全盘承诺，于是，报价成了最后唯一的比较因素，这就违背了采用评分方法的本意，结果往往是谁的报价最低谁胜出，从而产生劣币驱逐良币的现象，不利于图书馆选择能够提供优质服务的书商。

二、联合招标采购的体系特征

1. 建立联合采购中心(United Purchrse Center)

建立联合采购中心就是通过区域内具有一定影响力或者采购量比较大的高校图书馆牵头，凭借在图书采购领域的专业优势和资源优势建立联合采购中心(即 UPC)，将区域内的各高校图书馆的采购需求联合起来，由 UPC 统一向合格的供应商下订单，并通过定期考评、质量保证金等制度保障中心的有效运行，进而形成大的图书馆采购联合体，培养供应商，并建立起良好的供应商与图书馆相互合作机制、谋求共同进步的发展模式。

2. 联合采购体系模型

联合采购体系主要由三个组成部分构成：区域内广大的图书馆采购联合体、图书供应商组合和 UPC，如图 1 所示。

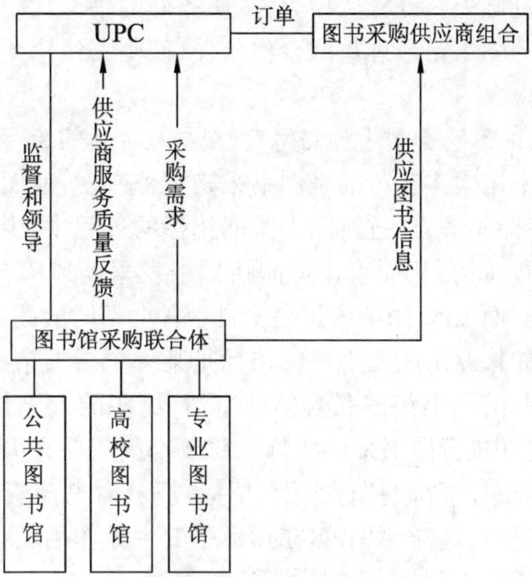

图1　联合采购体系模型结构图

在这个模型中,图书馆采购联合体是基础,向 UPC 下达采购命令,向 UPC 中心委派工作人员,对 UPC 中心具有领导和监督的作用。而 UPC 又是一个独立的机构,它不属于某一个具体的图书馆领导,它有自己的管理团队,定期收集图书馆联合体的采购需求,编制采购订单后再向图书馆供应商下达订单。图书馆供应商按照 UPC 下达的订单,组织人力、物力对图书进行采访编目,集中加工各个图书馆需要的图书,按照订单的要求及时送到各个联合馆,各个分馆按照供应商的服务质量对各个供应商的服务进行评价,向 UPC 系统报告。UPC 根据各个图书馆的评价形成评价结构集,用作 UPC 遴选供应商的参考标准。

三、联合招标采购的重要意义

1. 防范于未然,占据市场竞争的主动地位,降低图书的采购折扣率

很多大图书馆因为服务质量要求高,按照 78 折、83 折结算,因为主动权不在我们手里。但是,当我们形成大的采购联合体之后,不仅可以促进联合体内各图书馆之间的沟通和交流,同时,与每个图书馆合作过的书商的表现将会成为图书馆的共享信息,没有合作过的书商的情况也可以利用网络进行搜索,还可以向其他地区的同行进行咨询,并配合实地考察。这样,在实际合

作和广泛调查的基础上，资质高、能力强、服务好的书商在招标中就会脱颖而出，一举中标，成为图书馆最理想的合作伙伴，使图书馆享受低价图书和高质量服务成为可能。

2. 专业化采访团队有利于抑制腐败，减少权力对招标行为的非正常干预

由于现在图书馆大多实行的是图书采购招标制度，而图书采购招标人员队伍广大，素质参差不齐，在进行图书采购招标的过程中，少数采购人员滋生了权钱交易等腐败行为，从而直接或间接地引发采购风险，导致图书采购产生不必要的损失。而UPC团队人员是来自于各个不同的图书馆的业务精英，人员素质较高，同时，原来的图书馆的招标是某一个图书馆或者高校的事情，现在上升为是所有的图书馆的联合体的事情，更多的人参与监督，图书馆联合起来，共同探讨并进行图书采购招标。行政部门只要在大的方向上加以调控，具体的问题如招标标准、招标细则、招标过程、对书商资质及实力的审查等都由图书馆来进行，这样，图书馆在招标中的主导作用就会增强，无形中那些行政权力的非正常干预就会减弱。

3. 三方共赢，各个成员馆内部支持力度大

实行联合采购，UPC承担了各个成员馆的图书采访任务。对于图书馆来说，首先，它降低了图书馆单本书的折扣率，提高了图书馆采购经费的使用效率。其次，减少了采访人员的负担。最后，图书馆或者高校各部门一直认为图书馆的图书采访工作是滋生腐败的地方，当把这部分业务独立出去之后，内部关系将趋向于缓和，形成比较和谐的工作环境。

对于供应商来说，UPC给各个供应商一个合作与展示的机会，降低了供应商的供应费用。原来供应商是一对多的关系，关系比较复杂，公关费用比较高；同时，由于各个图书馆的要求不一样，采访外包的服务质量不高，而且各个图书馆的地理位置分散，物流成本较高。但是UPC使供应商面对的主要顾客成了一个集体，这就使供应商的工作关系相对简单了，能够降低各种成本，同时因为大批量采购，供应商可以操作大批量物流，降低了供应商物流成本。

对于读者，由于图书单本价格降低，所以广大的读者可以享受更多的信息服务。同时，图书馆把主要精力用于为读者服务方面，提高了服务质量，使广大读者对图书馆满意度提高。

四、联合招标采购的展望

1. 联合招标采购需要注意的问题

图书馆实行联合采购,在实际运行中还是处于初级阶段,只在其他商业领域和集团化图书馆中出现过,因此在具体运行中要注意以下问题。第一,管理问题。UPC 虽然是一个独立的组织,不对任何单一的图书馆负责,但是 UPC 每一个人都隶属于具体的图书馆,作为图书馆的工作人员,必然要考虑本馆的利益,所以在对 UPC 进行管理时,应让 UPC 保持独立性,避免多头管理,多头领导。第二,人员来源。UPC 工作人员来源于具体的图书馆,但是具体各个图书馆来几个、符合什么标准的人员才可以、各个图书馆人员的比例如何等,这都是需要共同协调的问题。第三,解决供应商的评价机制是否合理、应该怎么去建立评价机制等问题。

2. 联合招标采购联合体的建立实施步骤

具体步骤为:① 建立联合体,制定联合体公约;② 普查馆藏、制订各成员馆的文献资源发展规划和布局方案;③ 各成员馆向 UPC 中心下达采购任务、实施具体采购;④ 监督与评价。UPC 在实施具体采购时,根据各成员馆的具体要求,形成采购清单,知会各成员馆,在向供应商下单的时候,各成员馆有对 UPC 订单的拟定和对供应商的选择进行监督与评价的权利,在供应商进行订单交割之后,各成员馆对供应商的服务质量进行评价,并且对 UPC 中心进行评价,在此基础上形成对供应商及 UPC 工作的最终考评。

五、联合招标采购的前景

总之,较目前的图书采购方式来说,联合招标具有更大的优势,并且联合招标也是符合各个图书馆的要求和政府、学校、师生以及图书供应商等多方利益的。正因为在 UPC 中各个成员馆的目标一致、利益相同,而且通过 UPC,各个组成者沟通和联系起来非常方便,而 UPC 中心采取的政策也是大同小异,在具体操作时不会有大的分歧,因此图书采购联合招标将是大势所趋,它将有力地促进图书馆市场的不断发展和逐渐完善,使其更好地为广大读者服务。

参考文献

[1] 佟胜海,王文争. 构建军队物资集中采购新模式——解读区域联合采购[J]. 中国政府采购,2009(8).

[2] 耿振英. 关于实行区域性图书采购联合招标的探讨——与现行招标的比较分析[J]. 现代情报,2007(5).

[3] 赵元章. 联合采购的步骤和方法[J]. 河南图书馆学刊,1993(4).

[4] 李东东. 多贝力：联合采购改变行业格局[J]. 中国轮胎资源综合利用,2007(6).

[5] 黄艳芬. 高校图书馆实行联合采编的问题及其对策[J]. 高校图书馆工作,2000(3).

[6] 刘练强. 浅议集团公司联合采购[J]. 企业管理,2008(4).

[7] 罕凤. 加强瑞丽市图书馆建设的几点思考[J]. 云南图书馆,2004(3).

[8] 黄永礼. 上海高校图书馆邮发期刊联合采购的回顾与前瞻[J]. 上海高校图书情报学刊,2001(1).

[9] 高景祥,蔡雅云. 论中小型高校图书馆馆藏电子资源的建设策略[J]. 图书馆工作与研究,2004(5).

[10] 郭 虹,白君礼.《普通高等学校图书馆文献集中采购工作指南》相关问题研究[J]. 图节馆建设,2008(7).

[11] 黄晓霞,赵财. 高校图书馆招标采购中存在的问题及对策[J]. 农业网络信息,2007(12).

[12] 吴高,韦楠华. 我国高校图书招标采购模式的缺陷和对策分析[J]. 图书馆学研究,2006(8).

新阅读方式下图书馆工作之面面观

——兼论电子书的编目和推广

石春耘*

有关部门抽样调查显示，我国国民传统介质阅读率持续6年下滑，而网络阅读率7年增长了7.5倍。利用手机、手提电脑或掌上阅读电子书已经成为一种时尚潮流，它是否真的将带来网络时代的新的阅读方式？它给图书馆的工作方式服务理念带来怎样的改变？

世界在改变，人们的一些观念和行为方式都在发生着变化，图书馆也随着时代飞速发展。如今的图书馆已不再是原来的模样，现在它呈现在人们面前的是基于网络和信息技术之上的“数字图书馆”，或者传统与现代共存的“复合型图书馆”，此外还有呈现未来图书馆形态的“泛在图书馆”。[1]

我们正处于“复合型图书馆”这一发展阶段。现在的图书馆里，信息资源复合化，图书馆工作的内容和服务的技术手段多样化；用户的需求也呈现多重的复合状态。在如今复合型图书馆中，电子服务与传统服务并存。由于电子书的流行，人们对图书馆电子资源的重视程度也日益加大，各大学图书馆在继续建设传统馆藏资源的同时，正通过组成联盟、统一订购、开放获取、馆藏数字化等一系列方式提高电子资源的可用量。为目录、馆藏资源和网络服务提供的新电子界面（一站式多库检索），也将更加便于人们利用图书馆资源。如今，我们正处在一个“新资源、新服务、新读者”的“三新”年代中，如何更好地地利用新的电子书资源，更有效地提升图书馆的服务价值，是现代图书馆工作的重心，笔者认为要做好大学图书馆电子书管理工作，要从个以下几个方面入手。

---

* 石春耕(1965—)，女，学士，副研究馆员，主要研究方向为信息资源建设。

一、加大对电子书电子资源的建设力度

1. 努力扩大本馆对于电子书电子资源的获取能力

加入图书馆联盟，实现信息资源共建共享，组成团队与厂商议价，增强购买力，争取用有限的经费购买更多的电子资源，以满足用户的需求。

2. 积极展开科研，建立特色数据库

本地馆藏数字化，积极立项，利用本地资源建立特色数据库，积极展开与其他机构的合作，通过数字化提供公共资料的获取和利用等。

3. 认真做好电子书数据库使用的调研工作，合理使用有限经费

在一定经费的情况下，要平衡好电子书与传统书的比例，做到统筹兼顾，制订合理经济的购买方案，做好购买前期的调研工作，制订好电子书、数据库购买的中长期计划。

二、做好电子书编目和数据库的平台整合工作

1. 电子书的编目方法

（1）图书馆编目部门根据厂商提供的资源，如相关资源的电子文件，包括产品介绍、使用指南，以及电子书的 MARC 数据（书名、作者、出版社、出版年、ISBN、单本书的超链接）等，编目员在图书馆所用的计算机编目系统中，利用 MARC 数据中 856 字段的 URL 同该资源相连，让读者可以直接阅读电子书。

（2）上传 Worldcat。购入的电子书需进入全球最大在线书目数据库 Worldcat 中查重，如还没有图书馆对该电子书 MRAC 数据进行编目，则上传（Up2load）原始编目资料，若已有图书馆对该书目数据进行编码，则直接进行馆藏代码上传，以利他馆或读者查到该电子书时，能得知哪些图书馆拥有此资源（目前联机计算机图书馆中心已可直接为新购买 Netlibrary 电子书的客户进行馆藏代码上传作业）。

2. 电子书数据库检索平台整合工作

各种电子书数据库的纷呈对读者使用而言是相当不便的，故需要将图书馆所购买的各种电子书书目数据进行整合后，再放入搜寻引擎中，让读者可通过一次检索全部电子书资源方式进行，查检到即可直接阅读，若能将图书馆所有的数字资源整合成为数字资源整合平台，则其效益将更为突出。在工作中，我们要注意到，各家电子书厂商提供的书目数据虽不尽相同，但至少必

须具备以下资料：书名、作者、出版社、出版年、ISBN、单本书的超链接，以上内容即所谓的"超链接书单"。图书馆的各类数据库中，目前通过编目系统，能够较好地整合各个类型数据库的电子书，形成一站式的跨库检索，这也是图书馆能够用较低成本维持较大数据整合的方式之一。图书馆因为有良好而且稳固的元数据内容（这是图书馆对网络世界的重要贡献之一），可以大大提高信息检索效率。在完善编目系统的基础上，整合各类电子书数据库的元数据内容，配合 SFX 跨库连接的机制，可以在较低数据流失与映像失败的风险下，达到支持快速检索的目的。[2]

三、积极向读者宣传与推广，提高电子书和电子资源利用率

台湾大学图书馆所作的一项调查显示，电子图书数量虽然飙升，可是学生们使用图书馆电子资源还是有限的。[3]尽管电子图书用户数量持续上升，但还有需要改善之处。因此，让读者善用电子资源，发挥它们传播知识的价值，需要图书馆灵活地推广其馆藏。以高校图书馆为例，图书馆在推广电子书时，可运用传统纸质资源的推广方式，也可以运用电子书特有的推广方式。[4]

1. 用实体资源的推广方式推广电子书

（1）散发印刷品推广。图书馆大厅或计算机检索区提供学科指南、产品使用指南等，使读者及时获知产品，同时降低其操作的难度。

（2）举办课程讲座。图书馆可经常举办各类数据库产品的教育培训课程，可利用小赠品、学分课程和时事主题等方式吸引读者参加。在电子书操作部分，现有各系统操作上都非常便利，可对重点步骤和最有价值的功能进行说明，这一过程中可适时增加与读者的互动。

（3）信息发送。以多种方式发送图书馆相关的资源信息，如利用学校通知栏、制作手册、常见问题集、ARC、训练讲义等发送信息。

（4）经常针对读者举办一些相关活动。如举办征文、书展、抽奖、票选、猜谜、演讲、影片欣赏、表演、展览、竞赛、读书会等各种类型的活动，吸引读者参加并推广利用该资源，对表现优良者颁发奖状或奖品。图书馆举办活动时可和厂商联办，获得厂商人力或财力上的赞助，同时也扩大活动的效果。

（5）支持教学。了解院系老师教学上所用的参考书，图书馆配合其采购电子书，并对将该书设定为参考书进行特别公告，鼓励学生对电子参考书多加使用。

(6) 对用户进行表扬与鼓励。图书馆可利用电子书系统自带的使用统计功能,对使用量高的单位或个人予以表扬和鼓励。

(7) 为特定主题提供服务。针对特定主题或议题,将图书馆的资源整理后公告,内容包括主题介绍、资源种类等,后者如电子书、期刊、数据库、非书资料等,包括各相关资源的题名、简介与馆藏记录等,让读者可以直接使用。

(8) 种子教师制度。由各单位指派一名教师代表至图书馆接受训练,再由其回原单位指导大家使用;或是建立与各单位间的固定联络人,作为信息传递的窗口与交流渠道;还可以让厂商派驻校代表负责其产品在校园内的推广。

2. 用电子资源特有的推广方式推广电子书

推广电子书,除了采用上述实体资源的推广方式外,还可采用其特有的推广方式。① 利用网页进行产品说明。图书馆可以在网页上针对该电子书进行介绍,包括产品全称与简称、资源特色、收录主题、时间范围、资源数量、使用方式、联机位置等。② 信息通报。通过学校或图书馆的数字渠道如网页、Email、BBS 等发布信息通报。③ 向用户介绍厂商产品网页地址。各电子书的厂商或代理商一般在其自身的网页上都设置了完整清楚的电子书产品介绍,每个产品要有其独立且简短的网址,图书馆提供超链接让用户直接阅读产品资源介绍。④ 远程使用。通过 VPN 等身份认证机制,让读者在图书馆或图书馆以外的地方也能方便使用馆藏电子书。⑤ 主题通报服务。读者在图书馆系统上可提出自己的主题需求,图书馆了解其需求后,将特定主题领域的新电子书或图书馆资源汇总后发给读者。⑥ 电子书展。在图书馆入口处的计算机,针对时事或特定主题,将馆藏中的该主题电子书汇总,然后放上书影、简介及超链接,让读者可以轻松浏览并直接点选阅读全文,如同实体书展一般。⑦ 常规地举办信息素养课程。在介绍图书馆中的重要资源项目的同时,也多多介绍电子书。

推广电子书是馆员对图书的热爱和与他人分享意愿的体现,作为馆员,要能与时俱进,用心而富有创意地工作,在图书馆这个平台上,和读者一起,在知识的海洋里时时学习、处处分享、天天收获。

纵上所述,图书馆目前的工作重心要放在对电子资源的宣传上,同时,要加快资源采购、强化图书馆员培训、引导读者利用资料、探索所有可能的服务方式,以方便读者使用图书馆资源。图书馆的一切工作都要围绕给读者具有更加广泛主题的馆藏、更高效率地获取、更长的开放时间和更好的服务等方面展开。

四、结　语

未来的图书馆电子书不会取代纸质书,电子书和纸质书会并存,而且终将达到一种平衡。将来也许一些新型图书馆会率先表现为无纸的数字图书馆形态,但大多数图书馆在相当长的时期内将以复合型图书馆的形态存在。无论新型的图书馆以什么形式存在,传播知识是图书馆永恒的主题。中国古代的藏书楼是知识收集和存储的中心,近代图书馆则是知识提供的中心,当代图书馆则应该是知识服务的中心。随着新生事物的不断出现,图书馆各项工作必将获得持续发展的动力和活力。

参考文献

[1] 张璇. 论新图书馆形态下的人本主义与环保观念—兼论电子书与纸质书之争[J]. 科技情报开发与经济,2008(12):7－8.

[2] 顾立平. 提升电子书使用效率的图书馆服务——读者不用等待的服务[J]. 图书馆杂志,2010(4):25－29.

[3] 陈昭珍,等. 台湾地区大学图书馆电子书使用现状调查[J]. 数字图书馆论坛,2011(5):30－40.

[4] 程蕴嘉. 台湾图书馆电子书资源推广方式[J]. 图书馆杂志,2009(10):58－61.

谈谈图书馆优质服务机制的建立

吴玲芳*

现代图书馆的目的是向读者提供知识信息和服务，以满足读者的需求。以读者为中心，即以读者满意为目标，要求图书馆从读者角度出发考虑图书馆的运作问题，如图书馆服务理念，读者群定位，馆藏发展策略和资源建设定位，个性化服务，等等。图书馆应在优质服务策略的指导下，通过各种途径，进行知识和资源价值创新活动，发掘读者的潜在需求，满足乃至超越读者的心理期望，使读者的需求得到真正的满足。

一、开发读者信息，建立信息共享机制是图书馆优质服务的基础

建立以读者服务为中心的图书馆运行机制，图书馆必须掌握什么样的服务是读者最需要的，什么样的知识信息和服务才能使读者满意。若图书馆每个职工都能用事实来回答这些问题，那么，就表明他们开始真正意识到以读者服务为中心了。开发和发掘读者信息是图书馆从社会政治经济和文化发展的环境特点出发、分析读者特点和读者需求特征、主动为读者服务的前提条件，这也有助于全面把握读者对图书馆知识信息和服务所持的态度，并根据读者的合理建议而不断改善服务，从而满足读者需要。读者信息来源包括问卷调查、读者访谈、实地观察、读者在一定时间内利用知识信息资源的状况、读者投诉、读者满意度调查、政府以及媒体的调查报告等。读者投诉是图书馆实施以读者服务为中心、实现服务创新的宝库，因此，在现代条件下，建立快速的读者投诉处理系统和程序是提高读者满意度的最佳方法之一。在开发读者信息时，应以读者链为线索，以免信息中断。由于图书馆必须面向

* 吴玲芳(1967—)，女，学士，副研究馆员，文献资源建设部副主任，主要研究方向为信息资源建设。

最广大读者群体，同时读者的需求是经常变化的，因此，必须不断充实、更新相关信息，保持信息的新鲜度，即应注意信息的时效性。对在收集读者信息的过程中发现的问题，应从图书馆整体利益出发解决，以保证信息真实、完整。图书馆职工通过树立“满足读者需要”的意识，就能判断什么信息有价值、什么信息需要共有化，那么此时信息的利用就会有新的突破。信息本身没有价值，只有利用起来才有价值，因此必须系统地收集、整理和分析信息，并将这些信息反馈给图书馆各个管理部门和业务部门，作为制订图书馆管理和业务活动具体行动计划的依据。

二、高效率的服务组织是图书馆优质服务的保证

1. 高效率的图书馆组织必须实现机构精简、职能明确

从组织学的角度来看，可以采用扁平式的组织机构，或倒金字塔式的组织机构，使图书馆各部门能够为职工创造优质服务提供支持，并建立健全相应机制，赋予职工有效解决读者问题、满足读者需求的责任，使职工既能了解图书馆的相关政策、运行机制，又能提高搜集信息和分析信息的效率、有效解决读者问题的能力，能对问题作出快速反应，并在独立解决读者问题时不会有所顾虑。图书馆组织改进的另一个因素是运作体系、日常规程和工作流程的改变，避免过度复杂的运作体系或工作流程造成信息沟通的中断，导致不必要的延误，同时确保组织内部的双向沟通与交流，保证各业务部门之间的协作。

2. 建立完善的图书馆读者服务制度

不管图书馆服务过程给读者带来多大的不便或损失，只要善于解决读者投诉的问题，就可以提高读者对图书馆服务的信心和满意度。可以说，积极有效地解决读者投诉，将有力地促进图书馆与读者良好关系的建立与发展。一方面，创造条件，让读者尽可能方便地表述他们的意见，这些途径有提供实时在线咨询、E-mail 服务提供开通图书馆微博和博客，等等；同时，避免只注重解决紧急问题，而忽视了对读者意见的收集和分析，如了解图书馆提供服务与读者的预期是否一致等。另一方面，设置专职读者咨询服务台，或技术支持部门。由于计算机的普及，技术力量在图书馆读者服务中的作用比以前大大提高了，帮助读者解决计算机方面的问题，或者提供适合读者需要的技术设备，将极大地提高图书馆读者服务的质量，并提高服务效益。同时，采用先进的技术和设备，还可以改善工作环境，从而提高一线员工的服务积极性。

3. 构建图书馆内部和谐的公共关系

图书馆内部和谐的公共关系是图书馆做好一切工作的保证。只有内部职工对图书馆基层工作感到满意之后,图书馆服务才有可能满足外部读者的需要。实施内部公关过程中最重要的一点是在图书馆内部建立职工自己的服务价值观,使每个人了解自己对读者满意所负有的责任,帮助职工超越个人角度来看待自己的工作,让职工理解自己在集体工作中的位置。实现读者满意不只是读者服务一线部门的工作,而是整个图书馆的事,只有相互合作,才能使职工把注意力集中在读者身上。合作能够促进学习,与他人共享经验教训,促进组织整体的运作最优化。总之,内部职工所做的一切都应明确地同外部客户的需要联系在一起。为构建内部和谐的公共关系,图书馆有必要组织内部职工参加培训。具体的职工培训内容包括:使职工能详尽了解图书馆服务战略的运作,明确其在与图书馆和读者等相互关系中的角色、地位;增进职工之间的沟通;提高服务技能;向职工传授图书馆服务价值理念,让其认识并奉行图书馆的首要宗旨,即实现读者满意;等等。内部公共关系原则方面,不但要坚持对全体职工给予充分的尊重、信任和支持,重视职工的感觉,以待客之道对待职工,提供参与决策的机会,授予一定的权力;而且要给职工成长和发展提供机会,加强思想交流与沟通,努力创设一种融洽的家庭式气氛,使他们有安全感、舒畅感、归宿感。只有这样,才能使职工以主人翁的心态参与到图书馆的工作中来,从而产生强大的工作动力,形成职工满意→读者满意→图书馆满意的良性循环,这也正是图书馆内部公共关系工作所追求的最高目标。

4. 建立有效的考评制度

在明确读者服务目标的前提下,建立有效的考评制度和读者服务质量考评指标,如:一次服务需求能得到满足的读者比例,读者对所提供的服务感到非常满意的比例,提供读者满意的服务所需要的平均时间,已出现过的问题再度出现的比例,等等。图书馆职工都希望能让读者满意,并想知道读者对自己的评价,科学、公平的考核,能够给职工提供足够的信息,以便其改进服务。良好的考核制度有利于建立以读者利益为依托和归宿的奖励制度,避免职工一味追求统计数字而非改善服务品质。

三、以读者为导向的图书馆优质服务机制的构建

1. 以读者需求为指导的馆藏发展策略和资源建设的定位

我们在制定图书馆馆藏发展和资源建设战略的同时,要充分了解和研究

社会发展形势,密切关注技术发展的进程,以此为基础,进行馆藏结构调整和信息资源的开发,即把读者需求当作图书馆活动的出发点和归宿点,主动去迎合读者,站在读者的角度,帮助读者发现他们的需求,实现永远创新。图书馆只有将关注的焦点落实到读者的真正需求上,才能展现其发展的意义。在我国,公共图书馆主要面向社会不同文化层次的读者群体,图书馆必须从本地政治、经济以及科学和文化发展的特色出发,制定符合实际的馆藏发展策略。与公共图书馆相比,高校图书馆的藏书更具专业性和系统性,其藏书与学校的性质、任务密切相关。综合性高校图书馆藏书的学科门类比较齐全,而专业类院校则以专业性图书为主。另外,高校图书馆的读者主要是教师、研究人员和学生,其知识素质和文化水平较高,普遍接受网络信息服务,对网络信息资源和数据库的使用相当重视,因此,高校图书馆更应重视数字化、网络电子资源的建设,保障提供最新的、不间断的、快捷的信息服务。

2. 知识自由下的读者服务导向策略

联合国教科文组织1994年颁布的《公共图书馆宣言》宣称:“公共图书馆在人人平等的基础上提供服务,而无论人们在年龄、种族、性别、宗教国际、语言或社会地位上的差异。”蒋永福在《维护知识自由:图书馆职业的核心价值》一文中指出,图书馆职业是人们知识自由权利的社会保障制度之一,“知识自由是人权自由的重要组成部分”。图书馆应平等地向所有用户提供他们所需的知识信息,以保证知识自由的实现。在知识自由的环境下,图书馆并不是处在放任、无为的状态,而是应该有效、持久地引导用户积极地学习和阅读,汲取知识营养,通过诸如为读者提供阅读指导、知识讲座、学术沙龙等途径,提高读者利用和交流知识的能力,并由用户来审查评价其信息需要能否得到满足,满足程度是否有了显著提高,提高满足程度的速度是否很快、效益是否很高,从而使图书馆与用户建立合作、双赢的关系。

3. 提供超值的个性化服务

提供超值服务即提供超越读者期望得到回报价值的服务。在日常服务中,许多图书馆都是根据收到的读者意见、投诉的数量来给读者满意度打分,如果读者没有意见就认为是满意了,其实读者没有意见只能说明读者没有不满意,在许多情况下有意见的读者不一定投诉,没有不满意可能意味着读者没有意识到其他可供选择的更好的服务,因此,图书馆要进一步开创让读者满意的各种举措。当然,让读者满意要比消除读者不满难得多,因为服务质量不仅仅指读者受到的服务所具有的特色,还包括其他诸如技术帮助、预约服务、质量保证、交流过程中的感受等内容。总之,要培养优质的服务,就必须走在读者之前,开发读者潜在的需求,提供让读者获得意外惊喜的服务。而个性化服务已成为图书馆一个至关重要的竞争手段。以读者为中心的个性化信息服务是以读者为中心的主动服务,即根据读者的特定需求提供服务或通过对读者个性、使用习惯等分析,主动地向读者提供信息服务,所有的服务均以方便读者、满足读者为前提。此外,图书馆不但要为读者提供知识、信息等服务内容,还要为读者提供优质高效的服务过程。

在一所以读者为导向的图书馆里,读者是第一位的,所以应将以读者为中心的理念落实到图书馆每个人的实际工作中。图书馆优质服务体制的建立,应将读者利益放在首位,用真诚和热情满足他们的需求和期望,真正地取悦读者,从而创造图书馆服务的竞争优势。

参考文献

[1] 谢穗芬. 基于知识自由的图书馆服务[J]. 图书馆工作与研究[J],2009(12):11-13,56.

[2] 蒋永福. 维护知识自由:图书馆职业的核心价值[J]. 图书馆,2003(6):1-4.

[3] 黄海岩,黄连庆. 服务导向与图书馆价值再造[J]. 佛山科学技术学院学报(社会科学版),2004(6):88-90.

[4] 陈永平. 基于数字环境下用户需求与行为分析的图书馆服务导向[J]. 图书馆论坛,2009(2):33-35.

新信息环境下的高校图书馆书评工作研究

——以苏州大学图书馆网络书评服务设想为例

甘芬兰*

一、高校图书馆书评及意义

书评在中国有着悠久的历史,可以说伴随着图书的起源就开始有书评。评论图书就是根据图书的优劣长短得出结论的思维操作。评论者首先对图书内在与外在的固有特征作一番翔实的考证,随后将结果连同评论者的逻辑推断形成可见的文字,这便是书评。

传统的书评以纸质的书面文字为主,书评活动对象局限于本校师生。随着网络的普及,书评网络化成为一种趋势,它作为一类活跃的文学活动,以更快捷更便利的途径广泛传播,因此,网上书评成了书评活动的重要组成部分。图书馆书评活动的对象也得到极大扩展,因为每一位浏览图书馆主页的访客都成为书评的潜在读者,无形中扩大了图书馆信息资源服务的范畴,也是高校图书馆转变传统服务模式、提升社会认同的良机。作为高等学府的信息中心,高校图书馆藏书丰富,同时兼具网络资源丰富的优势,在针对广大师生读者开展阅读指导的活动中,网络书评起着举足轻重的指导作用。国内很多高校图书馆都意识到书评阵地的转变并作出了应对,开展网络书评已经成为高校图书馆读者导读工作的一个重要部分。

* 甘芬兰(1978—),女,硕士,馆员,主要研究方向为参考咨询。

二、江苏省高校图书馆及上海地区部分图书馆书评开展情况

笔者利用本馆主页“网络导航”下级菜单“国内图书馆”链接，对江苏省高校图书馆及上海市部分图书馆网络书评开展情况作了一番调查。

江苏省高校图书馆馆藏书目检索系统大多采用汇文软件(由江苏汇文软件有限公司提供)，设置基本一致，在“书目检索系统”的下级菜单“书目信息”中，除了提示本馆馆藏信息和借阅情况之外，还有馆藏书籍与互联网资源的链接，各个馆链接稍有不同，大致包括豆瓣、读秀中文搜索、谷歌、百度图书、CNKI搜索等网络链接地址，“书目信息”之后大多有汇文系统附带的“图书评论”功能。

除了未能打开链接的学校，在检索的江苏省高校图书馆当中，没有发现有本馆自建的书评栏目。从笔者查阅的相关书籍都是“零评论”这一情况来看，本馆的“图书评论”还没有受到读者的真正关注。笔者曾经试用过多次，发现本馆汇文附带的“图书评论”还有一些可以改进的地方。首先，评论字数限制严格，而在评论栏目下方没有作任何说明，这样导致在未知的情况下提交超过字数的评论失败。其次，其他多家高校馆的“热门评价”链接是有效链接，而且网页很快就能打开，在笔者的测试过程中，本馆的这一子栏目链接无法打开。

从本次调查情况来看，江苏省内高校图书馆对于书评在读者导读工作中的重要性关注还很不足。首先，目前有书评栏目的图书馆还停留在借用馆藏书目系统(江苏省通用的汇文软件)附带的书评功能的水平上，普遍缺乏自建书评系统意识；其次，书评数量少，远未形成气候；最后，在信息资源最丰富的高校图书馆，馆员的网络导读相对缺失，图书馆的导读服务质量还有待提升。

此外，笔者也对上海市部分图书馆的书评状况作了调查。能打开链接的有上海图书馆、复旦大学图书馆、上海交通大学图书馆、同济大学图书馆、华东师范大学图书馆、上海大学图书馆、上海师范大学图书馆，除了上海图书馆的“书评选萃”办得有声有色，其他能打开链接的图书馆都没有发现自建书评栏目。

上海图书馆主页“最新更新”下设“书评选萃”栏目，从书评的内容看，书评基本选自各大媒体，如“文化中国”、“中国新闻网”、“银川晚报”等，没有发现来自本馆读者的书评。从其他信息媒体筛选精辟的书评固然重要，但对于一个图书馆来说，笔者认为还应当给读某本书的读者一个评价和互动的机

会，某本书经由读此书的读者评议和推荐，这本书才真正“活”了起来，图书馆应该提供的就是这样一个平台，让素不相识的读者因为书产生互动和交流，有了这层交流，这本书才区别于出版社和书店的书。

综合对江苏省高校图书馆以及上海市部分图书馆的调查情况，笔者认为书评活动还是一个亟待拓展的读者导读服务空间，理由如下：当前高校图书馆对信息资源尤其是网络数据库资源的推荐力度偏大，忽视了构建纸本资源与读者之间的桥梁；从实践上看，馆员普遍认为目前的开架借阅形势已经让读者与书直接交流，读者对纸本书刊的获取不需要其他媒介，可以自由选取，由此馆员在阅读导读中的功能逐渐下降，忽视了馆员可以有所作为的一个服务空间；随着信息社会的高度发展，书评和推荐在书刊流通过程中起着非同凡响的作用，也促成了图书营销的概念，图书宣传、书评活动极剧膨胀，网络书评也因此质量不一，糟粕与精华同在。高校图书馆作为一个信息集散中心，图书资源丰富，读者群文化层次偏高，有着不同于一般网络书评的极大优势，可以发展成高品位、有见地、客观务实的书评阵地。

三、苏州大学图书馆开展网络书评服务的可行性分析

1. 可行性分析

苏州大学图书馆目前没有自建书评栏目，所依靠的汇文软件附带的“图书评论”也没有得到馆员和读者的重视。作为一所拥有百年历史的综合性大学，其图书馆藏书丰富，学科类目齐全，纸质书刊超过三百万，借阅处全年开放，炳麟图书馆 24 小时还书机全天候启用，师生读者可以随时获取自己想要的书刊。这些优势可以形成规范大气的书评阵营。

首先，读者群广泛，能形成稳定的书评写作队伍。高校教师拥有专业的学科基础和前沿的学科视界，教师可以通过发表专业书评，引导学生多读好书；学生是最活跃的读者群，馆员可以通过借阅系统的调查，发现借书量大的读者，邀请他们以写读书感想的方式参与到评书活动中来；馆员根据自身的专业特点，可选择入库新书、经典文本、个人偏爱书籍或在工作中发现的借阅量高居榜首的畅销书，以简明清新的语言点评，可以作专业的引荐，也可以作个人赏析，打造成风格各异的原创赏析园地，吸引更多的读者参与。

其次，获取文献资源便利。图书馆丰富的图书以及学科齐全的数据库为读者提供了便利的文献资料。

2. 开展设想

书评活动的开展离不开充分的前期准备，图书馆开展网络书价服务，可以利用形式多样的宣传活动，吸引读者参与，校园网、图书馆网站、各校区咨询处、借书处、阅览室的张贴栏，都是本校读者经常浏览的地方，是天然的宣传阵地。

同时，书评阵地的打造也非常重要，除了对汇文软件系统附带的“图书评论”予以改进，使之保持递交便捷且评论字数不受限制；也可以另外开辟馆内自建的书评数据库，在主页设置“书评园地”，下一级菜单设有书评目录，方便读者检索。通过纸质和网络各种渠道征集书评信息，在各个校区图书馆的流通服务窗口设置纸质书评收集处，读者能随时递交。纸质书评收集之后能及时上传、更新到网络书评栏目，同时保持网络提交书评的渠道畅通无阻，设置专有邮箱专人负责。对于读者积极提交的书评，应及时给予回复和感谢，而对于言辞极端的评论，在严格审核的同时也应当跟读者做好沟通。

书评形式活泼多样、不拘一格，既可以是规范的有见地的学术书评，也可以是充满灵性的读后感、读书笔记等。书评内容应该丰富多彩、涉及面广，既有专业学术引导，也包含大众流行文化书评，特别要提及的是，图书馆的采集工作人员，他们在采集出版物的长期工作中积累了宝贵的经验，可以结合书刊的作者、出版社、发行渠道等写成书评，对于只能看到成品书的广大读者，这些经验将是难得的读书指导。

采取一定的鼓励措施激励读者积极参与书评活动，对于读者创作的书评不论有无刊发，图书馆都应当在网站或者宣传栏给予目录展示；给获奖书评的作者颁发证书，并在专业书评网站积极推荐。在此基础上，制定长效规范的书评征集制度，不只流于形式，而要建立书评档案，保证书评文章的合理分类和归档。

四、结　语

高校图书馆的开架借阅形式似乎让馆员的读者服务工作退居书库，馆员的社会形象仍然停留在“保管员”的层面上。不可否认，馆员有无可争议的责任和义务去管理好馆藏文献资源、引导读者利用馆藏资源，但同时随着信息社会的大步前进，馆员更应当转变服务思路，树立主动服务意识。书评工作作为一项变被动为主动的特色读者服务，搭建了沟通读者、书籍、馆员的文化桥梁，在拓展图书馆深层服务意识、提升图书馆文化内涵、促进校园文化建设等方面，书评活动确实仍然可以大有作为。

参考文献

[1] 伍杰. 书评理论与实践[M]. 河南大学出版社,2006(17).

[2] 彭静. 高校图书馆的特色服务——以网络书评服务为例[J]. 南华大学学报(社会科学版),2006(2):110-112.

[3] 刘艳苏. 高校图书馆读者书评数据库构建构想[J]. 图书馆论坛,2010(30):85-89.

[4] 沈颐. 建阅读社会从书评开始[J]. 图书馆论坛,2006(1):35-37.

研究生的信息行为与信息需求对图书馆信息服务的启示

任 荣*

一、引 言

研究生是高校图书馆用户群中极为重要的部分，也是高校图书馆学术资源的主要使用者、学术信息服务的主要对象。同时，信息获取、信息评价、信息利用的能力也是研究生科研能力的重要组成部分。本文针对研究生的信息素养、信息需求和信息行为设计了一份调查问卷，旨在深入了解该用户群的需求与遭遇的问题，期望为新的网络环境下图书馆信息服务的提升与转型提供依据。

二、调查问卷的内容设计与实施

此次问卷调查于 2011 年 9 月至 10 月进行，以苏州大学第一学年的在校硕士研究生为主要调查对象。调查主要采用在线问卷的形式，借助“问道网”(http：//askform. cn/)网络平台进行，共收到 200 份有效答案，调查结果可通过以下网址访问：http：//askform. cn/FormView Result. aspx? Type = 1&FormID = 192684&UserID = 116722。受访者中，理工类学生占 59%，非理工类(包括社科类、体育类等)学生占 41%。在此前的 2009—2010 年度，我们曾利用 Google Document 平台进行过为期一年的类似问卷调查，在下文分析过程中会将两次调查结果中同类问题进行必要的比较。

问卷内容结构如下表所示：

* 任 荣(1977—)，女，硕士，馆员，主要研究方向为计算机信息检索课教学与数字图书馆技术。

表1 调查问卷内容设计

基本信息	专业、年级等
信息行为与信息获取途径	常用网络服务和电子设备、手机上网情况、获取信息渠道等
信息需求与获取障碍	常用学术资料形式、信息获取障碍等
对图书馆门户网站的利用	访问方式、期望功能等

三、调查结果分析

1. 研究生的信息行为

（1）信息搜索的起点。

2005 年，OCLC 公布的《图书馆和信息资源的认知》报告揭示了一个让图书馆员震惊和沮丧的数据：信息搜索者越来越多地使用搜索引擎作为搜索信息的起点（占 82%），而不是图书馆的网站（只占 1%）。[1] 到了 OCLC 近期发布的《图书馆认知报告 2010：语境与社区》[2] 中，情形更甚，有 84% 的美国人把搜索引擎作为信息搜索的起点，却没有一个人从图书馆网站开始。这个趋势在本次调查的受访研究生的信息行为中也有类似体现。当被问及"你在学习或研究过程中遇到问题会……"时，80.5% 的人首选"利用搜索引擎"，47.5% 的人选择"咨询老师、朋友或同学"，选择利用图书馆网站电子资源检索的人占 40.5%。而在 2009—2010 年度的调查中，选择"利用搜索引擎"的人占 75%，选择"咨询老师、朋友或同学"的占 57%，选择"到图书馆网站的电子资源中检索"的占 43%。比较而言，研究生读者群属于图书馆电子资源的重度用户。为使图书馆优质资源能够更匹配读者的检索需求，高校图书馆一方面要将图书馆的信息服务嵌入读者熟悉的信息环境和学习研究过程中，比如网络搜索的过程；另一方面，也需加强图书馆电子资源的宣传和举办有针对性的读者培训。

（2）网络信息工具的利用。

本次调查发现，研究生最常用的搜索引擎是百度（占 82%），Google 的使用只占 16%，这两大搜索引擎之外的其他独立搜索引擎几乎无人问津。与 2009—2010 年度的调查相比，Google 的率大幅降低（该调查中，使用百度的占 63%，使用 Google. com 的占 23%，使用谷歌，即 Google. cn 的占 13%）。出现这种情况，大概是受到谷歌退出中国事件，以及 Google. com 国内访问受限等影响。考虑到图书馆学术资源检索的合作方主要是 Google，读者对百度的使用偏好将大大降低图书馆学术资源的可见度。这一点应引起国内图书馆员的注意。

当被问及“近期使用过的网络服务”时，同2009—2010年度调查情况相似，Email、IM软件和SNS网站的使用率是最高的，其余如博客、微博客、网盘、社会化书签、音视频服务等工具，均有不同程度的使用率；而近期使用过RSS订阅服务的仅有7人。作为Web2.0时代的杀手级应用软件，RSS订阅是个性化信息获取的重要渠道。另一个专门针对RSS应用的问题的回答显示，63.5%的研究生“从不使用”RSS服务获取学术信息，只有1%的人“总是使用”，2.5%的人“经常使用”。以上调查结果表明，虽然网络信息服务的形式越来越丰富多样，但研究生对新的信息工具的使用受制于个人习惯与周围环境的影响，显得较为被动。图书馆在提升研究生信息工具的应用效率和技巧方面，应作更多的引导。

（3）移动设备的使用。

随着电子信息技术的发展，越来越多的人拥有并习惯于使用一种或多种移动设备。调查中发现，目前接近一半的研究生拥有智能手机，绝大部分拥有个人电脑，少数人拥有电子书阅读器或平板电脑。相较于2009—2010年度调查，研究生的手机上网率有较大攀升。2009—2010年度，有31%的受访者表示“从不用手机上网”；到2011年，这个数字仅为4.5%。手机上网用户中，主要使用IM软件和SNS服务的占41%，其次是电子邮箱和新闻浏览（占33%），使用搜索引擎（占9.5%）和进行电子阅读（占9%）的人并不如想象中多。这表明，研究生手机上网依然主要用于通讯和交往，而非信息检索与获取。虽然如此，移动网络发展势头迅猛已是不争的事实，图书馆必然要在对移动信息环境的支持上做出越来越多的努力。

国外高校的情况与我们类似。据2010年年底加利福尼亚数字图书馆（California Digital Library）的一份关于移动上网用户的调查报告，会以手机进行学术性阅读的人仅占受访者的11%，会上图书馆网站的低至3%[3]。虽然用户使用手机访问学术信息的比例远低于其他个人生活类应用，该报告仍然建议持续关注用户的移动上网行为，捕捉其信息行为的变化或潜在需求，以便图书馆从容应对。

2. 研究生学术信息需求与获取

（1）学术信息需求类型。

虽然当前学术资源的形式越来越多元化，图书馆电子资源中多媒体馆藏也得到了极大的丰富，但受访研究生的首选资料形式仍然是纸本文献（占

86.5%)，其次为电子文献(占76%)，而音频、视频、图片等多媒体资源的利用率均不显著。

(2) 学术信息获取渠道。

此次调查发现，当前研究生获取学习资料和学术信息的主要渠道是搜索引擎(占70%)、图书馆电子数据库资源(占60.5%)、图书馆纸本书刊(占53%)。与信息搜索的起点相对应，搜索引擎的使用几率是最大的，而博客、Wiki、RSS等网络服务的应用相对较少，尤其是RSS的使用率，仅占3%。这些数据与华中师范大学2010年年初进行的研究生信息需求行为调查的结果类似[4]，说明当前研究生获取信息的渠道普遍较为单一，他们青睐纸质资源，同时对搜索引擎表现出明显的依赖性。

调查中，以最常用的书籍资源为例，对研究生在信息检索中遭遇零结果时的处理方式进行了询问。结果显示，当急需的参考书在图书馆借不到时，选择通过网络书店或二手书网站购买的机率最高(占59.5%)，其次是查找电子版(占55%)，再次是求助师友(占32.5%)、到实体书店购买(占25%)和求助其他图书馆(占23.5%)。该结果再次揭示了研究生对纸本资源的偏爱，同时反映出目前研究生有较高的经济能力，乐意通过购买的方式获取有用资料，而且相对于实体书店，他们更青睐网购。目前的“读秀”搜索平台在检索结果的揭示方面已经做得很好，能提供包括本馆纸本、本馆电子本、其他图书馆馆藏、网上书店价格、按需复印、文献传递、互助论坛等在内的多种获取方式和链接，基本能满足研究生的上述需求。

(3) 信息需求障碍。

虽然当前信息资源的存在形式与获取渠道空前丰富，但研究生在满足其学术信息需求的过程中仍然遭遇了诸多障碍。调查发现，研究生在获取学术资源时的最大障碍是对各种信息源缺乏系统了解，表现为“不知到哪里检索”(占33%)；其次是缺乏检索策略和检索技巧，表现为“不知怎么检索”(占22.5%)；再次是对检索主题的提炼能力较低，表现为“不知怎么描述自己的需求或问题”(占19.5%)。此外，还有语言或翻译问题(占6%)、网络问题(占5.5%)等。该结果对研究生文献检索课程的内容设置以及增加读者培训时的针对性均有参考价值。

3. 研究生对图书馆网站的利用

(1) 图书馆主页的访问路径。

本次调查还涉及与图书馆网站相关的几个问题。当被问及“你平时是如何访问苏大图书馆网站的”，65%的受访者选择从苏大主页访问，25.5%的人表示从收藏夹中访问,13.5%的人从搜索引擎访问,12.5%的人直接输入网址,有1.5%的人表示将苏大图书馆网站设为了主页,另外有2.5%的人表示几乎从未到访。与2009—2010年度的调查结果相比,通过苏大主页和搜索引擎访问图书馆网站的比例显著增加(2009—2010年度调查中这两个数据分别为57%和3%),而将图书馆主页加入收藏夹或设为主页的学生明显减少(2009—2010年度调查中这两个数据分别为41%和7%)。从这组数据的变化中,虽然并不能武断得出读者对图书馆的依赖性在降低的结论,至少反映出在读者心目中,图书馆主页的重要程度有下滑趋势。值得高兴的是,苏大主页改版之后,图书馆网站的链接从第二层页面提升至首页,这对习惯通过主页到访的同学来说,简化了一次操作,变得更为快捷。

(2) 对图书馆网站的期望。

研究生对图书馆网站功能的期望集中在对手机网络的支持和Web2.0技术应用方面,主要包括开通手机短信提醒服务(占55.5%),开发移动版图书馆(占49.5%),实时IM咨询(占46%),RSS订阅导航(占45.5%),开发图书馆常用功能工具条(占39.55),建立图书馆博客(占32.5%)。对手机短信服务和移动版图书馆的需求的提高是与研究生移动设备持有率的增加相对应的。根据OCLC的报告,目前在美国已有44%的大学图书馆和34%的公共图书馆开始提供移动版图书馆主页或目录服务。[5]泛在信息环境的时代即将到来,手持式移动上网设备引发的时代变革才刚刚开始,图书馆对此必须有清醒的认识,同时应做好充分应对的准备。

四、结　语

目标用户的需求、动机和行为,是图书馆信息服务的依据,二者之间的匹配程度将直接影响读者对图书馆服务的满意程度,而用户对搜索过程和结果的期望及其上网习惯,很大程度上决定了他们对图书馆网站资源的利用率。通过此次及之前调查中对研究生用户群信息行为与信息需求的分析,我们发现,虽然正如图书馆人早已意识到的,“在网络化、信息化社会对大学形成的巨大冲击的环境中,大学校园读者,尤其是研究型读者对图书馆资源及服务依赖程度呈明显下降趋势已是一个不争的事实”[6],但同时我们也能感觉到,读者对图书馆的资源及其服务仍然抱有很高的期望,读者在信息搜寻的过程中表现出来的偏好和遭遇的问题值得我们重视,研究生信息素养能力的提高,也需要包括图书馆在内的多方的持续努力。

此次调查还存在很多不足之处：无论是时间跨度还是覆盖面都不及2009—2010年度的调查；问卷的内容设计较为分散，缺乏内在逻辑和针对性；有些问题的表达可能引起认知偏差；有些问题则太泛，这使得到的结果参考价值不大；只有问卷调查，未结合深入访谈……希望在后续的调查中这些不足能够得到弥补。

参考文献

[1] OCLC. Perceptions of Libraries and Information Resources (2005)[EB/OL]. [2011-10-28]. http://www.oclc.org/reports/2005perceptions.htm.

[2] OCLC. Perceptions of Libraries, 2010: Context and Community[EB/OL]. [2011-10-28]. http://www.oclc.org/reports/2010perceptions.htm.

[3] California Digital Library. CDL Mobile Device User Research Project[EB/OL]. [2011-10-28]. http://www.cdlib.org/services/uxdesign/mobile_project/.

[4] 吴彦文，马艳梅，张千年. Web2.0环境下研究生信息需求行为模式与服务策略探讨[J].图书馆工作研究，2011(1)：75-79.

[5] OCLC. Perceptions of Libraries, 2010: Context and Community[EB/OL]. [2011-10-28]. http://www.oclc.org/reports/2010perceptions.htm.

[6] 陈骁，刘金涛，谭丹丹，等.巨变中的大学图书馆——现状思考与学科化服务发展趋势：2010年“全球化视野·大学图书馆馆长论坛”综述[EB/OL].[2011-10-28]. www.lib.shufe.edu.cn/dotnet/news/download.aspx? ID=1506.

网络嵌入性对图书馆创新绩效的影响*

徐旭光** 张 薇***

在经济全球化、知识全球化不断深化发展的今天,图书馆所面临的竞争环境比任何时候都更加复杂多变,图书馆与各类型组织之间的联系互动更加密切、频繁。为了应对日新月异的技术环境和竞争环境,为了满足用户日益个性化的需求,图书馆就必须始终坚持创新,图书馆创新是处于整个社会网络结构之中的,社会网络是行为主体获取信息、资源、社会支持以识别与利用机会的社会结构。图书馆创新和绩效不仅受到图书馆与外部实体即创新活动参与者的双边关系强弱的影响,也受到资源配置和类型、网络结构特征以及组织文化与政治制度的影响。这种影响不是无形的和间接的,而是一种根植于社会交往结构之中的,换言之,图书馆创新及其绩效受到其所嵌入的社会关系和结构的影响。

一、嵌入性理论的产生与沿革

“嵌入性”作为新经济社会学研究的一个核心概念,是由人类学家波兰尼(Karl polanyi)于1944年在其《大变革》(*The Great Transformation*)一书中首次提出的,他将此概念用于经济理论分析,并指出：经济作为一个制度化的社会过程,经济行动是社会活动的一部分,个人的经济行为嵌入和限定在社会制度中,受经济动机和非经济动机的影响。[1] 1985年,美国新经济社会学学者马克·格兰诺维特(Mark Granovetter),在《美国社会学杂志》上发表的重要论文《经济行动和社会结构：嵌入性问题》,重新对“嵌入性”进行了阐述,从此把

* 本文已经发表于《情报探索》2012年第6期。

** 徐旭光(1967—),男,学士,副研究馆员,教学培训中心主任,主要研究方向为科技情报。

*** 张 薇(1977—),女,硕士,副研究馆员,系统技术部副主任,主要研究方向为图书馆自动化建设和数字图书馆技术。

嵌入性研究推向了新的阶段。[2]格兰诺维特认为：经济是社会的一部分、经济行为是嵌入社会行为中的，经济行动者既不完全独立于社会网络，也不完全依附于社会网络。与波兰尼强调经济活动是一个制度化的过程所不同的是，格兰诺维特认为这一社会过程应该被视为人际互动，并在研究组织理论时强调人际互动产生的信任是组织从事交易的基础，也是决定交易成本的重要因素。格兰诺维特把嵌入性分为关系嵌入性和结构嵌入性两种，关系嵌入性是指社会网络中各结点之间关系的强弱特征，可以用互动频率、亲密程度、关系持续时间以及互惠交换的内容等指标来衡量关系的强弱[3]；结构嵌入性是指网络的整体功能结构以及网络中个体所处的位置状况，主要包括网络中结点的多少、网络的密度、网络的多样性以及稳定性等。Zukin 和 Dimaggio 在格兰诺维特研究成果的基础上提出嵌入性可分为四种类型：结构嵌入性、认知嵌入性、文化嵌入性、政治嵌入性。[4]我国学者许冠南认为通过合理地嵌入在上游与下游网络中，与供应商及客户企业建立高效的战略合作机制，能够发挥企业间的协同效应，加快对外部环境变动的响应速度，并提升企业自身的组织学习水平和技术创新能力。[5]

二、图书馆创新绩效

谭立洲从新世纪我国图书馆创新理念出现的背景入手，归纳和总结了新世纪以来我国图书馆的九条创新理念，包括人本管理（柔性管理）理念、免费服务理念、平等服务理念、个性化服务理念、图书馆自由理念、经营（营销）理念、信息营销理念、竞争合作理念以及创新服务的理念。[6]所有这些创新理念的核心就是以人为本，而建立在人际交往的基础上的网络嵌入性正是这一核心理念的绝好体现。关于企业创新绩效，多是从衡量指标的角度来阐述，它是指实施新技术后企业价值的增加，它以企业业务额的增加来测量。一个企业的创新能力可以从企业创新成果的数量、创新组织机构和创新人员的数量以及创新投入的资金等多方面来衡量。[7]

图书馆创新绩效无法完全像企业那样通过对产品、技术以及市场等量化指标来衡量，但是图书馆可以通过社会对其评价，也就是其在社会的嵌入程度来测量绩效。图书馆创新绩效越显著，其所获得的用户满意度也就越高，同行或者合作单位的评价也就越高，这样，图书馆在网络中的中心性与层级都会不断提高，网络嵌入性会得到进一步加强。

三、嵌入性对图书馆创新绩效的影响

图书馆创新是赢得市场、用户和竞争优势的经济行为。经济领域最基本的行为就是交换，而交换行为的基础是信任。它来自社会网络，并且嵌入社会网络之中，而人们的经济行为也嵌入在社会网络的信任结构之中。信任是一种复杂的社会和心理现象，它是建立在人与人交往的基础上形成的一种情感，并通过契约得到强化。信任、互惠、信息共享、共同解决问题等是网络嵌入的关键要素，它对促进图书馆运作、创新及绩效有着极其深远的影响。浙江大学的王炯通过实证研究表明，网络嵌入性水平与企业绩效之间存在正相关关系。网络嵌入性的信任、信息共享、共同解决问题等对于提升企业绩效具有明显的作用；网络是一种无法模仿的资源，它是获取独特资源和能力的一种方式，企业的竞争优势不仅取决于其内部所拥有的资源，而且取决于其嵌入在各种关系网络中的难以被竞争对手所模仿的各种资源与能力。[8]

1. 微观层次上的嵌入性对图书馆创新绩效的影响——关系嵌入性

关系嵌入性是指社会网络中各结点之间关系强弱的特征，关系嵌入是基于长期交往所形成的个体之间的关系。关系嵌入性在很多方面影响组织间的合作、资源的交换和组合、共享性知识的开发等，其中，行为主体间的紧密程度、信任、合作规范、对未来价值的预期，以及通过资源交换、组合而参与知识创造的动机等，对企业当前的经济绩效和未来合作都有直接影响。

格兰诺维特(Granovetter)从联系频繁程度、联系密切程度、联系诚信程度和联系的互惠性四个维度将关系划分为强联结和弱联结。如果互动次数多、亲密程度高、诚信程度高、互惠交换多，则为强联结，反之则为弱联结。强联结为企业间合作奠定信任基础，从而促进企业间的紧密合作，并带来绩效的提高。获得更多的合作机会和信息，可以促进企业间的知识共享。弱联结带给企业信息和资源优势。对于图书馆而言，其与外部网络实体之间的联结关系越强、越紧密，它们之间的信息交换就越频繁，图书馆获得的技术以及战略信息也就越多。因而，图书馆与外部网络实体之间的联系强度越高，图书馆创新的绩效可能就越好。但是，强联结所获取的信息，多为类似或者重复的，有价值的信息较少产生；而弱联结所提供的非冗余信息更加丰富，异质性更大，因此，弱联结也能改善图书馆的创新绩效。

创新的本性是面向未来的，这要求创新的活动和制度安排必须是高瞻远瞩的。而未来具有很大的不确定性，任何经济发展情况、技术或者市场的变化都有可能会拓展行业或者说产业的边界,增加企业生存的空间。[9]因此,对于图书馆创新而言,通过关系嵌入性从网络中获取信息、技术、知识乃至资源和用户,是决定图书馆创新绩效的关键要素,因为所有这一切要素不是来自图书馆自身,很大程度上是“借”自于图书馆所嵌入的社会网络的。

2. 中观层次上的嵌入性对图书馆创新绩效影响——结构嵌入性

结构嵌入是指人们或单位之间非个人的联系的结构,它表明网络的整体功能结构以及网络中个体所处的位置状况,主要包括网络中结点的多少、网络的密度、网络的多样性以及稳定性等。基于格兰诺维特的研究,Burt(1992)进一步发展出结构洞理论。所谓结构洞就是网络内个体之间的非冗余的联系,即网络参与者之间存在的联系的空白。Zaheer 和 Bell (2005)的研究表明,具有良好结构洞的企业更能提高创新能力,从而产生更好的企业绩效[10]。

网络密度是通过网络内各节点联系对象的数量来衡量的。网络密度越大,图书馆与外部对象形成的联结数量越多,图书馆就比网络内其他行为主体拥有更多的联系来充当“信息桥”,其获取创新所需的信息和资源就越快。而且密度大的网络更容易在各个体间培育相互信任和共享规范,可以更快、更高效地促进资源和知识的流动。

图书馆创新本身就是一个获取知识、共享知识、创造性使用知识进行服务的过程,结构性嵌入是图书馆获取知识进行知识服务的有效保证,因为对图书馆而言,知识的获取和服务不是孤立的行为,而是需要借助于和用户、书商、数据库商、图书馆联盟、高校等其他组织间的网络联接才能进行。

3. 宏观层次上的嵌入性对图书馆创新绩效的影响——文化嵌入性和政治嵌入性

文化嵌入性是指行为主体在进行经济活动时受传统的价值观、信念、信仰及宗教和区域传统的制约。创新文化可以消除传统图书馆管理中存在的上下信息沟通不畅、信息失真甚至阻塞的弊端,可以贯彻图书馆的创新理念,可以促进知识的流动,可以营造鼓励知识共享、鼓励竞争的创新氛围,最大限度地释放馆员创新的热情和积极性。

政治嵌入性是指行为主体所处的政治环境、政治体制、权力结构对主体行为形成影响。制度限制了创新选择的方向和范围以及边界,制度也约束行为选择的理性程度,制度已成为人们的惯性行动纲领,从而支配人们的行为。

政府管理部门在公共政策制定与公共信息平台建设等方面,对图书馆的运营活动和行为的引导或限制等,具有非常明显的作用。政府或者上级主管部门对于图书馆服务使命和功能定位起着主导作用,其发展战略直接影响了图书馆创新战略。图书馆创新离不开良好的社会人文环境、科技环境和政治环境，图书馆要走上法制化、规范化的健康发展轨道，健全的政策、法规是图书馆创新的重要保障。

四、结　语

综上所述，图书馆所嵌入的网络类型决定了其创新的可能性，图书馆嵌入网络结构中的位置以及结点间的联系类型，决定了其创新产生的路径。图书馆要生存、发展和创新，资源、知识是基础。通过社会网络合理的嵌入，图书馆可以营造良好的创新文化，制定符合其自身发展规律的创新战略，优化资源和服务，加强与社会以及用户之间的互动，通过嵌入性关系来加强网络成员间的信任，规范成员间的行为，促进成员间的知识共享和更新，实现图书馆创新效果的最大化。

参考文献

[1] Polanyi K. The Great Transformation: The Political and Economic Origins of Our Time [M]. Boston: Beacon Press, 1944: 70.

[2] GRANOVETTER M. Economic Action and Social Structure: the Problem of Embeddedness [J]. American Journal of Sociology, 1985, 91 (3): 481 – 510.

[3] GRANOVETTER M. The Strength of Weak Ties [J]. American Journal of Sociology, 1973, 78 (6): 1360 – 1380.

[4] ZUKIN S, DIMAGGIO P. Structures of Capital : The Social Organization of Economy [M]. Cambridge, MA: Cambridge University Press, 1990.

[5] 许冠南. 关系嵌入性对技术创新绩效的影响研究[D]. 杭州：浙江大学出版社，2008:135.

[6] 谭立洲. 新世纪我国图书馆创新理念研究[D]. 湘潭：湘潭大学出版社，2009.

[7] 寿涌毅，孙宇. 集群企业创新来源、技术能力及创新绩效关系研究[J]. 管理工程学报，2009(S1)：59 – 64.

[8] 王炯. 全球制造网络中网络嵌入性对企业绩效的影响研究[D]. 杭州：浙江大学出版社，2006:73.

[9] 李玲. 嵌入性对企业技术机会识别能力影响的实证分析[J]. 科技管理研究. 2009 (10)：393 – 395.

[10] ZAHEER A, G G BELL. Benefiting From Network Position: Firm Capabilities, Structural Holes, and Performance [J]. Strategic Management Journal, 2005 (9): 809 – 825.

高校图书馆读者投诉的心理机制分析及沟通策略

冉　娜*

随着图书馆数字化服务的兴起,图书馆的服务得到了更多读者的认同。与此同时,读者对图书馆服务的期望值也日益增加。图书馆要赢得读者,就必须以读者满意为中心,从读者角度去思考,以管理者立场去规划,尽心尽力地为每一位读者提供优质、便捷的服务。这样,才能够更好地体现出图书馆的价值之一——服务读者。高校图书馆作为高等院校的教学和科研的辅助单位,主要为教师、学生和科研人员提供服务。但由于各种主、客观原因,服务未能完全满足个别读者需求而引起投诉,也是在所难免的。因此,把正确对待读者投诉作为图书馆服务管理系统中的重要环节和维系图书馆与读者关系的纽带,是非常重要的,必须引起足够的重视,这样才有可能贴近更多读者并体现图书馆的价值。

一、读者投诉的心理机制分析

读者投诉也被称为读者抱怨,是指在利用图书馆的过程中,由于图书馆服务工作上的不足、缺陷和过错而引起读者的烦恼、不满,或读者将自身利益上受到的伤害等情况,向图书馆或有关部门反映的一种行为,是对图书馆服务不满意的最直接的表述。读者投诉其实是读者的一种主观感受,至于产生这种感受是不是确实由图书馆方面引起,是哪个层面上引起,一般情况下,读者是不会做这种深层次思考的。如果出现了读者的认识偏差,那就说明图书馆和读者的沟通机制是有所欠缺的。由于沟通不善所引起的读者对图书馆的不理解,在情绪激烈的情况下就转变为一种抱怨和投诉。

* 冉　娜(1980—　),女,学士,馆员,主要研究方向为数字资源利用。

1. 读者投诉的原因

读者投诉,从心理学的角度来分析,是读者的期望和现实有距离造成的。北美著名心理学家和行为科学家维克托·弗鲁姆(Victor H. Vroom)于1964年在《工作与激励》中提出期望理论,他认为,期望的东西不等于现实,期望与现实之间的关系一般有三种,即:期望小于现实,期望大于现实,期望等于现实。

从对读者的期望值的分析来看,读者产生投诉,很大程度上是心理产生落差造成的。作为图书馆的管理者,为了营造一种平和的沟通关系,就要尽力去消除这个心理落差。然而,这个心理落差,其实很多时候是由于读者或管理员对图书馆的角色和功能存在不恰当的定位所引起的,而并非是图书馆工作人员本身有什么明显的过错。人都是体制下的人,很多时候,人的不合理之处是源于体制的不合理。人的行为失控除了人性本身的缺陷外,也有着外围环境体系的影响。

2. 读者投诉的形式

(1) 现场投诉,即读者当场提出意见,指出存在的问题,同时要求就地即时解决。这种类型的投诉,读者投诉的一般不是很大的问题,可以在现场及时解决。其目的是希望看到图书馆相关工作有所改进。其性质一般是建议协商型的。

(2) 间接投诉,即读者通过电话、信函、电子邮件等间接方式向图书馆管理部门甚至上级主管部门投诉,也是常见的读者投诉方式。这种类型的投诉,读者投诉的内容一般有以下几种情况:第一,图书管理员的服务给他造成心理伤害;第二,图书馆的硬件给读者造成不能够及时解决的问题;第三,读者对图书馆的附加服务有着超出客观的要求。其目的是希望提出的问题能够得到圆满解决。其性质一般是以利益诉求为主,而诉求的方式也比较激进,当然,这种激进的方式往往会对图书馆的管理和服务工作产生负面影响,同时也会对工作人员的积极主动性的发挥产生负面影响。

(3) 媒体曝光,即读者通过报社、电视、广播等新闻媒体曝光,利用社会影响,促使图书馆解决存在的问题。出现这种类型的投诉,就意味着读者和图书馆的沟通机制出现了严重问题,不能依靠面对面的方式来解决问题,而需依靠第三方来解决。其目的是利用投诉发泄自己心中的不满或警告对方,同时也希望问题得到解决。这种投诉的性质可以说是最激进的,矛盾也是最深的。出现这种状况,那就意味着图书馆内部本身甚至是学校的体制出现了一些在读者看来很难逆转的问题。

二、读者投诉的沟通策略

1. 读者和图书馆出现沟通障碍的原因

读者投诉,实质是读者和图书馆的沟通出现了障碍。具体来说,有如下几种情形。

第一种是个体的差异性所引起的沟通障碍。比如,人们对人和对事的态度、观点和信念不同造成沟通的障碍以及个人的个性特征差异都会引起沟通的障碍。人们更容易接受与自己观点相同的意见,更容易接受符合自己利益的意见。这就是说,人在接受意见时,是有选择性的,而不是全盘接受。这就是知觉选择的偏差。而知觉选择的偏差是最容易引起沟通障碍的。即便是没有知觉选择的偏差,语言表达和理解的不同也会引起沟通障碍。如果没有能够正确地阐述信息,对方就不能对沟通的内容进行清晰而有逻辑的思考,不能理解你的关注所在并正确地表达他的反馈信息,有效的沟通也就无从谈起。这些都造成了沟通的障碍。

第二种是由于人际关系所引起的沟通障碍。人际原因主要包括沟通双方的互信度和相似度。沟通是发送者与接收者之间"给"与"受"的过程。沟通双方的诚意和相互信任至关重要,只要双方都有诚意,并建立起信任之后,沟通就会顺畅很多。同时,沟通还与沟通双方间的相似性有着直接的关系。沟通双方的特征,包括性别、年龄、智力、种族、社会地位、兴趣、价值观、能力等相似性越大,沟通的效果就越好。通常的沟通障碍都发生在差异性比较大的双方之间,如果图书管理员在工作的时候都能够设身处地地为读者着想,同时,读者也能够体谅图书馆的难处的话,那么,就会减少很多的沟通障碍。读者在投诉的时候,其实也是想通过沟通来解决问题。只是方式稍微激烈一点。只要大家有解决问题的想法,那么,即便是遇到投诉,也能够顺利解决。

第三种沟通障碍不是由于个体的原因引起的,而是由于结构原因引起的。结构原因主要是指沟通双方在信息传递这一临时系统内的地位以及这个系统团体的规模、信息传递方式等。这些结构因素都会影响到沟通的有效性。图书馆和读者出现沟通障碍,有时并非是管理员或者读者个人的原因所引起的,可能是图书馆本身的结构层次所引起的。同一个信息,传递的层级越多,参与传递的人数越多,那信息失真的可能性就越大。在这种情况下,之所以出现投诉,不单单是个人的原因,很可能是制度规章不成熟、不健全所引起的。所以,图书馆高层管理者应该将注意力放在制度这个层面,而非个人这个层面。

2. 有效沟通处理好读者投诉

（1）对读者有效果、有效率、有笑脸地沟通。

与投诉的读者沟通时，一是要注意安抚其负面情绪，有笑脸地沟通，但是不轻易给出承诺。等读者有一个平和的心态，再通过语言交流，询问投诉的原因，能够当时给出解决方案的，图书管理员就可以通过与读者的有效沟通而对某个问题达成共识；涉及对图书馆的管理员或者系统投诉的时候，就不能为了安抚读者而做出不客观的承诺，应等管理者确实调查清楚，再拿出可行性的方案。对这种不能及时解决的投诉，尤其要解决好，否则，就无法有针对性地有效解决读者投诉。

（2）对图书馆管理员平等、客观、全面地沟通。

假设读者投诉的内容涉及图书管理员，这时，要解决好投诉就必然涉及管理者和管理员之间的沟通，也就是组织内部上下级之间的沟通。此时，上级就更要注意自己的沟通内容和沟通方式，不要让下级觉得自己是在以权力压人。其实，正如前文所述，出现管理员被投诉的情况，除了管理员自身的失误之外，很多时候还与管理制度有关。如果把责任全部认定在管理员身上，那么就会扰乱军心，打击员工的积极性，不利于问题的解决和今后工作的开展。

读者是一个群体，同样，管理员也是一个群体。如果说读者是我们的服务对象的话，那要让这些服务对象满意，最终还是要依靠管理员这个群体。如果管理员失去了工作的激情，那么就无法发挥组织应有的功能。团结和协作才是实现组织功能的关键力量。内部有效沟通的最大障碍在于传统型管理者高估了自己的管理权而对权力空隙估计不足。传统管理的核心强调管理者的权力和威严，管理者的观念和思维方式还固守着旧的习惯。这样，沟通只能陷入一种恶性循环。管理者更固守于传统的思维，被管理者更热衷于传递失实的信息，最终结局只能是组织内部人心涣散，更可悲的是管理者自身甚至还未意识到到底哪个环节出了问题。这就无法达成有效的沟通。

有效的沟通是一种动态的双向行为，而双向的沟通应得到充分的反馈，只有沟通的主体、客体双方都充分表达了对某一问题的看法，才具备有效沟通的意义。而以自我为中心的权威型管理者发送信息时漠视信息接收者的反应，从而使沟通仅局限于从上到下的单向传递，而非有效的双向传递。在组织内部多样化程度越来越高、相互依赖越来越强、对目标和职责及利害关系等认识的分歧也越来越大的背景下，只有增强主客体之间或上下级之间的交流，才能引导人们从不同的角度看问题，消除一些不必要的误解和偏见。如此才能达成有效沟通，解决问题。可见，图书馆高层管理者在处理被投诉的员工时，应当充分听取下属的想法和建议，不宜主观武断地片面处理。这样，在不伤害员工积极性和主动性的前提下，平等、客观、全面地解决问题，更有利于树立管理者的权威，增强整个组织的凝聚力。

三、总　结

高校图书馆是一个服务专业化的群体，同时也是一个作用关键、责任重大的部门，承担了学校教学和科研的辅助功能。所以高校图书馆要配合学校的发展规划不断调整自己的服务体系，还要在有限的资源条件下谋求自身的发展；在建设保存文献资源、提供借阅咨询服务的同时，还要在有限的空间里为学生提供学习自修的场所，并且由于图书馆的开放时间长，日常接触读者多，难免会因为有读者的要求不能被全部满足而有投诉情况的发生。每一个读者投诉背后都有着管理上的疏漏之处，每一个管理员被投诉的后面都有着图书馆管理制度上的欠缺之处，每一个看似合理或者不合理的要求都有人主观意识的体现。如何处理好读者投诉的问题，每一个组织成员都有不可推卸的责任。只有本着解决问题的态度和客观公正的立场，与读者进行良好的沟通，同时在图书馆内部的层级系统内有着良好的沟通，才能够找出读者投诉的原因，处理好问题，不断地提升服务的质量，完善图书馆的管理机制，让高校图书馆越走越远。

参考文献

[1] 维克托·弗鲁姆(Victor H. Vroom). 工作与激励[M]. 中国人民大学出版社，1964.

[2] 袁建娟. 高校图书馆化解读者投诉之我见[J]. 大学图书情报学报，2008(12).

[3] 刘亚丽，刘海红. 正确认识读者投诉 提高高校图书馆服务水平[J]. 高校图书馆工作，2008(5).

[4] 朱新均. 读者投诉与图书馆应对策略[J]. 图书馆工作与研究，2007(3).

研究型大学图书馆多样化服务模式的构建

盛建国*

为了适应多样化的信息环境以及满足多样化的用户需求，国外大学图书馆界纷纷构建了多样化的服务模式，包括变革组织机构、制订战略计划、实施服务手段、建立评估反馈机制等，我国大学图书馆应该借鉴国外的先进经验，打造国际一流的高水平研究型大学图书馆。

一、多样化服务模式总体框架

1. 领导体制

构建大学图书馆多样化服务模式，首先要有独立的或相对独立的组织系统进行决策、指挥、监督，要有严格的制度保证图书馆多样化服务工作的完整性、一致性、稳定性和连贯性。在我国高校图书馆中，实行校（院）长领导下的馆长负责制。有一名校（院）长分管图书馆工作。图书馆设馆长一名，并视需要设副馆长若干名。馆长之下是根据工作流程划分的各部门，设部主任，各部门又根据不同房间或不同工作内容进行细分，设室长或组长，形成以文献资源为主导的纵向的金字塔式的层级制领导体制。这种金字塔式的层级制体制具有一定的缺陷，一是因其管理层次多，因此组织信息传递慢、易失真，出现管理真空、决策失误可能性增大，乃至不适应外部环境变化的情况；二是权力过分集中，不利于馆员发挥主动性和创造性，阻碍了多样化服务的发展；三是核心业务流程倒置，国外图书馆的发展已经从以“文献资源建设”为中心进入“以用户为中心”的时代，而我国的这种服务模式仍然是以文献资源为中心的，不适合多样化服务模式的发展要求。为实现多样化服务，满足多样化

* 盛建国（1958—　），男，大学专科，主要研究方向为图书馆图书管理及读者服务。

读者需求,图书馆领导应改变传统理念,对组织进行变革,纵向对机构进行重组,横向成立各种工作团队,形成纵横交叉的扁平化矩阵式服务模式,下放职责权力,吸引馆员加入各团队,使馆员充分发挥其特长,促进多样化服务的开展。此外,鼓励员工积极参与制定相应的战略规划、计划,来指导和组织各项服务工作的开展和实施。

2. 组织机构

对于我们国家的研究型高校图书馆来说,传统的层级制领导体制无法轻易改变,而且高校图书馆多样化建设刚刚起步,还没有一套成熟的理论体系来指导,因此,根据我国的国情,在传统的层级制模式下,尝试纵向上在个别部门实行扁平化的馆长领导下的学科馆员制度,并根据读者需求构建有针对性的横向的工作小组,比如说,素质教育工作小组、馆际互借或文献传递工作小组等,其成员在完成本职工作的基础上承担起工作组的任务。工作组设一名负责人,即组长,负责制订小组的年度工作计划,负责组织成员开展实施工作计划。

3. 业务流程

传统图书馆的业务流程是以文献为中心,以文献的加工来划分业务流程,图书馆的核心和重点都定位为前期的工作,忽略了读者需求。图书馆构建多样化服务模式必须以读者需求为中心,从读者角度出发,调查其需求,根据读者需求,开展多样化的文献资源建设活动和读者服务工作。

因此,首先要重视读者调查,了解读者需求之后,不断调整文献资源和服务,精简传统的业务流程,解散过时的业务部门,组成新的工作小组,这些小组可以是永久的,也可以是临时的,随着读者需求的变化呈现动态发展趋势。保证多样化的服务始终在一个集成化的统一平台上,读者能够便利地获得所需的服务和资源。

二、文献资源的多样化管理运作

研究型大学由于其学科门类齐全、学生来源广泛、办学经费充足,图书馆拥有丰富的文献资源。首先,这些文献资源要满足学校的学科建设,包括满足基础学科建设、重点学科和交叉学科、边缘学科的需求。其次,随着数字化、网络化技术的迅速发展,图书馆必须拓展数字图书馆,与此同时,保护仍然支撑许多学科研究的纸本资源,以应对需提供集成科研基础设施的挑战。在某些学科领域,必须规划转向只提供电子版的期刊。在我国,大多数研究型大学图书馆正处于纸质资源与电子资源并存阶段，并且由于发展水平、理念、经费等诸多因素的影响，这将是一个较长的时间段。高校图书馆要对资源进行整合，提供一站式的服务，重组图书馆传统的部门，成立文献选择小组，负责对纸质资源和电子资源的选择、试用、订购和付款等一系列流程，将图书、论文、期刊、电子资源和网络资源等整合到一个检索平台。北大图书馆新型多媒体服务以信息共享空间为服务形式，强调为用户提供一站式的服务以及多媒体服务共享空间，这为高校图书馆文献资源的多样化管理运作探索了一条成功之路。

三、读者服务的多样化管理运作

研究型大学图书馆应以多样化的文献资源为支撑，开展多样化的读者服务。通过对研究型大学图书馆读者需求的分析，以及访问国内外部分高水平研究型大学图书馆网站，收集到研究型大学图书馆目前开展的多样化的服务内容如下：① 对学科带头人配备专门的学科馆员，主动为其收集各种文献信息源，提供有关国内外研究的学术动态、学术论文、著作及成果等信息；② 通过学科导航、专业数据库、信息网站、信息咨询，为从事各学科研究的教师、研究生提供及时的学科动态信息及相应的成果；③ 通过馆际互借、文献传递，保证从事教学和学术研究的教师、研究生对文献信息的需求，并为教师开通馆际互借系统；④ 通过读者入馆教育、文检课教育、校园文化建设、学生参与服务及各种导读、读书、共建等活动，服务于大学生素质教育。

四、人员队伍的多样化管理运作

人力资源是图书馆发展的关键因素，它广义上包括图书馆各种人员及由人衍生出的管理方法。国外研究型大学图书馆在开展多样化服务中，强调人员的多样化，吸引不同文化背景、种族、民族、学历、专业、性别、年龄、宗教信仰等人员到图书馆工作，同时，想法设法留住所需要的专业人才，此外，还吸纳学生、志愿者及其他社会人员共同参与图书馆管理。实质上让读者参与图书馆管理，将为图书馆事业注入新的活力，如建立专家顾问团、青年志愿者服务队、学生图书馆管理协会等都是为满足多样化的读者需求。近年来，图书馆的自动化和现代化水平越来越高。但是，自动化程度再高，图书馆也需要工作人员来管理，并且在所有的构成要素中，工作人员所处的位置最为突出，所发挥的作用也最为重要。来新夏针对这个问题曾经说过:“我们国家提出了以人为本,而且许多的科学技术是靠人掌握的,图书馆忽略了人才利用,就失去了灵感。”所以图书馆要利用好人力资源,建设多样化的人员队伍。多样化的服务需要有多样化的人员队伍满足读者的多样化需求,必须做好以下几个方面的工作:第一,建立激励机制来调动图书馆人员的积极性。第二,加强制度建设来培养图书馆人员的责任感。第三,重视对新进馆人员的工作安排、培训和发展,使图书馆保持强劲的发展势头。第四,重视对现有人员的培训、提高和任用。

参考文献

[1] 李贺.国外数字图书馆评价研究现状分析[J]. 中国图书馆学报,2010(6):20-22.

[2] 沈晓梅. 高校图书馆人员心理压力及其对策[J]. 图书馆学研究,2010(22):41-42.

[3] 肖烨.高校图书馆社会服务的思考[J].图书馆,2011(4):15-16.

[4] 王尧.高校图书馆全开放式服务模式的探析[J].中华医学图书情报杂志,20011(8):34-35.

[5] 黄世芳.高校图书馆免费网络学术资源建设要点研究[J].图书馆理论与实践,2011(7):33-34.

新信息环境下高校图书馆读者服务创新研究

康芳芳* 徐 燕**

随着计算机技术、信息技术尤其是互联网技术的迅猛发展，图书馆所处的信息环境发生了巨大的变化，读者从图书馆获取知识和信息的手段与要求也随之发生了前所未有的变化，传统模式的读者服务工作已经越来越不能适应新环境下读者的借阅需求。Jame D. Hart 曾说过："大学不可能伟大，除非这所大学有一个伟大的图书馆。"[1] 为了配合高校发展，更好地发挥出图书馆的学术支撑作用，新信息环境下高校图书馆的服务必须要以读者需求为导向进行馆藏文献信息的深化，从文献传递的提供式服务向知识、信息资源重组的创新式服务转变。

高校图书馆读者服务创新可从以下三个方面着手。

一、服务观念创新

首先，高校图书馆要改变传统的服务理念。高校图书馆主要为师生服务，这个知识素养较高的读者群体，有着多元化、多层次的信息需求。除了有基本的纸质文献借阅需求，他们对国内外学术数据库资源、深化挖掘过的各类信息库、专业针对性强的查新报告等信息需求度也越来越高，所占比例已逐渐超过前者。这种需求比例的改变首先要求图书馆员们改变传统的服务观念，充分意识到服务工作要从之前的"以图书馆为中心"向"以用户为中心"转变，在此基础上开展服务内容创新，进而为读者提供令人满意的优质服务。

其次，高校图书馆要培养创新意识。"推陈出新"，传统服务观念既已打

* 康芳芳(1982—)，女，硕士，馆员，主要研究方向为读者服务。
** 徐 燕(1965—)，女，学士，副研究馆员，副馆长，主要研究方向为图书馆管理。

破，必然要求图书馆员们面对新信息环境下的读者需求培养全新的服务理念。为了更好地培养创新意识，帮助馆员们在实际工作当中不断提出新设想、新方法，高校图书馆可通过各种形式的跟踪访问、调查，了解读者的信息需求和获取习惯，在此基础上调整思路，努力为读者营造舒适、方便、快捷的服务环境。与此同时，高校图书馆可通过多途径与读者互动，例如通过读者荐购让读者参与馆藏资源建设，使图书馆形成信息服务随读者需求不断更新的良性循环，这样不仅能有效地提高信息利用率，也能从根本上"供为所需"，让图书馆作为学术支撑部门的作用落到实处。

二、服务内容创新

在新信息环境下，读者需求的变化自然而然地带来了服务内容的变化。高校图书馆为读者提供的服务不再只是传统的文献借阅、复制、检索等，而是拓展到计算机网络、数据库、OPAC 服务、技术中介、查新评估等新型的信息服务内容上了。因此，高校图书馆要不断改善服务态度，提高服务水平，创新服务项目，提高服务档次，利用先进的技术设立信息网络服务中心，为用户提供高效、及时的跟踪服务等。

1. 多方位与读者互动交流

高校图书馆通过拓展多途径服务方式，例如通过电话、电子邮件、虚拟参考咨询、留言栏、聊天软件等现代通讯方式，与读者多方位交流互动，使图书馆各类信息资源得到最大程度的共享和便捷利用，读者将不受时间、地点限制，获取不同校区书籍预约、非书资源复制、文献传递、定题服务、查新评估等服务。

2. 加强特色服务和咨询服务

高校图书馆不仅拥有丰富的国内外信息资源，而且具备网络与信息资源检索、开发的专业人才优势，完全能够为读者提供各种个性化的特色信息服务。

一是建立特色数据库和网络资源。馆员们对内容庞杂无序的信息资源进行整合、二次开发，重组出满足读者特定需求的信息资源。通过分析研究读者的借阅需求及本地区经济和社会发展的信息需要，结合本馆的文献资源、人力、精力等条件进行特色数据库开发，如苏州大学图书馆建设开发的学者知识库、吴文化数据库和苏大讲坛。学者知识库综合苏州大学各院系知名学者的个人信息，发表的论文、论著及各项学术成果，通过简洁的网页界面，供校内师生及有需求的外来读者检索、参考。吴文化数据库通过整合吴地人文科学、历史文献等各方面史实资料，供吴文化研究爱好者们检索使用。苏大讲坛通过拍摄录制社会各界知名人士、著名学者在苏州大学开设的讲座，为校内师生提供在线观看学习服务，不仅为错过精彩讲座的师生弥补了遗憾，也有利于优秀讲座教学信息的收集与保管。

图1 吴文化数据库主界面

二是加强咨询服务。高校图书馆可在丰富馆藏的基础上,为读者提供各类咨询参考信息,如查新评估。2009 年,苏州大学图书馆成立了教育部授权的、具有部级查新资质的综合类科技查新工作站,面向高校、企事业单位、科研院所,开展各级、各类科研项目的查新与咨询服务。查新站拥有科技查新常用的数据库上百个,包括 EI、INSPEC、CA on CD、Beilstein/Gmelin、Medline、BIOSIS Previews、Elsevier ScienceDirect、Springer Link、EBSCO、OVID、ACS、PQDD、万方数据资源系统、中国知识资源总库、重庆维普、CBM 等。可为需求用户提供以下查新服务:科技立项;科技成果鉴定、评估、验收、结题等;成果申报、奖励;技术引进;高新技术产品开发及其他(硕博士论文开题、评审、论文发表等)。苏州大学查新评估工作的蓬勃开展,不仅大大提高了馆藏电子资源的利用率,也培养和锻炼了一批专业的科技查新员,带动了其他信息咨询服务的深化,促进了图书馆数字化事业的发展。

三、服务机制创新

随着互联网的快速发展与普及,人们获取信息的方式及渠道日益拓展,社会信息环境发生深刻变化,使得文献信息在地理上分布的局限性被打破,服务意识及服务内容的变革必然要求图书馆也建立起相应的服务机制,以保障新服务工作的有效开展。

1. 培养人才队伍

人才队伍建设要从加强馆员队伍知识结构的复合化建设开始。高校图书馆实际是集多学科、技术为一体的文献信息服务机构。在人才配备上,不仅要求有现代图书情报专业人才,还应有计算机、信息技术方面的人才,以及与本校学科、专业相关的专业人才,只有人才结构符合综合图书馆的特征,才能为图书馆不断提高信息服务质量打下良好基础。随着图书馆自动化、网络化、数字化的发展,图书馆员正面临一个全新的工作环境,只有努力学习新知识,掌握新技术,全面提高业务素质,才能更好地适应现代图书馆服务工作的需要。

2. 优化服务手段

伴随着计算机技术、网络通讯技术和多媒体技术的迅速发展,图书馆传统服务形式和手段已逐渐电子化和多媒体化。当前环境下,图书馆服务手段的创新要从三个方面入手:一是要加大软硬件技术投入,使图书馆以先进的设备和技术条件更方便快捷地为读者提供高质量的信息服务;二是加强对工作人员操作现代设备的技术、技能的培训，这种才能充分发挥现代设备的性能和作用；三是服务手段的创新要紧密联系实际工作，建立在实际工作上的创新才会有生命力。

3. 提升管理方式

即使拥有丰富的信息资源和理想的服务环境，如果缺乏有效的服务管理，也会使高校图书馆的服务效果和服务质量大打折扣。图书馆管理者应该积极关注管理领域的新理论，从宏观上把握图书馆整体健康发展；在图书馆建立各项创新服务激励机制，引导馆员与图书馆共同健康发展；积极营造和谐的服务环境和人文氛围，有效实现馆员与读者的双赢。

高校图书馆虽是教研辅助单位，但在管理模式上仍可借鉴一些企业化的管理模式，借鉴企业以市场和用户为中心的管理理念，通过各种途径宣传，将本馆信息资源推向用户，增强馆员服务意识和责任感。在管理方式上，要积极运用现代信息技术，实现管理自动化和网络化，扩大管理的范围，提高管理的实效。图书馆管理者在管理思维上，可借鉴和吸收国内外图书馆的一些成功经验和创新思路。例如业界正悄悄兴起的“living library”（国内一般译为“活体图书馆”），是近些年新兴的一种图书馆概念。即以人为书，以各行各业人才的人生阅历为书，参与者都持以对生命的严肃思考态度而来，阅读过程不同于一般的聊天。活体图书馆是对传统图书馆服务意识的一次突破创新，即“Don't judge a book by its cover!”（不能以貌取人）[2]，图书馆提供的信息服务不再局限于传统的书籍或者电子资料，而是以人为书，通过提供特定人员一本本活生生的书，向有信息需求的借阅者们提供面对面的信息分享。

综上所述，高校图书馆在新信息环境下要进行读者服务创新，首先在服务理念上要推陈出新，其次在服务内容上应加强信息资源建设，再次还要建立起一整套配套服务机制，只有这样，才能更好地为教学和科研服务。图书馆员的整体服务水平的提高也能帮助高校图书馆从“教辅单位”向“教研单位”转型，从而为高校图书馆发展提供不竭动力。

参考文献

[1] 凯恩. 图书馆这一行. 风仪知识产业股份有限公司编译组译. 北京：北京图书馆出版社,2007：353-360.

[2] Don't Judge a Book by Its Cover! [EB/OL]. [2011-10-24]. Http://humanlibrary.org/downloads.html.

[3] 攸晓琼. 论新形势下高校图书馆读者服务创新[J]. 山西科技,2010(1).

[4] 廖颖. 关于高校图书馆服务创新的思考[J]. 教育管理,2010(5)(下).

[5] 柯丹倩,等. 国内外 living library 实践与理论特点研究[J]. 图书馆建设,2011(4).

大学生阅读“三化”现象及对策

李 敏*

在信息时代，人们的生活方式、思维习惯都在不断更新，阅读目的和阅读方式也随之改变。这种改变在大学生身上表现得尤为明显。那么身处文化高端、立足文化前沿、承载中华民族复兴使命的当代大学生如何理解阅读呢？当下大学生的阅读现状又究竟如何呢？

信息时代，知识更新更为迅速，出于各种需要，大学生对知识的需求日益呈现全方位、多元化、多层次的格局。随着计算机网络的问世与普及，网络已成为大学生生活的重要组成部分，《2008 年中国大学生消费与生活形态研究报告》显示：我国大学生上网率为 89%，大学生查找、阅读资料已不再受时间和地点的限制，也不再受图书馆繁琐的借还手续的约束，取而代之的是在网上获取集文字、声像为一体的三维阅读资料。这种浏览式、快餐式的网络阅读更方便快捷，已经成为一种时尚。大学生的阅读习惯自然也随之改变，他们盲目追随社会热点、娱乐新闻、生活时尚、考试应对等信息，甚至毫无节制地沉迷于网络游戏，没有明确的阅读目标，更少有人制定长期的阅读规划。这样的阅读习惯造就的是一批专业理论知识不扎实、情绪浮躁、思维浅薄、缺乏深度独立思考能力的大学生。因此，改变大学生的阅读现状是摆在高校图书馆面前刻不容缓的研究课题。

一、当今的大学生阅读现状呈现“三化”

1. 阅读的功利化

阅读的功利化导致大学生缺少应有的文化底蕴，大学生的阅读目的在很大程度上偏离了传统意义上的求知与素养提升，更多地体现着个人的“需要”

* 李 敏(1971—)，女，学士，副研究馆员，主要研究方向为信息咨询与读者服务。

和"兴趣",表现出了急功近利的特点。这样阅读选择折射出的是当今整个时代的特征。为了适应竞争激烈的就业市场,大学生不得不去应对各种各样的技能考试,以获得一堆证书来吸引用人单位。在这种就业形势下,大学生们很难单纯为了阅读而阅读。在实用与功利成为普遍价值认同的背景下,大学生在选择阅读对象的时候首先会选择那些"学以致用"的书籍,如工具书、教辅、应试指南等。另外,能帮助人们解决社会诸多难题,指引人们获取成功的励志类图书,投资理财、人际交往类图书也很受大学生欢迎。不可否认,这类图书在崇尚财富和事业成功的现代社会中有一定的积极作用,可是,当代物质社会的趋利性使阅读丧失了它原有的意义,这对正处于身体、心理、思想成长期的大学生来说是极为不利的。

2. 阅读的消遣化

大学生阅读消遣性日益突出,经典阅读越来越受到冷遇。面对学习、就业、生活等带来的压力,娱乐放松的消遣性阅读深受大学生青睐,当代日韩言情小说,魔幻动漫类、悬念穿越类、生活时尚类图书借阅频率明显偏高,那些蕴含传统文化精华的中外优秀经典也许因为时代相距甚远、内容晦涩难懂而很少有人问津。其实,倘若阅读纯粹以消遣为目的,那么不仅耗费了大量宝贵的学习时间,还不利于大学生养成良好的人文修养。

3. 阅读的电子化

大学生阅读的网络化倾向日渐明显。随着信息技术的不断发展,网络阅读以其方便、快捷、容量大、信息广、更新快的特点和不受时空限制的优势,一开始便得到了习惯快节奏生活的年轻人的青睐,它既有利于提高读者的工作效率,又能扩展读者的视野,成为了纸本阅读率下降的一个重要因素。但是一些专家指出,网络阅读常常只能加快获取信息的速度,是走马观花的浏览,给予大脑的信息只是短暂的停留,很难形成深度的阅读感悟,属于浅阅读范畴。读者会因为没有更多的想象和思考的空间,而缺乏学习和积累的过程。而在网络文学中甚至有不少内容较低级庸俗,这些不健康的内容对人生观、世界观尚不成熟的大学生是有腐蚀作用的。

二、改变大学生阅读现状的对策

作为高校文化主阵地的图书馆,承担着提供知识沃土,帮助大学生陶冶品格情操、提升人文素养的重任,为了让大学生更好地适应学习型社会的时代趋势,图书馆要充分发挥信息资源的优势,积极寻找应对措施,引领大学生的阅读向健康有利的方向发展。

1. 图书馆要想方设法主动满足学生的阅读需求

在网络时代,图书馆不再具有明显的优势,也不是大学生们课余生活的唯一选择,但图书馆的丰富馆藏量是其吸引大学生眼球的有利条件。图书馆只有不断地丰富、充实自己的馆藏,尽可能地满足大学生的阅读需求,才能吸引学生们重回图书馆。同时,图书馆应保持与大学生沟通渠道的畅通,采用一些与读者互动的形式,如举行读者阅读调查、读者新书推荐、读者新书评论、组织新书展等活动,高扬"书香校园"的旗帜,构建理想阅读生态,来了解、满足学生的阅读需要。针对学生的阅读趋于功利化、消遣化、电子化的特点,在具体的图书采访中,既要考虑到专业藏书建设与学生的阅读习惯相结合,又要兼顾学生获取知识、提升内涵的合理性。

2. 图书馆要适时引领大学生提升阅读品位

阅读品位是指对阅读对象分辨与鉴赏的能力和水平。同样的一部文学作品,生活阅历、知识水平、鉴赏能力不同的读者,从中获得的愉悦和感知也有明显的不同。图书馆要制定阅读规划,引导学生欣赏不同类别的作品,以此来培养其广博纯正的趣味。另一方面,图书馆应努力倡导学生阅读经典、鉴赏经典。此外,交流学习也是一种提高文学鉴赏水平行之有效的方法,就像陶渊明所说的,"奇文共欣赏,疑义相与析",图书馆要开展形式多样的读者交流会,聘请文学专家和学者加以指导,引导学生多读些文学评论文章,学习评论家、鉴赏家的文学修养和经验。广泛的阅读,加上经典的点化,逐步使学生在最短的时间里提升阅读品位。

3. 图书馆要不断加强环境建设吸引大学生读者

教育家陶行之说过,一种生机勃勃、稳定和谐、健康向上的环境氛围,本身就具有广泛的教育功能。因此,图书馆要努力营造优美和谐的阅读环境。除了要有绿色环保的建筑设计,宽敞明亮的阅览室,丰富的馆藏资源,更要以特有的安宁、静谧、神圣和亲和的人文环境,为读者创造一种浓郁的读书氛围,从而使其产生读书欲望,促使良好品质的形成。此外,科学规范化的管理,人性化的温馨服务,处处传递给读者的是以人为本的服务理念。图书馆管理者要调整管理模式,学习现代图书馆服务理念和价值观,充分发挥工作的主动性和创造性,不断提升人文环境的软实力建设,打造适应当代图书馆发展的新形象。

4. 图书馆要注重以多种方式不断激发大学生的阅读兴趣

图书馆可在其网站中建立读者互动平台,定期地补充读者荐购的图书,重视学生的阅读需求；还可以通过电子邮件或手机短信推送服务，建立专家荐书系统，及时更新新书书目、好书推荐与优秀书评；利用读者沙龙、书友会等组织形式带动全校学生营造读书氛围；重视对大学生心理健康的指导，开设心理健康咨询室，由心理学教师一对一辅导，针对大学生成长中的心理困惑施以阅读疗法，陶冶情操；以每年的四月二十三日读书节为契机开展丰富多样的读书专题活动推广阅读，如邀请人文、科技类知名学者进行演讲，举办讲座，开展辩论、知识竞赛、征文比赛，等等。

三、结　语

高校图书馆作为学生获取知识的主要渠道之一，其工作人员要主动了解大学生的阅读特点和阅读情况，激发大学生的阅读兴趣，更好地为大学生服务，为教学服务。同时，高校图书馆必须顺应时代的潮流，不断加强自身建设，从而成为大学生读者真正向往的阅读天堂。

参考文献

[1] 冯瑜. 在全民阅读背景下图书馆化解阅读危机的策略研究. 辽宁师范大学硕士论文,2010.

[2] 李洪义. 当代大学生文学阅读透析. 新闻爱好者,2009(4)(下).

[3] 韩明薇. 大学生阅读现状及导读新论. 河南图书馆学刊,2010(12).

个性化信息服务中个人信息的安全保护*

孙掌印**

信息时代,不同的用户对信息的需求是千差万别的,信息服务者强调更好地为用户提供服务。现在各个信息服务机构都在谈主动服务,根据用户的要求提供最贴切的信息服务;依据用户个性特征,主动收集用户可能感兴趣的信息;甚至预测用户可能的发展,提前收集相应的信息,最后以个性化方式推送给用户。然而,用户要实现自己的需求,就必须让信息提供者知道自己,并了解自己想要什么。这样一来,用户就必须提供个人信息。然而在用户提供个人信息过程中,自己的隐私也同时传送给了信息服务提供者,由此便产生了用户信息安全问题。

一、个人信息在个性化信息服务中的模式分析

在个性化信息服务中,用户与信息提供者之间需要进行交流互动,这一过程如下图[1]所示:

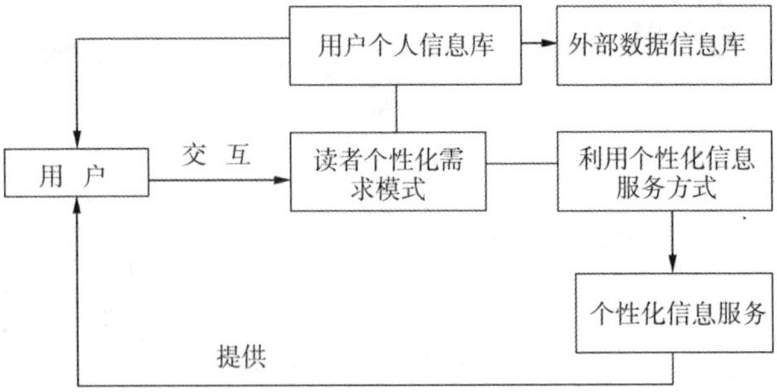

图 1　信息服务者与用户交流互动图

---

* 本文已发表于《图书馆学刊》2010 年 12 期。

** 孙掌印(1985—　),男,双学士,助理馆员,主要研究方向为图书馆参考咨询与读者管理。

该过程具体解析如下：

① 信息用户与读者个性化信息需求模式进行交互，用户将自己的需求告诉模式；

② 通过交互之后，形成个人信息库，信息库里存有用户的各种信息；

③ 外部数据信息库主要由服务部门的信息资料库形成，用于为用户提供信息资料；

④ 用户个人信息库和外部数据信息库在选择合适的个性化服务方式的作用下，为用户提供个性化的信息服务；

⑤ 同时，用户在选择信息服务的过程中，通过用户反馈的信息需求而形成新的用户资料库。

二、个性化服务中个人信息的获取方式

信息服务机构要想更好地提供个性化的信息服务，必须获取尽可能多的信息，而信息服务机构获取信息的方式主要有两种。

1. 注册用户主动提供的信息

对于用户，要想获取网络信息服务机构的个性化信息服务，第一步就是注册。通过注册信息，服务部门可以获取用户的性别、年龄、身份、职业、收入、喜好等个人资料，以此来判断用户个性化需求的基础，而用户对信息的使用、对服务的申请以及所有的消费行为更是构成其个性化需求的重要依据。服务部门通过分析用户个人的信息，即利用系统记录的用户个人资料及用户行为记录等信息，对用户进行研究和分析，为每个用户建立行为模型并在不断的应用中加以修正，通过系统提供个性化服务，为用户提供更加具有主动性和针对性的各种服务；并通过了解用户对服务的认识和使用程度，发展重点服务和发掘潜在服务。

2. 利用计算机技术通过对用户所需信息资源的分析来获取用户的个人信息

网站统计很多匿名的访问者的信息，来分析哪些用户使用了网站的服务、使用了哪些服务，通过这种方式来改善对用户的服务。网站通过分析他们的信息，将他们可能会感兴趣的另外一些服务或产品的信息告知用户，同时通过 cookie 的使用来记录匿名访问者在哪些网页停留过、访问过，通过 cookie 的使用来确定用户的个人身份信息，结合用户个人信息库来确定信息用户。使用 cookie 来记录用户使用网站及它的各项服务时的参数和定制选

择，目的在于使用户获得更好的服务，在用户登录网站时可以自动识别出用户；在信息服务机构上做广告的广告商也会用 cookie 或其他的小程序在匿名的基础上收集用户点击广告的信息。

三、个性化服务中个人信息的安全问题

目前，对于网络信息安全尚没有统一的认识。一般认为，个人信息权是自然人出于使其个人信息不被他人非法知悉、收集、公开、利用而对这些信息开展保护与控制的法律状况[2]。个人信息安全的内容随着时代的发展不断得到丰富，信息安全目前可以分成4种类型：一是个人资料安全，指对收集和处理个人资料或信息的行为进行控制的权利；二是通讯资料安全，指邮件、电话、电子信箱和其他形式中的安全与隐私；三是个人身体信息，指保护个人的身体不受任何形式的不法侵犯，如非法医疗测试和非法搜查人身；四是领域信息安全，指对于侵入家庭或其他生活、工作领域的行为进行限制所产生的隐私权利。具体包含以下三种情况。

（1）信息服务机构在用户需求数据收集阶段，强制性收集用户的个人信息，没有告知用户注册的这些信息对提供信息服务有何种作用。在提供信息服务的过程中通过客户端或服务器端收集用户信息，如果没有事先征得用户的同意，就对用户的信息权造成侵犯。

（2）在用户需求数据分析阶段，系统的误差造成数据分析张冠李戴，也就对用户的安宁造成干扰[3]。正如我们的邮箱每天都会收到各种冗余的邮件一样，给我们的生活造成了一定的麻烦。

（3）在用户需求数据使用过程中，保密措施不强就会造成用户信息泄露、盗用等侵权行为的发生，造成这种现象的主要原因有两点：一是由一些掌握公民个人资料的有关机构，如电信、银行、保险公司、证券公司、医院、房地产销售部等，将其掌握的信息有偿或无偿转让给他人；二是个人利用互联网、手机进行电子交易过程中被窃取[4]。这些却给用户的日常生活造成了一定的影响。

四、保护个人信息安全的建议

1. 国家立法支持个人信息的保护

由于缺乏法律保护，个人信息被盗用已到了十分猖狂的地步，甚至形成

了产业链。调查显示,相关信息被有关机构卖给房屋中介、保险公司、母婴用品企业、广告公司,生活中个人信息泄露和滥用问题日趋严重,我国公民有九成人担心信息被泄露和利用。现今世界各国都制定了信息网络化服务中保护个人信息安全的办法,试图从法律途径对网站侵犯用户隐私予以约束[5]。1995 年 10 月,欧盟通过的《个人数据保护指令》几乎包括了所有关于个人信息处理方面的规定,根据该指令,信息收集者具有保证信息的品质、信息处理合法、敏感信息的禁止处理与告知信息所有者等义务。此后,欧盟连续制定了多部法律和法规,为用户和网络服务提供商提供了清晰可见的个人信息安全保护原则[6]。1998 年 10 月,加拿大政府制定了《个人信息保护和电子文件法案》,该法案的主旨是: 在网络信息的收集、整理和传输领域,针对企业或机构收集、使用或披露个人信息,赋予公民对个人信息安全保护的权利。2000 年 4 月,美国第一部网络个人信息保护法《儿童在线保护法》正式生效,该法规定,网站在收集 13 岁以下儿童的个人信息前必须征得其父母的同意,并允许家长保留将来阻止其使用的权利,还必须说明所要收集的内容及将如何处理这些信息。同时,我国政府也越来越意识到保护个人信息安全的重要性,已有很多的人大代表建议为保护个人信息安全,保护个人隐私,治理目前个人信息被随意泄漏的混乱状况,要尽快制定并出台《个人信息保护法》,从法律上明确国家法律保护的个人信息数据资料范围、内容,明确掌握公民个人资料机构的责任义务,规定个人信息的采集、使用、公开、查询条件和使用限制。同时,强化各种侵害个人信息行为的法律责任[7]。同时,公安和司法部门要加大打击力度,对泄漏个人信息造成严重后果的,要追究相关责任人的刑事责任。

2. 机构自律保护用户个人信息安全

网络信息服务机构收集个人资料的目的是通过对个人资料的分析与挖掘,更好地向信息用户提供个性化的信息服务[7]。这就需要信息服务机构加强自律,信息服务网站在收集个人资料时应遵循“告知原则”。在信息用户注册过程中应告知用户所注册的信息的安全性,并经过信息用户的许可,采取非强制的手段对信息用户的个人信息进行收集。与此同时,我们要对数据库的访问设定权限,只让少数的管理员拥有查看读者信息的权利,把责任明确到个人。加强个人素质教育,提高管理员的思想道德水平。建立相关的规章制度。制定详细的读者资料保密策略,保证读者个人信息不会被滥用,读者的任何资料都不会泄露。

3. 采用先进的信息技术保护个人的信息安全

网络信息服务机构上的很多个人信息有时是由于黑客等外部人员获取

或网络传输过程中的问题造成的，这就需要我们通过各种计算机软硬件技术来保障信息用户的个人信息安全，在硬件上主要通过安装防病毒卡、还原卡等硬件设施进行保护；在软件上可以使用 cookie 软件管理工具、个人隐私偏好平台、加密软件、自动删除个人资料软件等由用户自已保护个人资料的技术。信息服务机构为了禁止未经授权的人截取或查阅个人资料，可以通过设置本网站运行的服务器，自动使电子邮件传输到一个预先指定的服务器目录机密邮箱，只供获得授权的人查阅。网上信息服务的安全问题包括保密、身份认证、不可否认、完整性、安全规划、风险管理、应急计划、安全教育培训、安全系统的评估、安全认证、安全通过等多方面的内容。[8]

五、结 语

现代社会需要信息机构提高它的服务质量，这就需要信息服务机构按照信息用户的个人需求提供服务信息，但是信息服务机构服务质量的提高和个人信息的安全是一对矛盾的共合体，这就需要我们的信息服务机构在提供信息服务质量的同时，采取各种有效的措施来提高个人信息的安全性。在个性化信息服务质量和个人信息安全性之间达到平衡。现代化的网络社会信息冗余，需要个性化的信息服务，但是个性化的信息服务更需要保护用户个人信息的安全性。只有在保障个人信息安全的基础上提高个性化的信息服务质量，才能使广大的信息服务机构更好地发展。

参考文献

[1]陈凤岩，宋 颖. 高校图书馆个性化信息服务的对策研究[J]. 情报杂志，2008(6).

[2]王 茹. 图书馆个性化信息服务体系构建研究[J]. 情报杂志，2005(3).

[3]唐振宇 ，陈凤岩 ，冯玉强. 基于个性化信息服务的大学图书馆信息资源整合[J]. 情报科学，2007(4).

[4]马荣贵. 论电子商务中消费者隐私权的保护[J]. 图书情报知识，2O02(4).

[5]王维玉. 信息服务及信息安全[J]. 信息技术，2002(11).

[6]杨福平. 网络环境下的档案信息. 安全应对方法的思考[J]. 档案与建设，2005(5).

[7]刘维荣. 档案信息网络化服务隐私保护在欧美[J]. 湖北档案，2002(12).

[8]刘颖. 论个性化信息服务中的隐私保护[J]. 情报科学，2007(12).

高校图书馆信息共享空间的建设模式探析*

毕　莹**

信息共享空间(Information Commons)简称IC,是最早兴起于20世纪90年代北美地区高校的一种新型图书馆信息服务模式。它是信息技术快速发展和信息用户知识获取方式变化的产物。信息共享空间通过整合高校图书馆现有软硬件资源,将读者需求和期望纳入一个整体中,为读者创造一个全新的学习、交流和研究环境。信息共享空间使图书馆资源得到最大化利用,使图书馆各项服务功能趋于最优化整合。

一、信息共享空间的概念、内涵

尽管对于信息共享空间的研究和实践已经开始多年,但学界还无法给出一个统一的定义。综合国内外IC研究者的观点,可基本概括为:信息共享空间是一个经过特别设计的一站式服务中心,整合利用图书馆物理空间环境、功能完善的软硬件设施和内容丰富的信息资源(包括印刷型、数字化和多媒体等各种信息资源),在技能熟练的图书馆馆员协助支持下,为读者(包括个人、小组或学术团队)的学习、讨论和研究等活动提供一站式服务,培育读者的信息素养,促进读者学习、交流、协作和研究。

目前,随着信息共享空间研究和实践的深入,IC的内涵也在不断丰富与发展。依据IC服务目标与期望的不同,它正朝着LC(Learning Commons)、RC(Research Commons)、KC(Knowledge Commons)、UC(University Commons)及GIC(Global Information Commons)等不同方向发展。LC强调通过各种有效手

* 本文发表于《科技情报开发与经济》2011年第35期。

** 毕　莹(1977—　),女,学士,助理馆员,数字化项目建设部,主要研究方向为图书馆数字化建设。

段来促进协同学习；RC 侧重于对研究人员学术和协作研究的支持；KC 强调对知识获取、共享管理和知识创造活动的支持；UC 则把整个校园视为一个开放获取空间，通过校园内各个部门及组织间的联合，共同支持学生的协同学习、教育和教师的研究活动；GIC 强调基于虚拟网络环境支持人们对知识随时、随地开放获取与共享。

二、信息共享空间的基本思想和组成要素

1. 基本思想

从归纳的 IC 概念内涵不难看出，信息共享空间建设离不开图书馆服务，同时整个实现过程中始终贯穿着开放获取的理念。因此笔者认为信息共享空间的诞生主要基于两种思想：一种是基于开放获取的思想，它确保对知识、服务的开放获取和利用，促进信息共享、共有和自由存取，鼓励读者在交流讨论中学习、思考、研究和实践，培育读者信息素养；另一种是基于图书馆服务的思想，把信息共享空间作为整合图书馆空间、资源和服务的综合性服务设施和协作式学习环境。

2. 组成要素

IC 的中心任务是提供集成的空间、资源和服务。任何 IC 都是这三个要素的有机整合。所谓空间，是 IC 针对不同读者类型、学习风格与研究习惯而营造的多个大小适宜、布局合理、设施完备、舒适便捷的实体场所，如电子阅览空间、音响视听空间、个人或团体研讨空间等。资源是 IC 基于空间的为用户提供的信息资源、设备技术资源和人力资源等。服务是 IC 在空间和资源的基础上为用户提供的丰富多样、完备周到的考咨询服务、一站式服务等。

三、高校图书馆信息共享空间的建设模式及策略

1. 信息共享空间的模型构建

对于信息共享空间模型的构建，仁者见仁、智者见智，各国学者从不同角度研究实践，构建不同的结构模型。国外学者 Donald Beagle 认为信息共享空间由物理空间和虚拟空间构成。Jim Dunca 认为，信息共享空间的构成可用一个由物理层、虚拟层和支持层所组成的三层模型来描述。参考众多 IC 研究者的观点，并结合 IC 的三个最重要的组成要素，笔者认为，IC 的模型构成包括三层结构：物理空间层、虚拟资源层和支持服务层。其中物理空间层位于 IC

构成模型的底层,是IC的基本物理条件。虚拟资源层位于IC构成模型的中间层,是IC的核心和纽带。支持服务层位于IC构成模型顶层,直接面向读者,集中展示IC的功能价值。

2. 信息共享空间建设策略

目前,信息共享空间建设在我国高校图书馆界还处于起步阶段,与国外相比,理论和实践都不成熟。笔者认为信息共享空间建设应该立足本馆现有条件,围绕三层构成模型,统筹调配设施配备、信息资源和人力资源等,拓展整合图书馆服务功能,改善提升运行机制、管理模式,分层推进信息共享空间建设。

(1) 物理空间建设。

物理空间建设是高校图书馆IC的实体,是合理布局的基础和空间。笔者认为物理空间建设应结合高校图书馆现有的电子阅览室条件,适当加以整合改造,改建后的高校图书馆信息共享空间应包括信息服务台、电子阅览区、参考咨询区、学习研讨区、娱乐休闲区等。

(2) 虚拟资源建设。

虚拟资源建设主要以信息资源为主,包括图书馆纸质、数字及网络资源等,它是IC建设的核心,是开展IC服务的基础。笔者认为虚拟资源建设重点是各种数据库资源、网络资源、网站建设、网络课程和计算机软件的建设。

(3) 支持服务建设。

支持服务建设直接面向读者,是关乎IC建设成败的重要之所在。支持服务建设涉及服务规范、服务方式和智力支持等方面。

在信息共享空间的建设过程中,要制定详细的服务规章,规范信息共享空间的服务宗旨、服务规则、各服务区的使用细则和规章制度,以保障提供给读者一个方便快捷、使用合理的信息获取空间。

高校图书馆传统服务方式分部门分块管理,服务分散,缺乏主动性和个性化。在信息共享空间的建设过程中必须整合各项服务功能,集中管理,主动服务。提倡服务方式的多样化,如:① 主动推送服务,通过图书馆IC主页的娱乐休闲板块,以指南的形式将最有价值的视频内容推荐给用户,通过图书馆IC主页的网络课件板块推送各种信息资源检索技巧、介绍馆藏资源等;② 个性化推送,针对教师、学生不同的个性化需求,采用灵活的方式,快速向师生读者推送所需资源;③定制服务,通过网上预约系统,读者根据具体需求,可方便定制相关资源,自主下载、复制或代为查找。

在信息共享空间的建设过程中,图书馆工作人员的智力支持不可或缺。

IC将工作人员的隐性知识进行转化和传递，为用户提供各种形式的咨询服务和帮助。因此，工作人员的素质和服务能力对于IC建设的成功至关重要。IC建设所需的智力支持人员包括参考咨询馆员、信息技术人员、多媒体工作者、一般工作人员等。另外，在IC建设的智力支持中，馆员培训也必不可少，为提高和扩展馆员工作技能，使其更好地提供IC服务，建议开展馆员IC服务能力及相关学科专业素养培训。

四、结　语

信息共享空间作为高校图书馆一种新的服务方式，它的建设是一个复杂的系统工程，许多发达国家在IC建设方面取得了一定的成果，积累了一定经验。我国高校图书馆IC建设应该立足现实，结合国内外建设成果，始终坚守为读者服务原则，勇于探索和创新，摸索出适合本馆的IC建设模式。

参考文献

[1] 尹爱兰，陈代春. Web2.0环境下大学图书馆信息共享空间的构建[J]. 图书馆学科，2011(6)：28－31.

[2] 尹相权，钱玉竺，李恒宾. 改造型高校信息共享空间研究[J]. 科技情报开发与经济，2011(13)：5－8.

[3] 杨阳. 高校图书馆IC构建研究[J]. 内蒙古科技与经济，2011(9)：71－72.

[4] 王敏. 高校图书馆构建信息共享空间的思考[J]. 高校图书情报论坛，2011(3)：50－52.

[5] 李小青. 基于WBS的图书馆信息共享空间构建分析[J]. 图书馆学刊，2011(11)：43－45.

[6] 陈丽君，王琳. 高校图书馆构建信息共享空间的问题与对策[J]. 河南图书馆学刊，2011(2)：55－57.

[7] 刘敏，吴浪. 我国高校图书馆IC建设现状及对策研究[J]. 江西图书馆学刊，2011(3)：87－91.

[8] 刘秀英. 国外信息共享空间的模型构建及启示[J]. 四川图书馆学报，2008(3)：22－25.

数字网络环境下高校图书馆参考咨询服务与创新*

秦　波**

一、参考咨询的起源和发展

参考咨询(Reference Service)的起源通常可追溯到1876年格林在美国图书馆协会(ALA)第一届大会上发表的题为“在通俗图书馆中建立人际交流和馆员与读者关系的设想”的演讲。[1]数字参考咨询(Digital Reference Service,简称DRS)是在现代信息环境下,传统参考服务的延伸和拓展,它始于1984年美国马里兰大学图书馆率先利用电子邮件开展的参考咨询服务。[2]

在国内,20世纪20年代,我国清华大学图书馆馆长戴志赛在其本馆设立了参考部。[3]从历史的角度看,参考咨询服务机构的设置是开展咨询服务的重要标志和条件。

2003年4月“全国图书馆信息咨询工作学术研讨会”在国家图书馆召开[4],会议形成共识:确立用户服务在图书馆事业的中心地位;图书馆参考咨询工作将成为评价图书馆用户服务工作质量的核心标准;数字参考咨询是数字图书馆建设发展中的重要组成部分,在数字参考咨询建设中,要充分重视建立统一的规范标准和数字参考咨询运行保障机制以及知识库的建设。

二、数字参考咨询的内容

“知识导航员”被视为是最能反映数字图书馆员职业角色的名词。美国科罗拉多州的图书馆员Nancy Bolt认为网络时代的图书馆员作为知识导航

* 本文发表于《图书馆学研究》2012年第11期。

** 秦　波(1974—　),男,学士,馆员,主要研究方向为图书馆信息与技术。

员，主要具有六大角色内涵，其具体的职能与要求如下表所述：

角色	用户对图书馆的期望	图书馆员的专业知识与判断
知识提供 Knowledge Provider	图书馆不仅仅只有传统的信息资源，也要有充分的数字信息资源来满足他们的需求。	图书馆员作为用户的代理来访问因特网上的数字化资源。
知识中介 Knowledge Gateway	能通过图书馆来访问因特网上信息资源。	图书馆员负责制定政策、组织资源，并且做出让用户以何种物理方式通过图书馆访问因特网的决策。
知识教员 Knowledge Teacher	通过图书馆来学习如何使用因特网上的信息。	图书馆员指导用户如何来访问、评价与利用因特网上的信息。
知识组织 Knowledge Organizer	图书馆能提供经过组织的因特网上信息资源的知识导航。	图书馆员选择、组织对因特网上的资源导航，并且提供用户快速的访问通道。
知识创建与出版 Knowledge Creator and Publisher	提供由图书馆自己创建的用户需要的网上信息。	图书馆员创建联机目录与其他信息资源，并使它们可在因特网上被用户使用。
知识交流与推动 Knowledge Partner and Advocate	图书馆服务的社区及股东希望图书馆成为一个在设计与实施信息化社会方面成为一个合作伙伴。	图书馆员应成为一种粘合剂，它能将社区与各个学院机构的信息社会化计划组合起来，并推进图书馆在其中的作用。

表格越往下对图书馆员的要求越高。其中，“知识交流与推动”角色所提到的图书馆员作为粘合剂将各个学院机构的信息社会化计划组合起来，说明图书馆与学校的信息化工作密不可分，图书馆的信息化水平的高低可以反映出该高校的信息化水平和层次。

三、主动提供数字参考咨询服务

参考咨询服务的定位要从“我能干什么”转变为“我能为你干什么”，从“为图书馆服务”向“为一线服务”转换。要有“我不能回答你的一切问题，但要为你找到解决一切问题的途径”[5]的意识。要从“人找信息”向“信息找人”阶段转变，要将合适的信息在合适的时间主动提供给合适的人群。

1. 提供主动定题服务

可以提供一些主动服务或通过软件来实现某些功能（如 RSS 订阅），把某学科最新、最权威的信息定期提供给需要它的教师、专家或院系办公室。

2. 提供学科的信息内参或快讯

一位经常从事某学科咨询查新工作的资深馆员,可以定期将一段时间内通过多次对相关或类似主题或学科查新而认为非常有价值的资料或信息整理出来,或者将自己在查相关主题工作中获得的感悟与灵感记录下来,提供给该领域学科带头人或资深教授,这类资料和信息一定具有较高的参考价值和提醒作用。因为长时间接触某领域并多次与该学科专家交流,在潜移默化中,馆员这方面积累的信息素养和敏锐度是不容忽视的,而且馆员在信息收集、整理和更新方面更具有优势。

3. 建立学科博客

学科博客以学科化服务为特色,由学科馆员定期维护和更新。它可定位于学科资源的导航站,为读者提供专业信息资源的指导,促进学习和科研,实现信息共享。学科博客可提供 RSS 定制服务,同时支持按栏目内容、学科标签等方式的浏览,提供多种方式的文章搜索。如上海师范大学图书馆的学科博客设有学科介绍、学术动态、重要人物、会议通知、核心期刊、精品课程、相关网站和本馆资源等栏目。[6]

4. 建立信息咨询部微博

我们可以以信息咨询部的名义在知名网站(如新浪)上建立微博,在微博上各位信息咨询部的工作人员可以将国内外各学科最前沿、最权威的信息或认为非常有价值的信息(比如最新的数据资源或者对某数据库的使用心得等)发布出来,并在图书馆主页上链接到该微博,这样能更主动、更方便地与教师或专家互动沟通,从而让图书馆能更好地为科研和教学服务,也能提高图书馆的知名度和认可度。

四、数字网络环境下参考咨询服务创新

美国图书馆学家罗伯特·L. 奥里森曾说过:“如果图书馆在信息社会里没有竞争力,那么将被新的信息机构所取代。”[7] 高校图书馆同样面临危机,只有从转变服务观念,尝试新的服务模式,提高对现代参考咨询服务的认识,加强专业队伍建设,提高服务能力等多方面制定创新策略。

1. 提供知识创新型参考咨询服务

其主要形式有以下几种:① 超越用户要求的参考咨询服务,满足用户潜在的信息需求,提升自己的服务在价值链中的地位。② 高度智能化、集成化

的参考咨询服务。参考咨询服务的智能化体现在知识挖掘手段、知识服务平台、知识仓库等几个方面。[8] 参考咨询馆员采用智能化手段挖掘大量显性信息中的隐性知识，并进行知识重组，按用户需求将最新知识发送给用户。③ 知识创新研究的参考咨询服务，即根据知识创新的要求动态，连续地提供知识。直接参与知识创新的具体过程，能促进知识的开发和利用创新。

2. 借鉴基于知识中介的咨询部门知识创新模式

咨询部门的知识创新主要是在提供知识中介服务的同时予以实施和积累的，两者有着密切的联系。按照知识创新模式，咨询部门知识创新一般分为六大步骤：发现（Find）、学习（Learn）、创新（Innovate）、转移（Transfer）、检验（Examine）、修正（Revise），可以称为“FLITER（过滤器）知识创新模式”。[9] 咨询部门的知识中介服务就像一个过滤器，对获取的知识进行过滤，产生新的知识，提供给客户。这是一个基于知识中介的循环的知识创新过程，在一个咨询项目中的知识创新也是下一个咨询项目知识创新的基础。

3. 借鉴 Human Library 模式实现参考咨询服务的创新

Human Library（原名 Living Library）是近年来兴起的一种新型服务理念和服务模式。它以活体图书（Living Book），即人，作为图书的方式出借。任何人都可以成为“Living Book”，只要其愿意和他人一起分享他的经历和学识。[10]

Human Library 模式为高校图书馆的参考咨询服务提供了新的发展方向。首先，所有馆员都可尝试成为“Living Books”，根据各自所熟悉了解或关注的知识进行编目，供读者“借阅”，这就打破了高校图书馆固定人员担任咨询馆员的局限。其次，可以引导读者互相咨询，招募对相关文献资源等擅长的读者作为“Living Books”，为读者之间的相互学习、相互帮助搭建起平台，打破读者和馆员单向互动的单一模式。这样多元化的参考咨询服务模式必然引起更多读者的关注，促进高校图书馆参考咨询服务的可持续发展。

4. 借鉴 Second Life 图书馆模式实现参考咨询服务的创新

2003 年 6 月，Second Life（第二人生）虚拟世界在洛杉矶完成。2006 年 4 月，图书馆联盟系统（Alliance Library System）联合所有在线图书馆启动了 Second Life 图书馆联盟 2. 0 项目，在 Second Life 中发展图书馆馆员计划。[11] 2006 年 11 月，Second Life 中的第一个图书馆建立，名为“Cybrary City”，意为信息岛屿。作为虚拟空间中对虚拟用户的主要服务机构，图书馆向公民提供它们的资源，并且提供了用户职业教育、图书馆会议以及其他的基础功能。

志愿者图书馆员通过每日定时在虚拟图书馆开设参考咨询台，提供广泛的图书馆资源和材料方式服务于用户，并且创造了当馆员不在场，用户可以在线进行信息咨询的机制。不同的图书馆提供不同类型的参考咨询服务，在专门图书馆，对某些特定领域馆员将提供特殊知识的服务。在 Second Life，图书馆可以分享已提供的服务，这些服务有建立虚拟典藏、参考服务、展览、读书会、授课、作者访问……当然这一切都是在虚拟世界中进行的。

5. 借鉴先进的虚拟参考咨询系统

THLVRS 是清华大学图书馆与同方公司合作开发的虚拟参考咨询系统，该系统有效整合了各种咨询方式，为读者和馆员搭建了一个全方位、网络化的咨询平台。在馆员模块中，可以很容易地进行管理、统计、值班日志、表单咨询等一系列功能操作。[12]

6. 借鉴好的创新学科服务模式

上海交大图书馆的创新学科服务采用“学科馆员—学科咨询馆员—管理员”三位一体的梯队服务方式，服务从高到低分层次开展，建立能够快速响应的读者需求服务机制。该馆提出“资料随手可得，信息共享空间；咨询无处不在，馆员走进学科；技术支撑服务，科研推进发展”[13]（与之不谋而合，我们苏州大学图书馆自 2009 年罗时进馆长提出每两年在全馆内开展一次图书馆学术周活动，每次都能涌现不少关于图书馆方面的优秀科研论文和创新的学术观点，目前在华东甚至全国图书馆界都具有一定反响）的服务理念指导咨询服务工作。这些举措为学科咨询服务创新实践提供了强有力的支撑和保障，也是真正实施学科咨询服务的必要性前提条件。

7. 借鉴基于搜索的知识问答分享平台模式

我们应该聚集图书馆界的力量，组建全国性联合参考咨询网络，建立通用技术标准（包括元数据标准、信息交换与共享标准、质量控制与评估标准），把分散的参考咨询网络统一起来，并使其统一对外服务，以形成规模效应。[14]

比如参照百度“知道”的模式建立一个类似百度的由很多图书馆共同组建的网站，可以叫“图盟”。这样一来，很多有关图书馆的问题都可以在上面找到答案，并且也集中了许多人的学识和智慧，省时省力省心，能节省大量的人力资源并提高问题的响应效率。

五、结　语

参考咨询服务模式的演化过程实质上是根据高校图书馆的目标任务、用户需求与环境，动态地改变其自身的服务策略。参考咨询服务模式的创新，是高校图书馆在现代互联网时代竞争力的来源[15]。我们只有不断推陈出新才能实现现代参考咨询服务的价值,实现图书馆优质高效服务于用户的终极目标,实现高校图书馆现代参考咨询服务的可持续发展。

参考文献

[1] 朱斐. 数字化环境下图书馆参考咨询探析[J]. 农业图书情报学刊,2010(9):278-281.

[2] 肖时占. 网络环境下数字参考咨询服务的现状及问题研究[J]. 图书馆,2004(3):57-60.

[3] 于宁. 我国高校图书馆数字参考咨询服务状况研究[J]. 图书情报工作,2006(5):99-102.

[4] 毕强. 数字参考咨询个性化服务的实践进展[J]. 图书情报工作,2007(12):74-76.

[5] 李文萍. 虚拟参考咨询服务创新长效机制研究[J]. 图书馆学研究,2008(3):86-89.

[6] 杜慧平. 高校图书馆信息共享空间的实践与思考[J]. 图书馆杂志,2009(3):52-55.

[7] 赵怀忠. 高校图书馆现代参考咨询服务创新策略[J]. 图书馆论坛,2009(8):124-127.

[8] 刘淑玲. 论知识管理与图书馆核心竞争力[J]. 情报科学,2011(12):1773-76.

[9] 郭亚军. 基于知识中介的咨询企业知识创新模式研究[J]. 情报资料工作,2011(3):17-20.

[10] 梅群. 浅议 Human Library 对高校图书馆读者服务创新的启示[J]. 图书馆工作与研究,2011(2):99-101.

[11] 武琳. Second Life 中图书馆的服务模式[J]. 图书情报工作,2009(17):68-70.

[12] 韩丽风. 团队技术创新——清华大学图书馆参考咨询工作进展与思考[J]. 图书馆情报工作,2008(10):105-108.

[13] 李丽. 高校图书馆全方位学科咨询服务创新实践[J]. 图书馆建设,2010(5):51-54.

[14] 赵丽红. 互动式知识问答分享平台对虚拟参考咨询服务的启示[J]. 图书馆建设,2009(5):62-64.

[15] 周群芳. 基于多维分类体系的参考咨询服务模式创新[J]. 图书馆论坛,2009(1):114-17.

基于用户的数字参考咨询馆员的工作技能探析

钱 燕*

数字参考咨询是以网络技术和信息技术为依托,利用数字化资源,由具备一定专业知识的参考咨询馆员通过电子邮件、网络表单、聊天、视频、网上客户呼叫中心软件、网络语音协议等手段满足用户信息需求的一种服务。数字参考咨询工作是图书馆的一项核心工作。数字参考咨询服务应以用户为核心。如何提高用户对图书馆参考咨询服务的满意度,提高参考咨询服务的质量,是每一个参考咨询馆员必须认真思考的问题。参考咨询馆员的能力与参考咨询服务质量的提高呈正相关性。本文分析基于用户的数字参考咨询服务的特征,探讨了数字环境下参考馆员所应具备的工作技能。

一、基于用户的数字参考咨询服务

用户是数字参考咨询服务的核心,满足用户需求是数字参考咨询服务的出发点和落脚点。图书馆要开展有效的参考咨询服务,提高用户的满意度,首先必须界定用户并明确他们的需求,全面而准确地了解和掌握不同类型、不同层次用户群的信息需求特点、心理状态及其发展变化的规律,而所有这一切都需要建立在对用户信息需求的正确搜集整理,采用科学、先进的技术方法进行用户信息需求研究的基础之上。其次,要想办法满足各种需求,明确构成数字参考咨询服务过程的各个环节,在服务内容、服务手段和服务方式上不断地深入。[1]因此,基于用户的数字化咨询服务必须具备以下特征。

1. 关注用户的信息需求,了解用户信息行为

所谓用户信息行为,就是信息用户在信息需求和思想动机的支配下,利

* 钱 燕(1979—),女,硕士,馆员,主要研究方向为科技查新与信息咨询。

用各种信息工具，进行信息检索、选择、交流、发布的活动。[2] 在数字环境下，参考咨询服务以用户信息行为为出发点和立足点，全程跟踪用户信息行为，这可以打破信息系统与用户信息利用过程之间的隔绝。

2. 面向用户问题的解决

给用户提出的问题提供合理的解决方案是参考咨询服务的核心内容，参考咨询馆员的工作是围绕用户的问题而展开的。咨询馆员应该针对信息用户的问题，对数字信息资源及其产品进行加工生产，集成各类信息资源。形成有针对性的个性化的信息服务产品或称问题解决方案，并运用适当的策略和方式把特定的信息产品与服务提供给用户，达到帮助用户解决现实问题的目的。[3]

3. 以用户满意为目标

用户满意是开展参考咨询工作的基本指导思想。数字参考咨询服务必须以用户满意为最终目标，增进用户利益、超越用户期望。为此，参考咨询馆员应了解用户对信息服务的满意度的发生机制，一方面是由用户对所受服务的预计与得到服务后的吻合程度来决定的，另一方面是由用户所受服务的附加价值的大小来决定的。

二、数字参考咨询馆员应具备的工作技能

作为一名让用户满意的参考咨询馆员，应具备以下几个方面的工作技能。

1. 信息技术应用能力

在自动化程度愈来愈高的信息社会，积极利用现代化的技术手段和设备，如计算机知识、网络知识、数字参考咨询服务平台、信息检索技术、数据库技术等，高效率地采集、吸收、加工、存贮、分析、处理、传播和利用信息，适应现代信息技术环境，应是参考馆员具备的基本工作技能。[4]。

2. 知识组织能力

所谓知识组织，是指对事物的本质及事物之间的关系进行揭示的有序结构，即知识的序化。通俗地说，知识组织是指对知识客体所进行的诸如整理、加工、揭示、控制等一系列组织化过程及其方法。[5] 知识组织的目的是通过对知识单元的重新组合，使读者克服因知识离散而造成的检索困难，为其提供索引途径；为用户提供经过加工整序的脉络清晰的精练性知识情报。参考咨询馆员应具备知识组织的能力，对信息进行分类、组织，使其有序化，为用户提供高层次的信息服务。

3. 外语能力

外语能力是参考咨询馆员一项重要的工作技能。随着全球一体化,国际交流越来越多,各语种各类型的文献也大量出现,参考咨询馆员必须掌握一两门外语,这样才能更快地检索、利用外文信息,以满足用户多层次的信息需求。

4. 教育能力

参考咨询馆员是用户信息素养教育的实施者之一,其自身的信息素养影响着用户的信息素养。数字参考咨询馆员应意识到自己所承担的教育任务,并有意识地加强这方面的教育能力。在信息服务过程中主动对用户的检索技能、信息素养等进行辅导和培养。

5. 创新能力

参考咨询馆员面对的用户是不同的个体,信息服务的内容也是不断变化的,而咨询的过程又是一个动态变化的过程,这都要求参考咨询馆员不能以千篇一律的态度对待自己的工作,在工作中应具有创新能力。在信息社会中,只有不断地创新,才能适应形势发展的需要,在竞争中处于优势地位。

6. 科研能力

参考咨询馆员的科研能力,应该从两方面来考虑。首先,作为一名参考咨询馆员,应注重图情专业的学术研究,平时多观察、多思考,收集、学习他人的经验,掌握图情专业学术动态,及时总结自己的工作经验,结合自己在工作中遇到的实际问题,运用图情学知识,把实践经验上升到理论高度,从学术研究的高度来认识、积累、总结实践工作经验和教训,经过科学地分析、归纳,将经验和教训上升为新的理论、方法,有效地指导和推动参考咨询服务实践的发展,同时也提高自己的业务水平和科研能力。其次,参考咨询馆员是信息的提供者、传递者,有时会参与学校的一些科研课题研究,会为科研人员开展信息服务,比如定题服务,协助科研人员收集、整理资料,为科研人员查阅资料节省了大量的时间。而参考咨询馆员在信息服务的过程中,文献检索能力、独立获取信息能力也都得到了提高,可以对检索到的大量信息进行加工,编写成索引、专题目录、信息研究报告、综述等二、三次文献。通过这些基础工作,参考咨询馆员可以把本职工作与研究工作紧密结合起来,从而提高自己的科研能力。

7. 学习能力

随着数字技术、网络信息技术的快速发展,参考咨询工作面临的挑战越来越多,参考咨询馆员需要不断学习以适应工作的需要。同时,用户咨询的问题所涉及的知识需要咨询馆员不断突破自己的知识范围。所以,作为一名参考咨询馆员,如果要想更好地完成咨询工作,使用户满意,就必须不断地学习,一定要有“活到老,学到老”的终身学习理念。在工作中主动学习,向书本学习、向周围的同事学习、向专家学习、向用户学习,通过工作中的各种学习,不断提高自身素质,扩展自己的知识面,这样才能更从容地完成参考咨询工作。

8. 沟通能力

良好的沟通能力是指参考咨询馆员能很好地理解用户的需求,并通过与用户的交流发现他们真正的、潜在的信息需求,从而提供有参考价值的意见。良好的沟通能力有利于问题的分析和解决。参考咨询馆员应具备良好的沟通能力,努力缩短与用户的距离,逐步建立起一种互相信任、互相理解的关系,用真诚的服务去提高用户的满意度。

三、结　语

要想成为一名使用户满意的参考咨询馆员,除了应具备上述工作技能外,数字参考咨询馆员还应不断提升自己的综合素质,包括职业道德、团队意识、个人修养、积极负责的工作态度和乐于奉献的精神。参考信息咨询馆员应树立为用户服务的思想,以确保用户满意为工作目标,不断更新观念,充分利用现代信息技术,不断探索新形势下信息咨询服务工作的新情况,了解信息的新动向,提高参考咨询服务质量。

参考文献

[1] 张凯勇,杨浴琮. 用户需求导向下的数字参考咨询馆员服务质量提升策略研究[J]. 图书馆学研究,2008(11).

[2] 唐林. 我国用户信息行为研究综述[J]. 新世纪图书馆,2006(6).

[3] 郭海明,刘桂珍. 数字图书馆信息服务模式发展研究[J]. 情报理论与实践,2005(3).

[4] 范青,林增铨. 面向信息社会的参考馆员工作技能刍议[J]. 中国图书馆学报,1997(3).

[5] 蒋永福,付小红. 知识组织论：图书情报学的理论基础[J]. 图书馆建设,2000(4).

利用 TDA 专利分析工具的专利分析实例研究*

韩静娴**

随着企业之间的竞争越来越激烈,以技术为核心的综合实力日益受到各个企业的重视,这使通过以分析竞争对手的专利、技术研究领域及其发展方向为主的竞争情报分析,成为当今企业占领市场的重要手段。

专利是人类智慧的结晶,它集技术、法律、经济情报为一体,用于保护企业的知识产权(IP,intellectual property)。[1]经过大致测算,当今社会,平均每一件专利的产生需要大约 100 万美元的研发投入,如果在某个领域中出现了 50 件不同的专利,那么在该领域技术研发的投资约为 5000 万美元。[2]通过专利分析,了解已知竞争对手,发现潜在竞争对手,预测技术发展方向,为企业提供决策依据,是企业竞争情报工作的重要内容[3]。

一、TDA 基本功能

Thomson Data Analyzer(汤姆森数据分析器,以下简称 TDA)是美国 Thomson 公司开发的专利分析工具,它是基于 Search Technology 公司开发的 Vantage Point 技术发展而来的。[4]通过该软件可以对专利数据进行深度挖掘和可视化分析。TDA 可以对来自各个数据库的格式化文本数据进行分析,具有自动化程度高、界面友好、直观等特点。

TDA 专利分析工具的主要功能有以下几点。① 数据导入:利用自带的数据导入引擎,既可以自动导入数据,也可以根据元数据的不同特征,自定义导入引擎进行数据导入。② 数据清理:利用叙词表对数据进行清理,合并同

---

* 本文发表于《中国现代教育装备》2012 第 19 期。

** 韩静娴(1979—),女,学士,馆员,主要研究方向为信息咨询、数字图书馆及阅读推广。

类数据，提高分析的准确性。③ 数据分组：通过自动或者人工方式对某个字段中的数据进行分组，使得数据的分析完全按照特定的需要来进行。④ 矩阵分析：可对任意字段进行交叉和自相关分析，分析结果以二维矩阵方式表示。⑤ 聚类分析：能够对任意字段进行聚类，并将聚类结果以图的方式显示出来，通过观察结果图，可以得到各个类簇，以及各个类簇之间的关系，便于分析技术发展动向。⑥ 自动报告：能够直接生成各种图表报告，供分析使用，通过 TDA 的分析结果，可以分析出竞争对手的研发趋势，以及特定领域的技术发展情况，而且利用自动报告功能还可以在短时间内生成各种分析报告。

二、利用 TDA 的专利基础分析

尝试利用 TDA 专利分析工具，对牙膏生产技术方面的专利进行分析，以期找到一种适用于企业的专利分析方法和路线图，来提高企业竞争情报工作的效率。通过专利分析，了解牙膏技术发展的动态以及未来的发展方向，并预测牙膏产品技术领先的企业。

1. 专利数据采集

利用 Derwent 世界专利索引（DWPI）数据库，检索并下载了 1985 年至 2011 年关于牙膏技术方面的专利共 1803 项。

2. 专利数据预处理

将所下载的数据导入 TDA。为了保证分析结果的准确性，笔者利用 TDA 清理工具，分别对专利权人和发明人进行清理，合并了不同拼写的同名专利权人和发明人。

对于机构的清理，TDA 自动应用了机构叙词表对专利权人进行清理，自动合并了拼写方法不同但意义相同的机构。比如，对于联合利华，工具自动将 UNILEVER LTD、UNILEVER NV、UNILEVER PLC 合并在一起，表示他们是同一家公司。而且用户也可以在自动清理的基础上，手工调整结果，将被收购的公司名称加入分类，并将清理结果保存成一个独立的叙词表，供下次分析使用。

3. 专利基础分析

专利基础分析围绕着 who，where，when 和 what 四个问题展开，包括排名分析和矩阵分析。排名分析是专利分析中的关键步骤，可以迅速了解“Who is doing what”的问题，为更加深入的分析提供准备。矩阵分析可以帮助企业确定该领域的竞争对手、探寻技术发展路线、发现潜在的市场等，对决策起支持作用。

按照企业拥有的专利数量排名，可初步确定该领域技术实力较强的企业。笔者利用 TDA 对清理后的专利权人进行了排名分析，发现有 5 家公司的专利数量超过 100 件，依次是高露洁(COLGATE)660 件，宝洁(P&G)478 件，狮王(LION)521 件，联合利华(UNILEVER)419 件，花王(KAO)160 件。

从分析得出，这 5 家公司的专利总量为 2283，占专利总数的 71%，基本上可以断定，这些公司在牙膏研发领域占据重要地位，引领该领域技术的发展。

为了了解各个公司在占领市场方面的举措，笔者利用 TDA 的分组功能(group)将专利申请国分别加入不同的大洲分组，并创建了一个专利权人和专利家族地区分布的矩阵。发现狮王和花王品牌主要致力于保护本土市场，在 521 件专利中共有 475 件专利是在亚洲(主要是日本)申请的，相比较而言，高露洁、宝洁和联合利华品牌则侧重于全球战略(如表 1 所示)。

表 1　牙膏公司及其专利国家分布

地区 / 公司	亚洲	美洲	欧洲	澳洲	非洲
狮王	475	20	21	5	
高露洁	99	200	138	142	81
宝洁	88	149	123	112	6
花王	129	17	13	1	
联合利华	79	99	108	85	48

进一步对专利权人和申请年份进行交叉矩阵分析，并自动生成图表(如图 1 所示)。从图中可以看出，在这 5 家品牌专利所占的份额中，狮王一直名列前茅，而宝洁和花王大有赶超之势。可以看出，日本公司对于新产品、新技术的开发投入，一直领先于其他国家。

而技术研发的速度，各个公司基本持平，都曾经在 20 世纪 90 年代中期至 2000 年左右迎来了一个技术发展的高峰，这可能是新技术出现的结果。于是笔者对 Derwent 手工代码和专利申请年份做了交叉矩阵分析，通过分析发现，从 20 世纪 90 年代中期到 21 世纪初，大家关注的领域都集中在化妆前口腔清洁、口腔防蛀，以及牙齿美白上，这与当时的情况是吻合的。

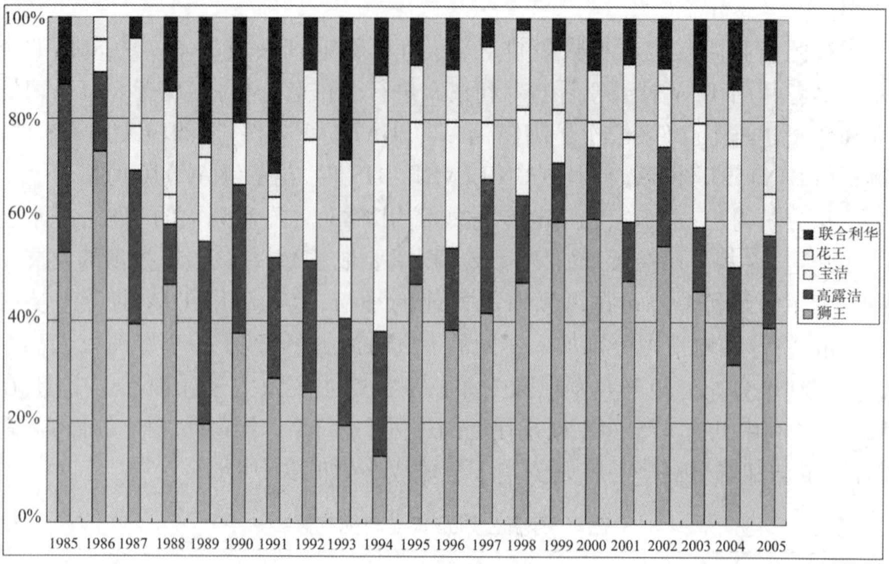

图2　各牙膏公司专利份额图

三、利用 TDA 的专利高级分析

高级分析包括研发网络分析和技术主题分析，TDA 可以将分析结果快速形成图形，帮助情报人员更加直接地获取分析结果。研发网络分析是用来分析某个公司的研发团队、这些团队的合作模式是否固定，以及哪些团队和研发人员在该公司处于核心地位。而技术主题分析，则是利用 TDA 的主题地图功能，生成技术聚类趋势图，用于分析在某个特定领域中，最经常使用到的技术点和技术组，并分析在该领域中是否有新的技术点出现。

1. 专利研发网络分析

以基础分析为依据，选择了专利数量最多、处于牙膏技术领先地位的狮王进行进一步分析。为此，将狮王公司所有专利导出创建另一个数据库，并利用 TDA 的发明人交叉地图，生成了该公司研发人员的关系图。

对关系图进行分析后，我们发现，YOKOBORI Y 参与了多个团队的研发活动，他可能是狮王公司的核心研发人员，他的研发活动基本上能够代表狮王公司的研发方向。因此，我们可以进一步研究 YOKOBORI Y 所发表的专利和论文，获得更多该领域的研发动态和结果。

2. 专利聚类分析

聚类分析的显示结果是聚类地图,情报人员可以通过聚类地图分析出在特定领域发生了什么,而技术专家通过阅读聚类地图可以发现研发的前沿领域。聚类地图可以进一步揭示技术密集度、技术关注度、技术相关性、前沿领域等问题。

对于狮王公司,我们想知道该公司的主要研究方向是什么,这个方向能不能代表牙膏技术未来的发展方向。笔者希望通过专利摘要内容的聚类得到答案。

首先,需要利用TDA的自然语言处理程序(NLP),将专利摘要的内容进行分词。NLP可以将摘要中的词语自动处理成名词、动词、副词和形容词,并分组(group)表示。通常情况下,专利中大部分代表技术点的以名词的形式出现,所以,我们只需要对名词分组中的内容进行处理就可以了。

利用TDA分组导出功能,笔者将名词分组的内容导出为一个独立字段后,再人工进行了一次处理,去除不需要的词(如表示成分范围的词,或者cm,mm等词),最后对剩下的词进行聚类分析,通过分析不难发现,狮王公司专注于牙膏中羟烷基、磷、氧化铝、硅等成分的研究,另外还关注X射线对牙齿的影响,并且这些研究相辅相成,组成了一个庞大的技术网络。这一方面表示狮王公司主要致力于牙膏成分的研究,另一方面,说明该公司对于牙膏中化学成分的研发已经形成了一个比较完整的知识产权战略防御体系,以防止其竞争对手涉足该领域。

另外还发现,狮王公司涉及香口胶方面的专利已经达到110件,并从20世纪90年代中期开始,申请数量呈上升趋势。这说明该公司已经开始重视该领域,并在该领域加大了研发投入,该领域可能是该公司未来的一个发展方向。

四、结　语

相对于其他类型的专利分析工具,TDA不仅具有一般的排序分析、交叉分析等统计功能,还提供了聚类分析功能。此外TDA专利分析工具还能够利用用户制定的叙词表对分析对象进行快速清理与筛选,使得其分析方式更加灵活。TDA专利分析工具可以从多角度分析竞争对手的专利情况,为情报人员快速寻找技术情报,分析技术布局和竞争对手的市场战略提供有效支持。

但是,值得注意的是,专利分析也具有一定的局限性。首先,有的企业为了保护自己的研究成果，并不将成果以专利的方式呈现出来；其次，由于企业申请专利是出于保护自身知识产权的目的，为了防止竞争对手窃取，专利说明书一般会写得比较晦涩；第三，企业之间存在并购活动，不断变更的专利权人名称会对准确分析竞争对手造成影响。这些都会使分析结果不准确，因此，需要将专利分析、非专利分析以及与技术专家之间的交流探讨相结合，这样才能使分析的结果对决策的支撑能力更大。

参考文献

[1] 许玲玲. 运用专利分析进行竞争对手跟踪[J]. 情报科学，2005(8)：1271－1276.

[2] 赵亚娟，董瑜，朱相丽. 专利分析及其在情报研究中的应用[J]. 图书情报工作，2005(5)：18－19.

[3] 邵波. 企业竞争与反竞争情报中的专利分析研究[J]. 情报科学，2006(2)：235－237.

[4] Alan L porter, Scott W Cunningham. Tech Mining[M]. John Wiley and Sons inc. 2005：230－235.

[5] 许旱峤. 基于 M-Trends 专利检索暨分析管理平台的专利分析实例研究[J]. 图书馆学刊，2010(6)：45－48.

[6] 宋巧枝，方曙. 基于文献统计分析法的专利计量分析研究[J]. 现代情报，2008(2)：125－129.

[7] 张群. 文本挖掘技术及其在专利信息分析中的应用[J]. 现代情报，2006(3)：209－210.

面向中小企业的智能信息服务体系研究

张云坤*

我国信息服务体系的理论研究与实践,遵循“面向信息源”—“面向信息交流过程”—“面向信息用户”的轨迹发展。“面向用户的信息服务体系”已有一定的理论研究与实践。理论研究主要集中在面向用户的信息服务理论、信息用户需求、竞争情报、面向用户的信息服务技术与方法的概念模型、面向用户的信息服务系统设计思路等方面。实践方面,初步出现了一些以“面向用户”为中心的信息服务体系。然而,从研究范畴上来讲,国内的研究目前还是停留在“针对用户”的特定抽象概念上,缺少针对中小企业的智能信息服务体系的深入研究;从技术实现角度来讲,国内大部分研究对技术的描述和实现过程都是停留在方法的概念抽象描述上,没有切实对信息服务的重点技术及其实现深入而具体地进行论证、研究和开发;从应用实践角度讲,针对区域性的中小企业智能信息服务体系、服务链及技术平台还鲜有研究。

一、建设中小企业信息服务体系的必要性

在信息时代与知识经济全球化快速发展的背景下,信息服务的需求和满足问题已经成为中小企业这一在经济构成中占有重大比例的组织形态不可回避的紧迫问题,成为关系中小企业竞争力和发展、区域经济发展乃至国家经济发展的重要基础性问题。

江苏省现在正处于转型升级期,大力发展新兴产业已成为不二选择。这些新兴产业大多为中小企业,中小企业在当今全球或地区的经济活动中,有

* 张云坤(1979—),女,硕士,馆员,参考咨询中心主任,主要研究方向为数字化图书馆信息咨询。

着极其重要的地位。中小企业作为经济增长的重要推动力，市场经济最活跃的主体，增加就业水平的最重要载体，推动技术创新的生力军，不断增加的国际贸易份额，对于促进国民经济发展具有不可替代的作用。

研究面向中小企业的智能信息服务体系将丰富经济发展转型期的发展理论、改善政府信息服务基础设施与科技支撑手段、强化信息政策的推行、优化信息资源的开发利用、促进信息服务与信息市场的繁荣与健康发展；同时，利用面向服务的架构，建立智能信息服务平台，促使中小企业在内外部经营方面改革和完善，解决中小企业发展转型中存在的信息获取问题，通过智能化、集成化、个性化服务满足各中小企业对信息服务的特定需求，这一切对中小企业的发展具有重大的实践意义。

二、中小企业信息服务体系的内容

研究面向中小企业的信息服务需求，主要对国内外中小企业的信息服务实际需求展开调研和对比分析，包括对欧美及亚洲主要国家和地区中小企业的实际需求类型、信息获取途径、信息获取的障碍和困难进行分析，并就此对我国中小企业信息服务需求结构展开详细研究。目前，中小企业的信息服务需求主要表现在管理、法律、财务、税收、市场、投资方向、技术改进、营销策划、人才培养、合作信息等方面。

针对中小企业的上述需求结构，建立信息、服务、用户互动耦合的智能信息服务体系概念模型。模型侧重于中小企业的需求跟踪，提出采集、归纳、整理用户信息，并通过系统化的跟踪方法来探知用户使用信息的规律，主动推送各种个性化的信息服务。对中小企业的需求心理、需求行为及从事行业、专业特点等方面的特点，进行全面的深入研究。根据不同检索用户类型、检索行为及特征，建立详细的用户档案和用户模型。

与地方科技部门，包括科技局、情报研究所、公共图书馆和其他信息来源机构及内容服务提供商等，共同构建基于服务链体系的智能信息服务平台，应用服务链框架建立区域图书情报服务链平台。

三、面向中小企业的服务链体系

采用面向服务架构（SOA）和云计算技术，建立信息服务链协作体系框架，将中小企业图书情报获取方式通过服务链协作体系框架整合在一个完整的系统中。信息服务的网络链状结构包含多个服务渠道、多种服务要素，是相互关联、相互支撑、内外互补的成长型有机生态体系。在该体系中，图书馆或其他外部信息（包括行业信息馆、情报所、专业咨询机构）来源形成信息辐射，或在链环节之间拥有联系，或在区域链节点上显示其特殊服务功能，从而使整个网链系统显示出集成性、层次性和关联性。体系中的图书馆、行业信息馆、情报所、专业咨询机构完全被糅入一个新的信息生态圈，最终成为各级服务链中的一环。此外，信息来源的方式在此框架下也是多种多样，包括固定网络访问、移动互联访问、电视、媒体等一应俱全。图 1 展示了服务链体系框架的结构模型。

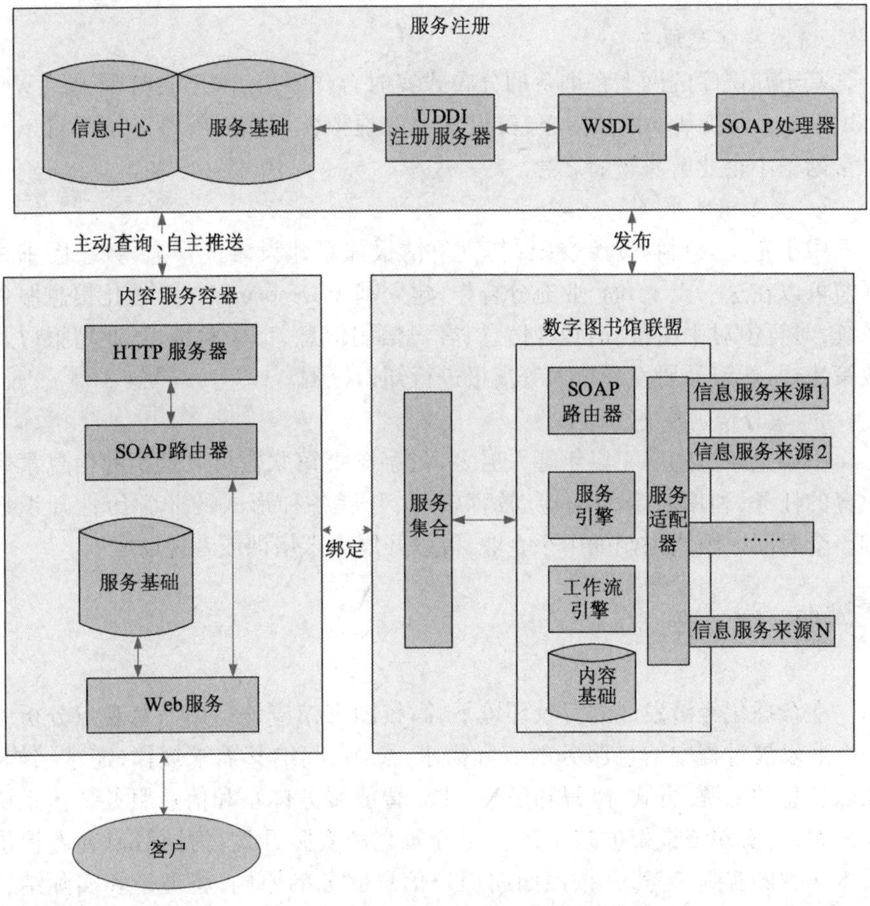

图 1　服务链体系框架的结构模型图

建立服务链体系,可以整合如下四种类型的服务,从而实现更加准确、更加迅速、更加个性化的中小企业信息服务,为中小企业发展提供更加便捷的知识服务。

1. 馆藏资源服务

高校图书馆在不侵犯版权的前提下,使用 SSL VPN 技术,对中小企业进行一定程度的开放;对于信息需求量大的,在中小企业服务中心成立专门的资源检索点,对中小企业进行开放。在馆藏信息不能满足的前提下,发挥网络时代的专业服务优势,成立区域图书馆联盟的共建共享,通过馆际互借和文献传递,使得中小企业的用户几乎可以借遍全球的图书馆,经济而快捷地获得大量前沿信息。

2. 网络信息服务

基于知识库的网上咨询台的分布式实时合作系统,基于实时聊天的 Web Call Center 以及基于视频传送、白板演示的虚拟咨询实时解答系统都可以及时帮助中小企业解决燃眉之急。

3. 竞争情报服务

中小企业人财物资源受限,其竞争情报体系建设难度很大,数字图书馆联盟可以在这一点上和企业充分合作,建立基于 Deep web 的个性化信息服务系统,对竞争对手情报、消费者信息、客户信用信息、市场商情、行业情报以及政策法规、新产品研发和技术等情报进行知识挖掘。

4. 教育培训服务

中小企业里的职工以年轻人居多,数字图书馆联盟可以负担起信息素质教育的任务,利用自身的场地、教育资源,开展各种形式的非学历性知识培训。受时间或距离限制的中小企业,可以开展周末培训或者现场培训。

四、结　语

在全球化经济发展的背景环境下,高校图书馆应该运用信息观点分析中小企业发展过程中信息服务的实际需求,总结、归纳其需求规律,需求结构,获取信息的来源、方式、障碍和困难,建立智能服务体系和信息服务链体系协作框架,对实现该框架的技术进行充分研究和实际开发,为同行研究者提供技术实现的实际参考,并按照面向用户信息服务的原则,将理论和实际结合起来,与地方科技部门、情报部门、特色行业信息部门、咨询机构等政府机构和信息来源主体合作,建立一套实际可行的面向苏州市中小企业的信息服务链协作平台，从而为全省乃至全国建立面向中小企业的智能信息服务链体系提供真实的、具体的、可操作的思路、技术和应用参考。

参考文献

[1] 王甜甜. 关于构建面向中小企业的咨询服务体系的研究[J]. 现代经济信息，2008(8).

[2] 白冰，李登道. 企业竞争情报服务信息平台实现模式研究[J]. 情报理论与实践，2010(4).

[3] 梁禄金，吕先竞，乔强. 面向用户的信息服务体系结构研究[J]. 现代情报，2009(2).

[4] 宋新平，梅强，等. 基于 B2B 平台的中小企业竞争情报服务模式研究[J]. 情报杂志，2010(4).

[5] HUANG Meng-xing, et al. A Cooperative Framework of Service Chain for Digital Library [J]. Computer Software and Applications Conference, 2009.

NoteFirst 在科技查新中的应用

马云辉*

一、科技查新工作中参考文献管理的现状

科技查新工作需要检索和处理大量的文献，选全、选准相关文献是确保查新报告质量的基础。对参考文献进行人工选择、对比、去重容易造成文献的重选、漏选和错选，并且劳动强度大、文献分析难度高。为此，国内学者黄春晓[1]、李茂[2]、川蓉[3]、任俊霞[4]等人尝试了 NoteExpress 在科技查新中的应用，而其他一些文献管理软件（见表 1）在科技查新中的应用还鲜见报道。

表 1 主流参考文献主要特性对比表

软　件	提供商	发布方式	中文文献处理效果	使用方式
Endnote(Web)	国外	网络版	不够好	收费
Zotero	国外	网络版	不够好	提供免费版本
Mendeley	国外	网络版/单机版	不够好	提供免费版本
NoteFirst	国内	网络版/单机版	好	提供免费版本

上表所列软件中，只有 Mendeley 和 NoteFirst 具有网络版和单机使用两种设计，用户能够在不同地点、不同电脑上随时同步更新个人数据库，亦能做到脱机使用，优于纯粹的网络版或单机版。Endnote(Web)、Zotero 和 Mendeley 均是国外软件，在导入中文文献数据的准确性上都会出现不

* 马云辉(1982—)，女，硕士，馆员，主要研究方向为信息咨询与科技查新。

同程度的问题，对中文期刊参考文献格式不能很好地支持，并且对国标也不能正确理解；NoteFirst 作为中文软件，可以很好地支持中文文献格式，而 NoteFirst 推出相对较晚，所提供的期刊样式还有待完善，但它全面支持国标并且支持双语参考文献自动形成，因此比较适用中文科技期刊的查新。

NoteFirst 管理中文文献结合 Mendeley 管理英文文献，非常实用，且 NoteFirst 和 Mendeley 都提供免费版本，根据笔者的应用实践，NoteFirst 用于科技查新的文献管理有其独特的优势。

二、NoteFirst 简介

NoteFirst 是由西安知先信息技术有限公司开发的专业文献管理软件，普及版用户永久免费。在功能上融合了主流参考文献管理软件的特点，并沿用主流参考文献管理软件界面及结构设计，同时增加了参考文献自动校对、科技文献订阅、期刊介绍、学术会议、自有版权文献共享、群组交流等功能，是一款专门为有论文写作需求的科研人员开发的文献收集、文献管理、论文写作、论文发表、论文仓储的全流程服务软件和平台。

NoteFirst 的主要功能有：① 利用文件夹进行文献分类管理；② 直接检索在线数据库并添加题录；③ 多种题录导入方式；④ 题录查重、去重和自动更新；⑤ 文献价值等级标记、添加笔记、上传文件或链接地址等附件；⑥ 在 Word 中直接插入题录信息，自动生成符合特定格式要求的文献列表；⑦ 数据可共享；⑧ 数据同时存储在本地和 NoteFirst 服务器上。

三、NoteFirst 在科技查新中的应用

NoteFirst 可以在科技查新的文献导入、分析比较选择、文献统计、共享等多个关键环节发挥作用（见图 1），帮助查新员有效地管理文献信息，提高工作效能。

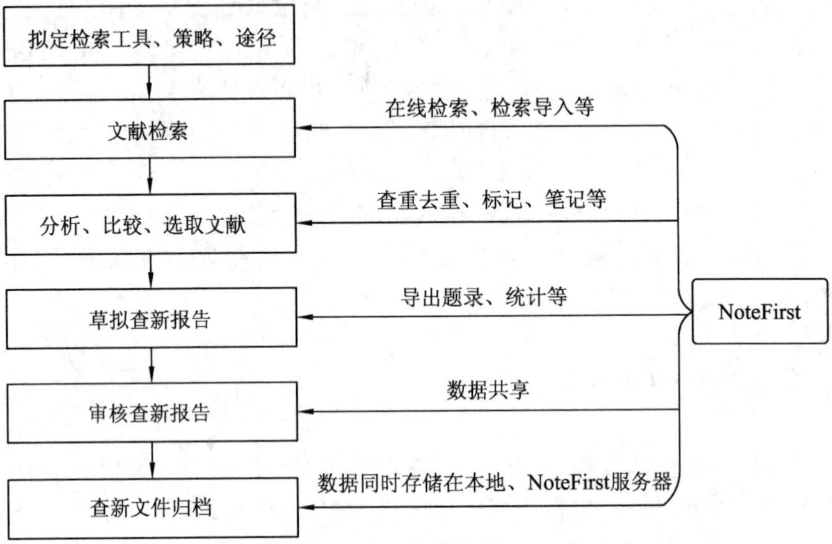

图 1　NoteFirst 在科技查新中的应用图

1. 建立查新文件夹

在 NoteFirst 安装成功后，查新员可以通过界面左侧“树形工作区”的“题录文件夹”新建查新文件夹（见图 2），实现对个人文献数据库的分类管理。在命名新文件夹时，推荐使用查新报告编号-委托课题简写-委托单位或委托人简写为主题，如 201136000Z130830-PET 网格保护膜-百诚精密科技［以教育部苏州大学科技查新工作站（编号 Z13）为例］，这样每个文件夹对应一个查新报告编号，同时有课题名称、委托人或委托单位简写，用以提示查新员该报告的大致内容，有利于查新员对多个报告相关文献信息的分析整理，以及查新报告档案的规范化管理。

NoteFirst 中的文件夹支持多级嵌套，允许用户新建、删除、更名、移动文件夹。这样便可针对每个查新点新建相对应的文件夹，例如查新点 1、查新点 2、查新点 3……然后将检索到的相关文献题录信息分别导入对应的文件夹下，有利于查新员对搜索得到的相关文献进行有针对性的存储和管理。

2. NoteFirst 在文献检索中的应用

在查新员认真、系统地分析了委托人提供的科学技术要点及查新点，拟定检索工具，选择了正确的检索词，制定好检索策略，选择相关数据库进行检索后，下一步就是获取相关文献。此时利用 NoteFirst，可以规范有序地导入检索到的相关文献，将每篇文献的基本题录信息存储到相应的文件夹下，以便查新员分析、筛选。NoteFirst 提供给用户四种文献导入方法。

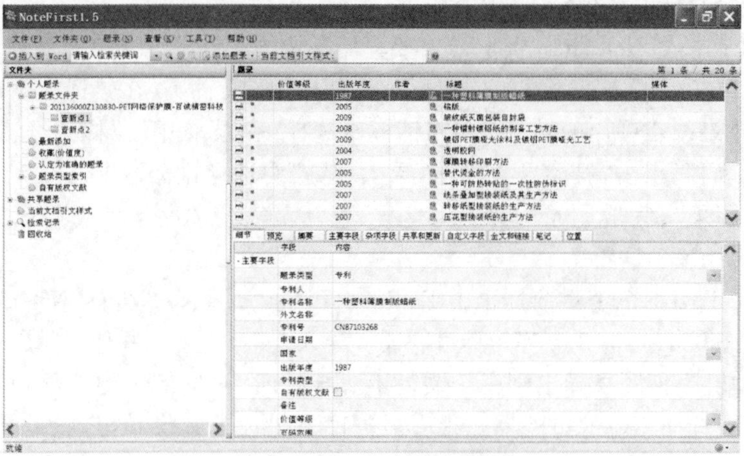

图 2　查新文件夹主界面图

（1）在线数据库题录直接添加。

NoteFirst 软件内置主流的在线数据库名录，如 SpringerLink、ScienceDirect、PUBMED、IEEE Xplore、Wiley、EngineeringVillage、知网、万方、维普等，并可直接形成一个 IE 插件，用户可以直接点击进入在线数据库中查询文献，将感兴趣的文献直接导入自己的题录数据库，避免了题录数据输入的麻烦。

网页在线数据库添加题录的操作如下：首先，在包含有题录信息的页面上，点击鼠标右键菜单中会出现"添加到 NoteFirst"的选项；然后，在弹出的添加题录的页面中，确定信息无误后保存题录。值得注意的是，如果不是 IE 浏览器，或者页面中没有包括题录信息，或者题录信息不在 NoteFirst 在线数据库列表范围内，将无法添加。NoteFirst 目前可支持的在线数据库列表，可以在 NoteFirst 软件客户端的菜单栏"工具-在线数据库"中查看。

（2）导入其他同类软件中的题录。

不愿意通过 NoteFirst 访问数据库或者使用批量导入题录功能进行文献检索的查新员，可以把初步筛选后的检索结果题录通过选择相应过滤器导入 NoteFirst。

以万方数据库为例作简要介绍：

① 另开网页窗口登录万方数据库平台进行检索；

② 在检索结果页面中，全选或部分选择相关文献题录，点击"导出"进入导出文献详情页；

③ 在导出文献详情页左边，选择“NoteExpress”，然后点击中上方的“导出”，选择存储路径后点击确定；

④ 切换到 NoteFirst 界面，点击要存储题录的文件夹，比如“查新点 1”，然后在菜单“文件”下选择“导入题录”，或点击目标文件夹，在鼠标右键中选择“导入题录”，在弹出的导入题录对话框中选择“题录来源”、“样式过滤器”和“文件编码”，点击“开始导入”，在“导入预览”中选择目标题录，最后点击“接受选定题录”，完成题录的导入。这样，查新员需要的题录信息就已经成功导入。

NoteFirst 1.5.1 目前提供了 EndNote、Refmanager、RefWorks、NoteExpress、BibTex、Bibliogscape Tag 等 6 种过滤器。导入之前，先使用其他同类软件提供的导出功能，把题录导出到一个文件上。导入时，根据使用的软件和导出文件的格式选择相应的过滤器。很多数据库暂时没有提供导出到 NoteFirst 的链接，但提供了导出到其他参考文献管理软件，可以通过这些方式导出，之后通过 NoteFirst 提供的“导入题录”功能来实现题录的导入。

（3）新建题录—手动添加。

某些无法自动录入的资料，查新员可以通过手动添加的方法将信息添加到 NoteFirst 中，主要有以下三种方式：通过快捷工具栏的“新建题录”来实现；通过菜单栏的“文件-新建题录”来实现；通过树形工作区和题录列表区的右键菜单中“新建题录”来实现。在弹出的“添加题录”窗口中，选择题录类型，按标题、作者、出版年度等项目逐一填写文献的相关信息；在右侧的附件区可添加该文献的全文文件、链接地址等；信息录入完成后，点击保存，则题录库中增加一条信息。

（4）文件导入和题录更新。

查新员在没有使用论文写作助手或者参考文献管理软件之前，往往会把收集的全文文献存放在自己的电脑中，如果需要将这些题录信息导入到 NoteFirst 中，可以使用 NoteFirst 的文件导入功能，将文献全文导入题录数据库，然后借助“题录自动更新”功能，补充和完善题录信息，方便查新员的规范、统一化管理。

3. NoteFirst 在文献分析、比较、选择及查重中的应用

相关文献的正确筛选、对照查新点的比较分析对查新员来讲至关重要，选取文献是否得当、分析是否到位，直接影响所出具的查新报告的质量。NoteFirst 可以很好地帮助查新员完成分析、比较、选取文献及查重工作，避免查新员反复查看同一篇文献或者盲目浏览不相关文献，随时记下对某篇文献

的对比分析结论，还可添加全文相关链接，有重点地标记密切相关文献和主要、一般相关文献等，为撰写出精练、完整、准确的查新报告提供有效的保证。

（1）查找重复题录。

检索文献需要在多个不同的数据库中检索，不同的数据库，比如中国知网、维普和万方，SCI 与 EI，其来源期刊有很多是相同的，于是就不可避免地会出现重复题录，给查新员增加了查重任务。NoteFirst 提供了查找重复题录和快速删除的功能，打开“工具”菜单下的“查找重复题录”窗口，选择需要查重的文件夹后，即可开始查找。对找出的重复数据可利用键盘的 Delete 键一次性删除，这样就帮助查新员剔除了数据库中的重复题录。

（2）价值等级标记、添加笔记及附件。

在剔除了重复题录后，就需要按查新点或检索式依据可比性原则[5]，在众多题录信息中筛选并列出与委托课题研究相同或相近的文献。

NoteFirst 的价值等级标记功能可以帮助查新员有所侧重地标记筛选出来的文献，通过使用星标标记突出对某篇题录价值的评定，用①②③④⑤表示。这一功能可通过在题录列表区点击鼠标右键所出现菜单中的“价值等级”来实现。NoteFirst 还支持用户对题录添加笔记，同一题录可以建立多条笔记。查新员选定某条题录信息后，可通过题录列表区点击鼠标右键所出现菜单中的“添加笔记”或者题录详细信息区中的“笔记”来实现。添加笔记成功后，NoteFirst 会在标记列显示绿色色块表明该题录有笔记。这一功能可以帮助查新员把对比文献分析的结果及时地记录下来。

通过题录信息不能完整显示其实质内容、需要查看全文的文献，可以为其添加多种形式的文件（比如 PDF、MS Word、PEG 等）作为题录的附件。全文文件、附件、链接地址的添加可通过题录列表区点击鼠标右键所出现菜单中的“添加附件”或者题录详细信息区中的“附件”来实现，这样极大地方便了查新员日后的查询及阅读。

4. NoteFirst 在查新报告撰写中的作用

在查新报告的“检索结果”和“查新结论”两个部分的撰写中，NoteFirst 能帮助查新员方便快捷地录入信息，提高工作效率。下面就其具体应用予以介绍。

（1）NoteFist 中的参考文献直接导入查新报告。

查新报告在检索结果部分就相关文献的撰写有严格的著录格式要求，《教育部科技查新工作站查新报告撰写规范（试行）》（教技发中心函〔2009〕105 号）中指出，将密切相关文献的基本信息（如作者，篇名，刊名，年代，卷、期、页或网址等）按规范格式（GB/T 7714—2005）或当前数据库的输出格式列出；无密切相关文献时，则列出主要相关文献；一般相关文献过多时，可选用典型相关文献。

我们查新工作站结合上述规范及标准，制定了本查新站的查新报告撰写规范，分别对期刊、会议论文、学位论文、专利、科技成果等各类文献的著录格式做了不同程度的修改和补充。如果想要将这种功能强大的文献管理软件应用于查新工作，就需要对引文样式重新设置。点击 NoteFirst 客户端主窗体菜单栏的"工具"一项，选择"参考文献样式管理器"，打开该窗口，可以进行新建样式、编辑已有样式等操作。新建样式需要做很多工作，最好在一个系统现有样式的基础上进行修改，然后另存。查新工作站可以根据自身的实际情况灵活使用。但是目前 NoteFirst 在参考文献样式管器中的模板设置里，可以添加的字段并不够完全，比如缺少摘要字段等，这些问题相信 NoteFirst 会在今后的发展中逐步完善。

NoteFirst 安装完毕后，便会在 Microsoft 的 Word 软件中添加功能插件，能把作者管理的文献直接插入活动文档的当前光标处，自动形成文中引文标记和文后参考文献列表。

5. NoteFirst 在查新审核中的应用

查新员撰写完查新报告之后，应将全部检索材料和《科技查新报告》交审核员作最后审定。审核员对其所选用的检索范围、检索词和检索策略是否全面精练以及查新结论是否得当等进行审核。

由于 NoteFirst 具有题录共享功能，查新员只要将存储的全部相关文献题录信息、筛选后的题录标识、笔记形式的分析结果等与审核员进行共享，审核员就可以直接查看查新员的工作流程，了解查新员的整体思路，确定审核结果。NoteFirst 的题录共享功能，还方便查新员进行业务交流，可以针对某一查新课题，对从拟定检索工具、确定检索策略到撰写查新报告的全过程进行探讨，为查新员整体队伍提高业务水平提供了交流平台，真正实现资源的共享。

6. 查新文件归档过程——NoteFirst 备份

NoteFirst 虽然不具备如 NoteExpress 那样的一键式备份功能，不能对当前的查新档案进行压缩备份，但是 NoteFirst 是互联网版，在线使用时参考文献数据不仅保存在个人计算机上，同时也保存在 NoteFirst 服务器上，完全可以不用备份。而且本地保存的数据并不受卸载软件的限制，它是独立存在于安装包之外的，即使软件卸载了重新安装，仍然可以在个人计算机上面保留原有的参考文献数据。

目前,很多查新站都有自己的查新档案管理系统,查新数据量庞大,存储空间受限,服务器压力较大,NoteFirst 这一独特的数据存储功能为减轻查新站档案管理服务器的负担提供了新的方向。

四、结　语

从文献检索和筛选及分析、撰写查新报告、审核查新报告,到提交查新报告,查新工作的每一步骤都要求查新工作者保持认真、仔细、客观、公正的态度。在工作量大的时候,这些繁琐的工作会让人感到枯燥乏味、耗时耗力,但目前尚未有一款实用的文献管理软件能很好地辅助查新工作人员完成查新任务。由于 NoteFirst 推出相对其他国产软件较晚,目前只有 NoteFirst1.5.1 版本相对比较稳定,虽然其提供的期刊样式、笔记导出、批量导入等功能还有待完善,但是其强大的网络和单机版兼备的设计,能大大减轻查新站管理服务器的负担,同时能为查新员提供实用而高效的管理文献服务。希望本文的介绍和后续对 NoteFirst 的不断深入研究,能够使其在科技查新中发挥越来越大的作用。

参考文献

[1] 黄春晓.文献管理软件在科技查新中的应用——以 NoteExpress 文献管理软件为例[J].大学图书情报学刊,2011(1):54-55,89.

[2] 李茂.NoteExpress 软件在科技查新中的应用[J].情报探索,2010(8):73-76.

[3] 川蓉.NoteExpress 在科技查新工作中的应用[J].现代情报,2010(8):152-154.

[4] 任俊霞,姜长宝,季莹.基于 NoteExpress 软件的科技查新档案管理系统构建[J].科技信息,2011(19):241-242.

[5] 教育部科技发展中心.教育部科技查新工作站查新报告撰写规范(试行)[G].2009.

我国科技查新研究论文的可视化分析

周玉芳*

一、引　言

我国的科技查新工作最早可以追溯到1985年，至今已有20多年的历史。科技查新对提高我国科技管理水平和科研课题专家评审质量等发挥了重要作用。20多年来，有关科技查新工作的学术研究不断深入[1-2]。本文运用文献计量学方法和内容分析法对1990—2010年科技查新研究论文进行了统计和分析，研究了我国科技查新研究的发展状况、存在的问题及发展趋势，并重点分析了科技查新的研究热点。

二、数据采集和研究方法

本文选择CNKI的《中国学术期刊网络出版总库》作为统计源。检索条件确定为：在“信息科技”专辑中，以“主题 = 查新”，并采用“精确”检索方式，进行检索，检索时段选取1990—2010年被中国学术期刊全文数据库收录的核心期刊上发表的“查新”论文。共检索到450篇，去除通讯、简讯、征文等无关文献，并结合题名、关键词和摘要，去除不属于“科技查新”的论文，挑选出388篇作为本文的数据源，导出题名、作者、作者单位、关键词、摘要、刊名、年、基金信息，利用Excel2003进行统计分析。

* 周玉芳(1977—　)，女，硕士，馆员，主要研究方向为信息咨询与科技查新服务。

三、统计结果和分析

1. 论文发表时间分布

论文的数量反映了该学科的研究水平、活跃性和发展程度。以年为横轴,论文数为竖轴,绘制论文分布图,388 篇查新论文分布如图 1 所示。

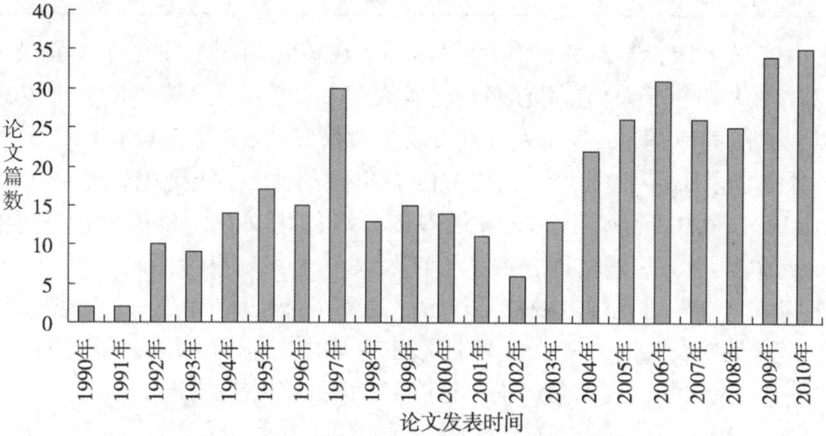

图 1　1990—2010 年查新论文发表统计图

由图 1 可见,21 年来,查新研究论文呈螺旋式增长,查新研究发展趋势大致可以分为三个阶段。1990—1997 年第一阶段,从 1990 年的 2 篇核心到 1997 年的 30 篇核心,论文数量呈快速增长趋势;1998—2002 年第二阶段,论文数量呈缓慢下降趋势;2003—2010 为第三阶段,论文数量呈稳步增长趋势,从 2003 年的 13 篇核心到 2010 年的 35 篇核心。

第一阶段的 1997 年论文数量达到了顶峰,参看科技查新站发展可知,1990 年、1994 年、1997 年国家科委授权了第一批、第二批、第三批共 38 家科技查新站,查新工作走向正轨,查新研究随之进入了高潮。第三阶段的 2006 年、2009 年和 2010 年查新论文的核心篇数均达到了 30 多篇,查新工作进入下一个高潮。这是由于教育部 2003 年、2004 年、2008 年分批重新认定了 53 所部级科技查新工作站,带动了高校查新的研究热潮,查新研究论文呈快速上升趋势,查新工作进入成熟发展阶段。

2. 作者统计分析

对论文作者加以统计和分析[3],可以了解该领域的高产作者,掌握该领域的核心作者群。在检索到的 388 篇文献中，作者共有 538 人（包括合著者），其发文情况如表 1。

表 1　作者发文情况统计表

篇　数	12	7	6	5	4	3	2	1
人数	1	2	1	2	7	16	66	443
比例	0.19%	0.37%	0.19%	0.37%	1.30%	2.97%	12.27%	82.34%

由表 1 可知，82.34% 的作者（443 人）在核心期刊上发表了 1 篇文章，12.27% 的作者（66 人）在核心期刊上发表了 2 篇文章，在核心期刊上发表 3 篇以上的作者有 29 人，有 4 人分别发表了文章 12 篇、7 篇、7 篇和 6 篇。

根据普莱斯定律，发表论文数为 N 篇以上的作者为核心作者，N = 0.749（nmax1/2），其中 nmax 为发文量最多的作者的论文数。根据统计的数据，nmax = 12，则 N = 2.998，即核心作者的发文量为≥3，再参照表 1 可知，共有 29 名作者为查新研究领域的核心作者。这 29 名核心作者占论文作者总人数的 5.4%，他们发表的论文数为 118 篇，占论文总数的 30.41%。限于篇幅，表 2 只列举了发文数量在 5 篇以上（含 5 篇）的核心作者的情况。

表 2　发表论文 5 篇以上的核心作者一览表

核心作者	单位	篇数	第一作者发文量
马景娣	浙江大学图书馆	12	9
丁蕴一	中国林业科技信息研究所	7	6
缪家鼎	浙江大学图书馆	7	1
夏旭	广州第一军医大学	6	6
陈朝晖	中国科学院国家科学图书馆	5	0
郑菲	中国科学院国家科学图书馆	5	2

由表 2 可知，浙江大学图书馆的马景娣是查新研究领域的高产作者，她是浙江大学科技查新站的站长，该站是教育部授予的第一批查新站。中国林业科技信息研究所和中国科学院国家科学图书馆在 1994 年被原国家科委批准为一级科技查新咨询单位，广州第一军医大学，即现在的南方医科大学，是 1992 年由总后勤部卫生部审批成立的首批 12 个军队二级查新站之一，2009 年 1 月成为教育部级科技查新工作站（医学类，编号 Y01），上述三个查新站是我国成立较早的查新站。

3. 期刊统计和分析

研究某一专题论文的来源期刊有助于了解该领域的空间分布特点,这388篇文献分布于56种不同的北大核心期刊上,平均每种核心期刊发文量为6.9篇。对这些期刊进行分析,可以确定查新领域的重点核心期刊,为读者重点阅读提供指导,同时也有助于查新研究人员彼此交流,互相学习。表3列出了发表"查新"研究文献大于5篇的18种核心期刊,这18种期刊累计发文331篇,占论文总数的85.31%。

表3 "查新"载文数多于5篇的核心期刊名录

期刊名称	篇数
情报杂志	50
图书情报工作	46
现代情报	38
情报科学	27
图书馆工作与研究	24
图书馆学研究	23
情报理论与实践	21
图书馆论坛	20
情报学报	13
图书馆建设	9
大学图书馆学报	8
图书馆理论与实践	8
图书情报知识	8
现代图书情报技术	8
中国信息导报	8
情报资料工作	7
科技管理研究	7
图书馆杂志	6

4. 基金统计和分析

对论文资助基金加以统计和分析,可以了解该领域的研究重点和热点。在检索到的388篇论文中,获得了26项基金的资助。其中,1990—2002年发表的、获得基金资助的论文数为零,2003年以后,查新研究领域受到广泛重视,获得基金资助的查新研究论文开始增多,但相比其他研究领域,查新研究领域获得的基金资助还是比较少的,21年来科技查新研究领域只获得了三个国家级的基金资助：江南大学图书馆获得的2010年度教育部人文社会科学研究青年基金项目“人文社会科学查新体系建设研究”（项目编号：10YJC870047），武汉理工大学管理学院和浙江泰恒光学有限公司联合获得的国家社会科学基金资助项目（项目编号：07CJY032），以及山东财政学院获得的国家自然科学基金资助项目“基于私有信息保护的供应链协调机制研究”（项目编号：70771026/G010901）。

5. 高频关键词的统计和内容分析

（1）高频关键词的统计。

高频关键词可以很好地反映某一领域的关注热点。本文对检索到的388篇分三个时间段进行高频关键词统计分析，研究查新论文每个时间段的研究热点；分三个阶段分别用Excel2003进行关键词统计，去除对反映主题没有积极意义的“查新”、“科技查新”，并将同义、同类关键词合并，如主题检索、检索工具归为检索策略，查新人员、查新队伍归为查新员；按词频由高到低排序，各时间段选取前10位关键词作为高频词，统计分析。表4列出了三个时间段查新论文的高频关键词。

表4　各时间段查新论文高频关键词

1990—1997		1998—2002		2003—2010	
高频关键词	频次	高频关键词	频次	高频关键词	频次
情报检索	26	检索策略	26	检索策略	38
参考咨询	20	网络资源	22	查新质量	25
科技成果	17	查新质量	16	高校 图书馆	19
查新工作	16	数据库	15	咨询	18
情报服务	11	咨询	13	查新点	17
检索策略	9	情报检索	9	查新报告	15
读者工作	7	高校 图书馆	9	数据库	15
信息服务	6	查新员	6	专利	14
图书馆工作	6	查新点	6	统计分析	13
查全率	5	用户	5	查新员	13
				查新机构	11
				网络资源	11

（2）内容分析。

科技查新工作开始于1985年专利法的实施，第一阶段的查新部门是国家科委授予查新资质的科技信息机构，所以第一阶段查新论文主要关注点为科技查新在科研立项、管理和评价中的作用，以及查新工作的开展，和用户的沟通、咨询，了解查新课题等[4]。表 4 中 1990—1997 时间段的高频关键词有情报检索、参考咨询、科技成果、查新工作和情报服务，这些高频词很好地验证了上述观点。

第二阶段 1998—2002 年的查新论文数量有所下降，科技查新由蓬勃成长阶段进入理性思考阶段。这阶段查新论文关注于检索策略、网络资源和数据库的检索利用，充分查找查新课题内容以及保证查新质量[5]。同时查新人员的素质也引起了重视，随之查新工作开始进入高校和高校图书馆。表 5 中 1998—2002 年时间段的高频检索词主要有检索策略、网络资源、查新质量、数据库、咨询和情报检索。

第三阶段 2003—2010 年的查新论文数量快速上升，有很大一部分原因是高校、高校图书馆进入查新机构，这带动了查新工作的快速发展，掀起了查新研究热潮，查新论文数量大增。这阶段查新论文仍然很注重使用合适的检索策略，进行查新点的分析和提炼，利用数据库和网络资源，查全、查准查新课题，保证查新质量。同时，高校、高校图书馆、查新员和查新机构的专业素质、职业道德，查新机构的建设，得到了很多研究员的关注。此外，对 20 多年来的查新论文的统计分析、了解科技查新的发展与变化也引起了广泛关注。

四、发展趋势分析

可以肯定，在国家“十二五”期间，大力提倡建设创新型国家，科学创新、技术创新越来越得到重视，科技查新工作也将会得到更多、更大的重视。查新工作在查全、查准查新课题，规范查新报告，保证查新质量的基础上，将会出现以下趋势。

（1）建立科技查新联盟，探讨合作交流，联合开展查新工作研究，共同分析科技查新的新情况，解决新问题，共谋新发展。

（2）产学研合作，探讨高校查新机构和用户交流合作机制，深化高校图书馆信息服务内容和方式，为高校查新机构的企业用户提供学科性、创新型的信息资源。

（3）查新工作趋于规范化，深入探讨查新员的专业素质、职业道德，提高查新报告质量，查新结论的公正性、合理性，探讨查新机构、查新管理平台的建设。

（4）查新归档、保密，建设查新档案管理系统和保密制度。

（5）优化查新检索，研究利用内容分析工具或软件，对检索到的文献，进行去重，查新点提亮显示等，提高查新员的工作效率。

参考文献

[1] 董月玲，张丽英，季淑娟. 我国高校科技查新工作的现状分析及研究[J]. 图书馆，2011(3)：108－110.

[2] 黄瑞敏. 我国科技查新研究工作嬗变与发展——基于1986—2008年相关论文引文分析[J]. 情报杂志，2010(11)：66－70.

[3] 周金元. 我国科技查新研究论文的统计与可视化分析[J]. 情报科学，2010(7)：1033－1037.

[4] 王俨. 科技查新咨询工作的实践与探索[J]. 图书情报工作，1992(1)：38－42.

[5] 程刚. 影响科技查新质量的关键因素分析[J]. 情报探索，2000(4)：9－10.

基于统计分析的科技查新服务效果评介

——以苏州大学科技查新站为例

邢　岚*

近年来,科技查新在保证科研课题的立项、科技成果鉴定和评奖以及新产品的认定等工作的科学性、公正性、新颖性方面显示了积极作用。大学图书馆凭借自己拥有的文献、人才优势,一直在科技查新工作中发挥着非常重要的作用。苏州大学图书馆(以下称为我馆)科技查新站(Z13)成立于2006年,是教育部部级查新工作站之一,也是苏州市唯一一家综合类省部级以上科技查新机构。为此,本文就从科技查新2009—2011年的用户统计分析对我馆开展科技查新的服务效果进行研究和评介。

一、统计方法与内容

统计了2009—2011年我馆科技查新站完成的课题查新2896项,统计的数据来源主要是用户填写的科技查新合同、查新委托单以及存档的用户查新报告。这能够客观、准确地反映用户群各方面的情况,为研究用户状况提供真实可靠的依据。

二、统计结果与分析

1. 用户数量分析

用户数量的统计表明,我馆科技查新站2009—2011年查新用户数量逐年递增,三年分别为759户、1107户、1243户,说明用户对科研项目申报的重视

* 邢　岚(1966—　),女,学士,馆员,主要研究方向为科技查新。

度不断增强。主要原因是:第一,随着社会经济的不断发展,国家对科研的重视程度不断增强,科研成果也不断增多,这使我馆的科技查新用户不断增多;第二,现在,学校、科研单位以及企业的科研人员申报科研奖励、成果鉴定等,都需要科技查新,科研管理的政策性导向使科技查新用户激增;第三,我馆加强了对查新工作的宣传力度,查新不只是科研主管部门要求做的事,现如今学校各院系硕、博士论文开题也要进行科技查新。可见,我馆科技查新服务的发展与社会、学校的发展以及用户的科研发展相关联,我馆的发展必须适应和满足社会、学校用户的需求与发展。

2. 查新目的分析

查新目的统计情况见表1。

表1 查新目的统计情况表

年　份	2009			
查新目的	立项	成果	报奖	其他
用户数(户)	428	127	62	142
比例	56.39%	16.73%	8.17%	18.71%
年　份	2010			
查新目的	立项	成果	报奖	其他
用户数(户)	647	141	53	266
比例	58.45%	12.74%	4.79%	24.03%
年　份	2011			
查新目的	立项	成果	报奖	其他
用户数(户)	617	258	54	314
比例	49.64%	20.76%	4.34%	25.26%

可见,近三年的3109项查新项目中,立项查新占总比为54.42%,这说明近年来苏州地区加大科研投入力度,大力扶持科技创新,而且引导科研人员重视研前相关领域的前沿跟踪,帮助科研人员确定正确的研究方向。近三年总体有22.35%的查新用户是为科研成果鉴定、报奖而进行科技查新服务,是科研项目完成后的评价工作,这与科研管理政策有一定的关系。

3. 查新范围分析

查新范围指查新项目所需要查证的文献的检索范围,在2009—2011年完成的3109项查新项目中,国内查新的为2815项,国外查新的为1项,国内外查新的为293项。总的来看,要求对项目研究水平在国内是否具有新颖性进行查证的项目所占比例较大，每年一般在90%以上（进行国内查新）；要求对项目研究水平在国际上是否具有新颖性进行查证的比例为9%（进行国外查新和国内外查新）；只查证项目研究水平在国外是否具有新颖性的比例很小甚至没有（进行国外查新）。

4．查新委托单位类型分析

查新委托单位类型统计见表2。

表2　查新项目所属学科分布统计表

单位类型＼年度	2009	2010	2011	合计
厂矿企业	470	766	893	2129
高等院校	159	202	255	616
科研院所	7	7	10	24
医疗机构	97	115	69	281
其　他	26	17	16	59
合　计	759	1107	1243	3109

我馆科技查新站2009—2011年接待的主要委托单位可分为厂矿企业、高等院校、科研院所、医院卫生机构及其他5类。其中来自厂矿企业的项目有2129项，约占68.48%；高等院校616项，占19.81%；科研院所24项，占0.77%；医疗卫生机构281项，占9.04%；其他59项，占1.90%。

统计显示，我馆科技查新委托单位的主体是厂矿企业，厂矿企业在查新项目数量上超过了高等院校、科研院所和医疗机构的总和。这说明苏州地区的企业已经越来越重视科研和技术创新，依靠科研和技术创新促进其自身发展，这是一种非常积极的现象，与苏州地区经济高度发达是相适应的。

5．查新项目所属学科分布分析

查新项目所属学科分布统计见表3。

表3　查新项目所属学科分布统计表

行业＼年度	2009	2010	2011	合计
理工	537	861	988	2386
农业	24	60	42	126
管理学	8	8	13	29

续表

年度 行业	2009	2010	2011	合计
医药卫生	155	143	154	452
其　他	35	35	46	116
合　计	759	1107	1243	3109

表3对理工、农业、管理学、医药卫生和其他五大类进行统计分析。在2009—2011年我馆科技查新站完成的3109项科技查新项目中，理工类项目共2386项，占76.74%；农业类项目126项，占4.05%；管理学类项目29项，占0.93%；医药卫生类项目452项，占14.54%；其他项目116项，占3.73%。从各学科的项目年度分布状况看，理工和农业两大类项目呈逐年显著递增的趋势，其他三大类项目发展比较平衡。

6. 查新项目月份分布分析

统计数据表明，每年的3—6月是查新的高峰时段，查新任务集中，时间限制短暂，这是查新工作最为艰巨繁忙的时期，时间紧、任务重，每个查新员都要完成很多个课题查新任务，而且许多为国内外查新。如何在短时间内保质保量地完成查新任务，对科技查新员来说是一种能力和毅力的挑战。

三、我馆查新工作经验

1. 机构健全、组织得力

我馆领导一直十分重视科技查新工作，全面加强对此项工作的组织管理和领导。配备想干事、肯干事、能干事的查新站管理干部，从全馆范围内选拔思想过硬、业务素质高的人员，每年都引进硕士以上学历的毕业生，造就一支高水准专业查新队伍。改造查新办公环境，硬件、软件配备列位。积极营造一个团结、和谐、奋发向上的工作团队，全力提高查新站的地位和影响力。

2. 规范操作、严格管理

修订和完善科技查新工作的各项规章制度，在服务中按照科技查新工作规范要求严格操作。优化科技查新业务服务流程，制定出处理科技查新业务的基本程序，促进科技查新业务操作的规范化、标准化和制度化。注重科技查新工作的数字化管理系统建设，保证科技查新工作的服务质量和水平。

3 资源丰富、保障有力

我馆具有百年历史，纸质文献资源丰富，且馆藏文献学科分布广泛。近年来，随着数字图书馆的建设，我馆电子资源、特色资源库也发展迅猛，计算机检索系统日趋完善，拥有中国知网、重庆维普资讯、万方数据资源系统以及Dialog、Web of Science 等 72 个相关数据库的使用权，并注重拓展文献资源的合作途径，强化馆际协作和文献传递。丰富的文献资源为科技查新的开展提供了有力的文献保障。

4. 人员培养、贯彻始终

为提高查新站科技查新人员的专业技术水平，我馆积极利用各种机会培训科技查新人员。组织查新人员参加教育部组织的科技查新员、审核员的培训，定期开展馆内学术交流、馆外参观学习，完善科技查新员和审核员的知识结构，提高他们的业务能力。形成一支知识结构合理、专业面广泛、专业技能强的科技查新队伍。

5. 查新用户、发展迅猛

我馆以优质的科技查新质量和服务水平得到用户的认可，每年申请科技查新的项目数量明显增加，除本校用户以外，还拥有大量的校外查新用户。查新项目的迅速增长，形成了一个巨大的查新用户群体，为我馆的查新工作提供了良好的发展机遇和前进动力。

四、进一步提高查新服务能力和拓展查新服务的建议

1. 加强宣传，提高客户对查新的认识

有针对性、按计划地开展科技查新业务宣传和推广活动，宣传我馆该领域的优势，宣传的对象为高校、科研单位和企业。在校园网上刊登广告，与学校科研部门、市级情报所以及信息咨询中介合作，从而推动该业务的发展。

2. 建立专职兼职相结合的查新人员队伍

建立专职、兼职相结合的查新人员队伍，完善科技查新应急机制。每年总有校内外科技查新需求相对集中的时段，专职查新人员的数量有限，忙不过来，这时，建立一支兼职的查新队伍很有必要，兼职查新员队伍可由学科馆员和专业领域覆盖面广的研究生组成，以应对查新高峰，从而降低查新的拒绝率，提高用户的满意度。

3. 提高科技查新人员的素质

查新机构一般很难配备全部专业的科技查新人员，有可能储备一些兼职

查新员，但关键得提高科技查新人员的自身素质。查新人员应扩大知识面，加强专业知识的学习和积累，同时也要通过各种培训、交流的方式，加强查新业务的学习，提高查新业务的能力。

4. 创建查新管理系统

随着科技查新项目数量的急剧增加，查新机构必须创建查新管理系统，以规范查新流程管理。查新委托、查新报告的撰写、审核，报告的归档等流程都不再用人工处理。利用查新管理系统，可实现查新业务的网络化。这样大大方便了用户，又提高了查新工作的效率。

5. 拓宽查新的服务内涵

查新工作要与时代和科技的发展合拍，充分发挥查新工作的潜力，从查新工作中拓展出服务内涵。分析高校、科研单位、企业的潜在需求，寻求学科化服务的内容和方式，使科技查新工作得到扩展和延伸，发挥查新在科研中的作用，以提高查新工作的社会地位。

五、结　语

教育部科技查新工作站的建立对我馆的信息服务工作是一个巨大的推动。科技查新工作已经成为我馆信息服务的引领项目，是进行信息服务的最好途径和方式，也为我馆的学科化服务开创了新的局面。

参考文献

[1] 刘宏军，王海音. 科技查新作用的延伸与扩展[J]. 现代情报，2009(7)：144－147.

[2] 李三凤. 我国高校图书馆科技查新现状调查与分析[J]. 图书馆学研究，2008(1)：62－65，52.

[3] 董政娥，吴素坤，陈惠兰，等. 科技查新需求分析及其增值服务探讨[J]. 现代情报，2009(7)：153－156.

[4] 陈迎春. 科技查新中的问题与发展对策研究[J]. 图书馆论坛，2004(1)：113－115.

[5] 隆新文，朱晓慧. 科技查新在科研工作中的作用及思考[J]. 现代情报，2006(3)：162－163，166.

[6] 步宏婕. 高校图书馆开展科技查新服务的优势及发展思路[J]. 情报学报，2005(10)：198－200.

近20年图书馆、情报与文献学研究获国家社科基金立项的统计分析与评价

赵　兵*

一、引　言

国家社会科学基金项目是我国目前唯一的国家级的哲学社会科学和人文科学的基金研究项目，它面向全国高校、社科院、党校、党政机关科研部门、军队院校五大系列机构，研究课题集中于学科发展前沿和重大现实问题，研究成果在一定意义上代表着全国社科研究的最高水平。我国是从1994年开始将"图书馆、情报与文献学"作为一门独立的学科列为国家社科基金资助学科的。在现有的23大类学科中，图书馆学、情报学与文献学能作为一门独立的学科设立国家社科基金项目，充分体现了该学科在社会科学和人文科学研究领域中的地位与重要性。在1994年到2012年间，该学科的立项课题具有前瞻性和先进性，所获资金支持力度大，为该学科的发展起到巨大的推动作用。本文对近20年其立项项目进行计量分析，以期帮助学者更准确地把握和分析本学科的立项特点和资助重点，更加完整地了解该学科科研情况的发展。

二、图书馆、情报与文献学项目立项的整体情况分析

根据国家社科基金项目数据库的数据统计，1994年到2012年国家社科基金各类项目（包括重大项目、重点项目、一般项目、青年项目、西部项目、后期资助项目、中华学术外译项目和成果文库）共计立项31398个，其中图书馆、情报与文献学学科立项整体呈现以下特点。

* 赵　兵（1984—　），男，硕士，馆员，主要研究方向为科技查新。

（1）1994—2012 年共 19 年内，图书馆、情报与文献学学科立项 870 项，占国家社科基金立项项目总数的 2.77%。按照 23 个学科来计算，学科平均立项率为 4.35%，图书馆、情报与文献学学科的立项率远低于平均水平，从这个角度来看，其属于弱势学科。

（2）这 19 年内，图书馆、情报与文献学学科获国家社科基金立项数总体呈稳步上升趋势，其中 1994 年为 10 项，2012 年为 134 项，上涨了 12 倍之多，立项数量增长很快，学科发展势头迅猛。

三、图书馆、情报与文献学项目立项的内部分类情况分析

在图书馆、情报与文献学科内部，按照国家社科基金项目类别的不同、研究者专业职称的不同、研究者所在地区的不同、研究者所在单位系统的不同，也呈现出不同的特点。具体的情况分析如下。

（1）前文已述，国家社科基金各类项目一共包括八大类别，不同的项目类别对申报者及申报材料的要求不同，因而立项结果各不相同（如图 1 所示）：

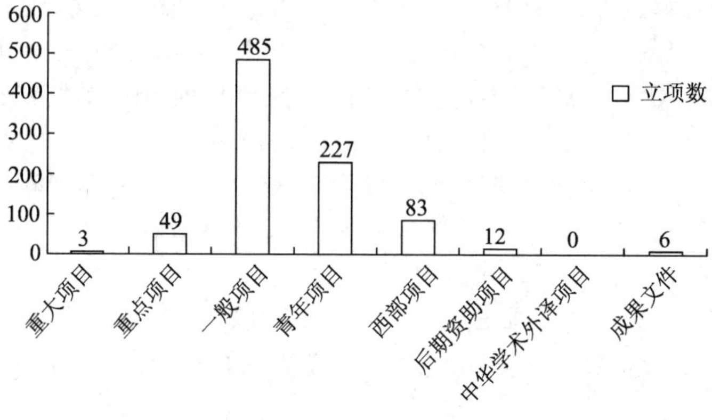

图 1　不同类别的国家社科基金立项数示意图

图中的图书馆、情报与文献学科不同类别的数据差异基本反映了国家社科基金项目各个类别的立项数的资助支持力度的差异，这种差异与国家社科基金项目的整体情况是一致的。

通过比较可以发现，图书馆、情报与文献学在重大项目、中华学术外译项目、成果文库、后期资助项目几个领域中立项情况不容乐观，四大领域的立项数分别为 3、0、6、12（而国家社科立项总数分别为 2087、126、198、984），分别占国家社科立项总数的 0.14%、0、3.03%、1.22%，尤其是中华学术外译项目所

占比例仅为0,研究还是空白,有待进一步加强。

(2) 研究者研究层次、研究水平的不同,也会反映在立项结果当中。具体数据如图2所示。数据显示,在图书馆、情报与文献学研究领域,正高级、副高级、中级职称的研究者的立项数目都有大量分布,但中级职称的立项数稍显薄弱,必须引起注意,应加强对中级职称青年学者科研的鼓励与支持。

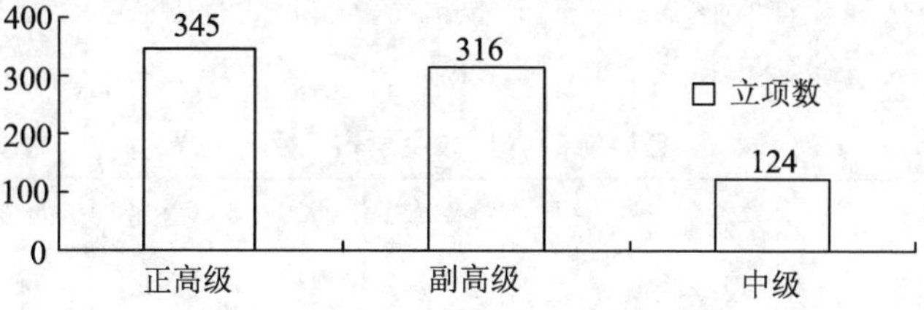

图2　不同层次研究者立项数示意图

(3) 研究者所属机构类型不同。其中,高等学校科研工作者仍然是主力,近20年中,在图书馆、情报与文献学立项课题方面,高等学校研究者承担的项目数为703项,占总数的80.3%,占了绝大多数,为其他四个系统单位的总和数倍之多。在国家加强对教育投入力度的情况下,高等学校科研工作者应该发挥研究的主导作用。根据学科特点,高等学校图书馆系统、档案馆系统的工作者也应该加强科研工作,发挥更大的作用。

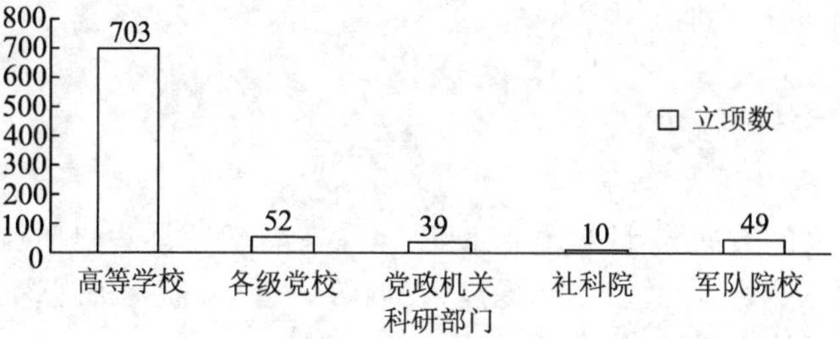

图3　不同机构的立项数示意图

立项结果中,高等学校研究者承担的科研项目占主要部分,其中,来自"985"高校的科研工作者共承担项目227项,所占比例为26.1%,来自"211"高校的科研工作者承担项目431项,所占比例为49.5%;其他高校的科研工作者承担项目数为195项,占总立项数的22.4%。数据显示,"985"高校和"211"高校的科研工作者承担的项目比重很大,其他高校数目众多,但是比例不高;另一方面,其他高校科研工作者承担数目不断增加,拓宽了学科研究的广度,丰富了研究内容。

（4）立项项目的区域分布差异明显。为了研究的方便和系统化，本文将全国区域按照社会习惯和地理位置分为华东（包括江苏、安徽、浙江、江西、上海、福建）、华北（包括北京、天津、河北、山西、山东、河南）、华南（包括广东、广西、海南）、华中（包括湖南、湖北、重庆）、西北（包括新疆、甘肃、青海、宁夏、陕西、内蒙古）、西南（包括四川、云南、贵州、西藏）和东北（包括黑龙江、吉林、辽宁）七个区域，除去军队系统和社科院系统，统计图书馆、情报与文献学立项课题在各个区域的分布情况如表1所示。

表1　各区域的立项数及所占比例一览表

区域	华东	华北	华南	华中	西北	西南	东北
立项数	182	75	60	144	86	60	44
所占比	28.0%	11.5%	9.2%	22.1%	13.2%	9.2%	6.8%

从各区域立项数目和所占比例来看，华东和华中两个区域图书馆、情报与文献学立项的优势比较明显，各自占了总数的28%和22%，当然，这样的分区只是为了研究的系统化，跟省市区比较集中、高校比较集中，地方财政支撑力度较大等有关，一定程度上体现了两个地区在该领域研究上的整体实力和映射效应。其中，在本文区分当中的华南、东北和西南地区共包括10个省市区，占总数的近三分之一，但是立项数为164项，占总立项数的25.2%，潜力巨大，有待于进一步加强科研。

四、结论和启示

通过本文的数据统计分析，我们观察到在国家社科基金项目领域，图书馆、情报与文献学立项总数不断提高，发展势头迅猛，但是仍然存在一些有待注意和提高的地方，具体如下。

（1）图书馆、情报与文献学立项总数历年来增加较为明显，总体呈现较为显著的上升趋势，这是与国家不断加大对科研的支持力度分不开的，其他各大学科的立项总数同时也在攀升，而每年图书馆、情报与文献学立项数占国家社科基金项目立项总数的比例仍然不高，有很大的提升空间，发展潜力巨大，需要科研工作者努力申报，提高立项率和学科立项占有率。

（2）高等院校依然是国家社科基金项目承担的重要机构和主力军，高等院校的相关科研工作者不能忽视国家社科基金项目的重要性，要积极承担相应义务，为建设科研强国而努力。高等学校拥有较好的学术资源和研究资源去承担图书馆、情报与文献学的项目,应该利用好自身优势,在图书馆、情报与文献学研究不断升温的基础上再进一步。

(3) 在政策上要加大对青年科研工作者的支持力度,要加大对综合实力相对落后的地区的科研单位的支持力度。在科研人员的培养上,形成良好的梯队,让科研工作后继有人;在地域分布上,要使学科研究呈现不同的特点,发出不同的声音,并呈平衡发展态势。

(4) 图书馆、档案馆等相关机构科研人员应该利用自身工作资源优势和语境优势,加强科研研究,积极申报课题,认真产出成果,在图书馆、情报与文献学方面做出贡献。

参考文献

[1] 凤元杰,范全青. 国家社科基金立项项目的学科与地区分布研究[J]. 学术界,2005(3).

[2] 黄晓斌. 我国图书馆、情报与文献学研究热点的发展——近年来国家社会科学基金立项项目的分析[J]. 情报资料工作,2003(1).

[3] 吴雁平. 历年国家哲学社会科学基金项目“图书馆·情报与文献学”学科对比研究[J]. 档案管理,2003(3).

[4] 赵良英、周佳贵. 我国图书情报文献学研究的现状与趋势——近十年国家社会科学基金图书情报文献学科研立项的统计分析[J]. 情报科学,2007(10).

[5] 周建屏. 以学术研究引领图书馆服务[J]. 2010 年江苏省高校图书馆事业发展学术论坛会议,2010.

JALIS 特色资源整合平台建设研究*

何继红** 周建屏***

特色资源数据库是江苏省 JALIS(江苏省高等教育文献保障系统)的重点建设内容,目前全省已分别建成了一批特色鲜明与有影响力的特色数据库,为教学和科研发挥了独特的作用。但各校的特色库大多各自为战,仅仅服务于一校或一地,零零散散,未能抱成一团,无法聚合形成一个整体的特色优势资源为全省的教学科研提供灵活多样的特色资源服务。因此,有必要对各高校建设的特色数据库进行整合,形成合力,一站式地为全省高校提供特色资源服务。那么,如何从技术上实现不同特色库的资源整合?如何从管理上协调好各特色库参建馆以及与 JALIS 在特色资源上的合作关系,从而在发挥特色数据库最大效益的同时,实现各馆利益的最大化?为此,我们对全省高校特色数据库(简称“特色库”)的建设与共享进行了问卷调查,在调查的基础上提出了 JALIS 特色资源整合的方案。

一、JALIS 特色数据库建设的现状与特点

1. 资源丰富、特色鲜明

我省高校的特色库是各馆根据本校学科或行业的发展并结合本馆的特长,在省图工委的领导下,根据 CALIS(数字图书馆)特色库的有关规范建设的,每个特色库均系统收集并有序整理了某一方面的特色资源,价值珍贵,满足了特定学科的特殊资源需求。调查显示,我省已建成的特色库没有相似或雷同的,并且全省已建特色资源总量超过 100 万条,已初步形成 JALIS 丰富的优势和特色资源。

* 本文发表于《图书馆学研究:应用版》2011 年第 10 期。

** 何继红(1965—),男,研究馆员,数字化项目部主任,主要研究方向为数字图书馆技术。
*** 周建屏(1961—),男,研究馆员,图书馆党委书记,副馆长,主要研究方向为数字图书馆技术。

2. 资源价值高,数据规范

在特色库建设的定位上,各馆大多以服务于本校的教学和科研为主,入藏的特色资源均具有较高的学术价值。

在数据的加工上,各高校的特色库要求根据 CALIS、JALIS 的统一标准进行资源的加工、著录,为数字资源的共享提供规范的数据。

在软件平台的选择与开发上,各数据库强调采用 CALIS 认定的软件,我省除一家高校的特色库是自行开发外,其余都采用了通过 CALIS 认定的特色库软件。[1]

3. 使用范围窄,利用率低

调查显示,有 50% 的图书馆认为本馆的特色库使用情况一般;在特色库允许开放的范围内,校园网占 85%,本地高教联合体占 10%,本省占 5%。这一调查显示,一方面,特色库利用率低;另一方面,特色库局限于一校或一地,无法让更多的读者来分享,特色库建设成效无法放大。

4. 资源更新频率低

各特色库在项目建设期间,由于项目建设的推动,在较短的时间内能实现大量特色资源的收集与加工,数据增加明显。但项目结项后,一方面可能是大部分资源已得到收集;另一方面,由于没有了项目建设的压力,或缺少资金的支撑,特色资源的更新明显放缓。调查显示,30% 的特色库近三年很少或没有数据更新。一个数据库如果长期得不到更新,其生命力与影响力显然将大打折扣。

5. 资源较多地来源于已有电子资源库

调查显示,约 70% 的特色库的资源来自于各馆购买的数据库,如期刊网、万方、维普数据库等,还有部分资源来源于网络。

二、特色资源整合预期效用的分析

根据上面的调查分析,JALIS 各个特色库总体上特色鲜明、价值独特;但在服务上,单个特色库却存在应用范围窄和使用率低、特色库的作用未能得到最大发挥等问题,并且由于资源更新缓慢,后劲不足。因此,为了让各个特色库继续建设,扩大服务,必须对各个特色库进行整合,形成全省特色资源的整体优势,这样特色资源的服务才能更加有力,并反过来促进特色资源的建设;同时,通过整合特色库平台的建设,形成特色资源建设的规范机制与管理机制,使特色资源的建设走上良性发展的轨道。调查显示,100% 的馆愿意加入省

JALIS 特色资源整合平台，说明各馆已认识到资源整合的必要性，希望通过整合进一步规范、加快、拓展各自特色库的建设与服务，同时分享兄弟高校的特色资源。因此，整合 JALIS 特色数字资源，实现兄弟高校在优势资源上的互补，充分发挥这些宝贵的特色数字资源的作用，已势在必行。特色资源的整合预期将会产生如下效益与作用：① 规范特色数据库建设；② 评估、督促特色库建设；③ 形成江苏省高校的特色数字资源集群；④ 提高特色资源的使用率。

三、特色资源整合平台的设计

作为对各个特色库进行资源整合的承载体——特色资源整合平台，首先应该能对各个不同类型的特色库的资源进行科学整合；其次要建立以整合平台为中心，以各特色库为依托的特色资源集群，并将其作为一个整体向全省高校提供特色资源服务，以发挥特色资源的整体优势，产生 1 + 1 > 2 的服务效益；最后，特色资源整合平台的建设，将各个特色资源参建馆紧密结合在一起，由于各馆所提供资源的数量与质量及技术支持等都不一样，整合平台还必须要能对各馆提供的服务进行合理评估，让各个特色库参建馆长期合作，使特色资源整合平台的资源与服务不断增长，逐渐形成优质、权威的特色资源仓储，成为教学和科研的一个重要学术支撑。

综上所述，特色资源整合平台应具备资源整合、资源服务、项目管理等功能。具体如下。

1. 资源整合功能

由于我省各个特色库基本都采用了 CALIS 认定的特色库软件，因此资源整合将首先通过 OAI、METS 方式来实现对全省特色数字资源元数据、全文的收割，在经查重并整理后，导入中心库。由于目前通过 CALIS 认定的软件对 METS 全文采集的支持程度不一，有的支持、有的不支持，对收割不到的全文，可采用文件拷贝或页面采集的有关技术从数据库、网络、各馆馆藏等多个途径去采集，力求收集到更多的全文资源，使 JALIS 特色资源中心数据丰富、质量上乘，尽可能使读者在中心平台就能获取全文资源。

2. 资源服务功能

中心平台要具有统一检索、学科导航等数据库常用的经典服务功能，对于通过统一检索、学科导航等途径找到的每一条元数据，均应提供指向中心全文的链接、指向原特色库资源的链接，以帮助读者多途径获取到全文，对某些有全文保护的资源提供文献传递服务。

在中心平台门户上要有特色数据库的列表或导航，对每个特色库要标注其记录总数、点击率、资源下载数，以供读者参考，并以滚动的形式显示中心平台新收割到的资源，让读者及时看到最新的资源。同时，在每一个标题前加注所在特色库名称，以引导读者到资源所在的特色数据库获取更多的相关资源。

为了让读者看到最有价值的资源，看到各个特色库的最新或最有价值的亮点，中心平台应设人气榜专栏。

此外，整合平台还要具备特色库还原功能，建立一种特色资源统一展示的模式，分门别类有序展示各个特色库的资源(包括论文、图书、专利、标准等)。

3. 人性化功能

为了方便读者，符合读者的个性与使用习惯，应为读者提供个性化服务，为读者建立良好的资源使用环境，为此必须具备如下功能：① 资源使用参考功能；② 评论功能；③ RSS 订阅功能。

4. 数据安全功能

数据安全分为两个方面，一是整合平台的系统安全，应做好防病毒、防入侵、数据备份与恢复等方面的措施与预案，以保证系统的安全运行；二是数据的合法使用，是指要做好用户的认证与合法使用问题，对获得认证的用户将在知识产权保护的前提下提供更多资源的获取服务，而对匿名用户只提供摘要服务及少量全文服务，并对资源的阅读与下载进行相应的控制。

5. 项目管理功能

特色资源是各馆的馆藏特色与办馆优势，在为读者服务上，一方面要通过 JALIS 特色资源整合平台将各馆的特色资源推向读者；另一方面要适时引导读者到各馆的特色库，以提供更专业的特色资源服务。在管理上，要明确中心与各馆的权利与义务，各方利益均要考虑到，对各馆提供的资源与服务要能进行科学分析，彰显各馆的特色，保证项目的健康运行、持续发展，为此，中心平台应提供如下功能：① 统计分析功能；② 统一计费功能；③ 系统管理功能；④ 资源管理功能。

四、JALIS 特色资源整合平台的系统结构

JALIS 特色资源整合平台分四层系统结构，分别是资源层、中心资源层、应用层、门户层。处于最下层的资源层是由分布在全省各个图书馆的特色库构成的；中心层根据 OAI-PMH 协议，从各馆的特色库收割元数据[2](包括全文)，同时对从有些特色库收割不上来的全文，在不违法的前提下从商业数据

库中适量采集，也可以通过互联网(Internet)去采集一些 OA data(免费公开获取数据)，等等，总之，要尽可能多地弥补收集不到的全文或有关全文的链接信息；应用层是特色资源整合平台的各种应用服务，包括统一认证、统一检索、学科导航、资源评论、RSS 订阅、特色库还原、统计分析、人气榜资源、资源管理等；处于最上层的门户层是 JALIS 特色资源整合平台的门户，用户通过该门户即可选择相关服务，享受经过整合过的丰富的 JALIS 特色数字资源。JALIS特色资源整合平台结构如图 1 所示：

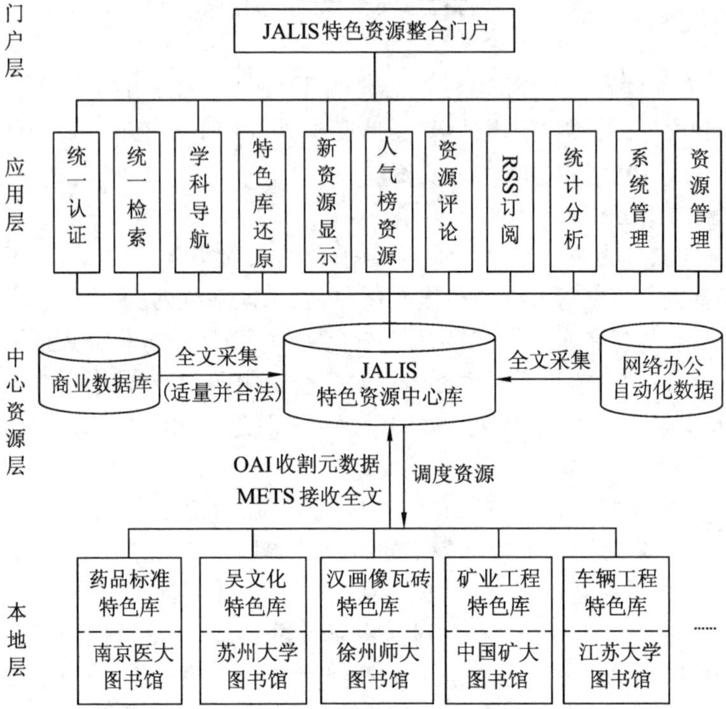

图 1　JALIS 特色资源整合平台结构图

五、特色资源整合平台建设过程中的若干问题

1. 整合平台应该既能纳入 CALIS 的框架体系，又能满足 JALIS 的特定服务需求

JALIS 是 CALIS 的省级中心，JALIS 特色资源整合平台是 CALIS 特色库的省级域共享中心，为了实现 JALIS 与 CALIS 数据的交换与访问，JALIS 应遵循

CALIS 的数据加工标准与软件接口规范，以保证 JALIS 特色资源整合平台能纳入 CALIS 的框架体系。[3]

但另一方面，JALIS 有自己的特点，在特色资源服务上有本省的个性化需求，因此，在保证 JALIS 中心平台能与 CALIS 进行数据交换的前提下，应能根据 JALIS 的要求和特点进行相关功能的开发，以满足江苏高校对特色资源的特定使用需求。

2. 循序渐进建设

特色库是各馆根据本校、本区域的需求，结合本馆的优势资源而建设的，具有商业数据库无法替代的独特优势，不但满足了本校教学和科研的个性化需求，更为兄弟院校的读者所企盼。特色数据库是各馆的特色，也是与兄弟图书馆资源共享的资本。本次调查显示：虽然 100% 的馆愿意共享自己的元数据，但在全文共享方面，只有 35% 的馆愿意共享所有全文，60% 的馆只同意共享部分全文。因此我们在资源的整合上必须循序渐进。

3. 找准 JALIS 特色资源整合中心与各特色库之间的定位

中心平台的建设与各特色数据库的建设是相辅相成、水涨船高的，各馆应齐心协力，在建设好本馆特色数据库的同时，积极参与、配合 JALIS 特色资源整合平台的建设，在扩大 JALIS 特色资源整体服务效益的同时，使本馆特色资源的建设与服务将乘势得到更大的发展。

参考文献

[1] 周明华，谢春枝，洪正国，等. CALIS“十五”全国高校专题特色库建设情况综述. 大学图书馆学报[J]，2006(4)：36－41.

[2] 陆敏，刘颖，洪正国，等. CALIS 专题特色数据库中心门户系统建设分析[J]. 图书情报工作，2007(5)：126－129.

[3] 陈凌，王文清. CALIS 总体架构概述[J]. 高校数字图书馆，2004(11)：9－12.

民国文献普查平台构建之设想

杨淑娟*

2007 年，国务院颁发了《国务院办公厅关于进一步加强古籍保护工作的意见》（国办发〔2007〕6 号），并由国家古籍保护中心制定了相应标准，如《古籍定级标准》（WH/T 20-2006）、《古籍普查规范》（WH/T 21-2006）、《古籍特藏破损定级标准》（WH/T 22-2006）、《古籍修复技术规范与质量要求》（WH/T 23-2006）、《图书馆古籍特藏书库基本要求》（WH/T 24-2006）等。2010 年，国家古籍保护中心又推出“全国古籍普查平台”，正式开始古籍普查工作，以了解我国现存古籍保存保护的现状，加强对古籍的保护和管理。然而，岌岌可危的民国文献至今没有相应的保护政策、保护标准与普查要求。因而，本文主要讨论民国文献普查的必要性、紧迫性；并参考古籍普查之标准与平台，提出民国文献普查平台构建之诸多设想。

一、民国文献普查之迫切性

1. 民国文献出版之复杂性

民国期间，社会的动荡造成民国文献发行的复杂与特殊。如民国期刊，发行极其复杂。较多宣传革命思想的报刊，为了躲避刁难与查封，在国外出版，到国内发行。如当时日本的中国留学生即创办了大量期刊，用于开启民智，倡导学术，蔚然成风。其中影响较大的有康有为、梁启超等维新人士逃亡日本后创办的《清议报》《新民丛报》《政论》等。但是，很多民国期刊的生命期不长，经常被迫停刊，或再以其他形式及名称等复刊，而且主编、发行与出版者、出版地、刊期经常变动，从而造成民国期刊的真实发行出版情况至今无法确切全面调查。虽然上海图书馆曾经编印《中

* 杨淑娟（1971—　），女，学士，馆员，主要研究方向为文献资源建设。

国近代期刊篇目汇录》,但其侧重于近代社科类期刊,而且亦不完整。上海书店出版社出版的张静庐先生的《中国近现代出版史料》、华文出版社出版的叶再生先生的《中国近代现代出版通史》,亦只能作为近代文献出版史料的重要参考。

囿于印刷技术、纸张等因素,民国图书的流存亦差强人意。同时,因为资料所限,民国图书出版的总体状况现在已经无法调查了解。虽然《民国时期总书目》收录了很多民国图书,但仅南京图书馆即有30%的民国图书为该书目所未收,更勿论诸多私人刻书、未公开发行的资料等民国文献了。

因而,近代出版之全貌与具体,百年后之留存现状,都无法了解。所以,民国文献普查平台的构建,是了解民国文献出版、发行、收藏的重要保证。同时,亦是研究民国社会的重要文献保障。

2. 民国文献普查之迫切性

毫不夸张地说,国内所有收藏单位都深受民国文献收藏与保存的困扰。国家图书馆、重庆图书馆、南京图书馆等收藏单位都曾在媒体上大力呼吁民国文献收藏现状之严竣。如2005年,《北京晚报》刊登了《国图67万册民国文献亟待抢救》;2006年,《重庆日报》又刊登了《谁来拯救重庆图书馆的"镇馆之宝"?》;2009年,《金陵晚报》报道了《图书报纸一翻就碎 民国文献濒临报废危险》。民国文献距今虽不足百年,但受损严重,其保存现状可谓触目惊心!因其破损比例极高,故一些民国文献已不能提供借阅。而且相对于古籍,其修复难度更大,需要资金更多。因而,多数民国文献的收藏单位只能把民国文献"藏"于一隅,无奈地目睹其渐渐消亡。所以,对民国文献进行一次大的清点、整理,相比于古籍普查,更为急迫。

二、民国文献普查的意义

1. 了解民国文献的现状

民国文献出版极其复杂,其出版、收藏与保存现状,一直难以了解。所以,进行一次全国范围的全面深入的民国文献普查,对登记的民国文献进行详细清点和编目整理,从而全面地了解和掌握各收藏单位及民间所藏民国文献情况,建立民国文献综合信息数据库,形成民国文献的联合目录,有重大意义,以便突出重点、有针对性地开展民国文献的保护工作,加强对民国文献的管理。

2. 明确民国文献的馆藏信息

目前,民国文献馆藏信息查找方面的相关工具书较少。民国期刊方面,上海图书馆编印了《中国近代期刊篇目汇录》,可以查找1857—1918年部分民国社科期刊馆藏信息。而关于民国文献的联合目录数据库,目前仍为空白。并且,目前只有极少数单位已经完成民国文献书目数字化。即使像上海图书馆这样较大的公共馆,目前亦只完成了民国期刊目录的数字化,而民国图书仍为卡片目录,读者必须亲临翻检。所以,民国文献馆藏信息的不明确,已成为民国文献难以利用的重要原因。而民国文献普查平台的构建,可以促进民国文献书目及馆藏信息的数字化,从而方便读者查阅。

3. 抢救稀有民国文献资源

通过普查,可以对稀有民国文献资源有所了解并进行抢救。一些珍稀民国文献,甚至可以由国家图书馆等有资质、有条件的大馆协助收藏单位进行抢救。

4. 促进民国文献的数字化建设

近年来,古籍相关数据库建设已有不少成果,如《中国基本古籍库》《国学宝典》等,但民国文献的专业数据库仍以特色自建数据库为主。超星数字图书馆虽然收藏了部分民国图书,但数据源仍不足以构建独立的民国文献数据库。民国文献专业数据库有《大成老旧期刊》,上海图书馆的《晚清期刊全文数据库(1833—1910)》,爱如生公司的《近代报刊库》,但专业数据库主要集中于民国期刊方面,其他相关文献数据仍鲜有建树。另一方面,重复建设不可避免,各自为战,不能有效互补,从而造成人力、物力的浪费,同时亦增加了订购单位的负担。因此,民国文献普查平台的建设,可以促进专业数据库公司进行资源建设。

5. 促进民国文献的信息服务工作

近年来,民国文献资源的信息服务工作,可以说困难重重。各收藏单位一方面缘于对民国文献资源的保护,禁止扫描、复印、拍照;另一方面,亦有弊帚自珍的情结,不愿外流相关资源。据了解,浙江大学图书馆的民国资源无偿允许读者拍照,国家图书馆在互联网上共享了已经数字化的部分馆藏民国特色资源;而更多收藏单位,则共享较少,如Cadal(中美百万图书)中的民国资源,目前仍只对有相关文献上传的成员馆开放,而且不允许下载。建议那些不愿共享的收藏单位,可以对已经数字化的相关资源进行有偿原文传递,这样不但方便了用户进行学术科研,同时亦拓展了相关业务。

三、民国文献普查平台构建之设想

民国文献之普查,虽然发行、收藏具有一定的复杂性,但因不涉及版本鉴定,因而可执行性较高。

1. 建立民国文献普查机制

全国范围地进行民国文献之普查,涉及众多具体收藏单位与个人,因此,需以某个大馆为首,成立独立机制,总体上指导、协调、管理相关普查。构建日常管理、维护民国文献普查的数据库平台,给各申报单位与个人使用。

2. 分类普查

民国文献普查大体可分为图书、期刊、报纸、其他四大类分别执行,其中"其他"类别包括未公开出版的民国资料、名人手稿、各种抄本、书法绘画作品等。如苏州大学图书馆古籍部即收藏了老东吴大学学生的毕业论文、"文革"时期抄收的小商小贩的民间账册等。"其他"类甚至可以包括各相关特色数据库与已订购的专业数据库。

目前,各大民国文献收藏单位基本完成或已开始着手进行民国图书与报刊书目数字化的工作,因而,普查可先从图书、期刊着手,而报纸因收藏之局限,往往已发脆变碎而不能翻阅,因此可暂且推延普查。其他民国文献资源视具体情况进行申报。

3. 普查关键词

民国资源普查关键词,主要有题名、出版时间、出版地、出版者、品相、馆藏单位以及数字化进展情况等多方面,以从全方位了解收藏信息。

表1 民国文献普查关键词

文献类别	普查关键词												
图书	正题名	其他题名	第一责任者	其他责任者	出版地	出版者	出版时间	刊期	品相	馆藏单位	数字化进展	登录号	附注
期刊													
报纸													
其他													

4. 简单普查

构建民国文献普查平台时,要考虑到可执行性,以简明、清晰为旨,各类文献非主要普查关键词皆可缺省,允许申报后再进行修改,以免各收藏单位望文生畏，影响普查的实际开展。各收藏单位可对全部民国文献资源进行申报，不必查重，可以套录其他馆藏单位的申报信息。

5. 发挥大馆的领头作用

可从公共馆与高校馆两个系列发挥大馆的领头作用，如国家图书馆目前已完成馆藏民国期刊的书目与全文数字化，在原数据著录等诸多方面可以启发其他馆藏单位。

四、结　语

全国范围内进行民国文献的普查，工程巨大，涉及诸多收藏单位，因而，普查的要求，计划的制订与开展，普查平台的构建以及人力、物力、财力的保障，等等，都必须考虑周祥。希冀成立国家民国文献保护中心，总体协调和指导民国文献普查工作的开展，以了解民国文献的保存现状，便利民国文献的利用，促进对于民国文献的保护与重视。

苏州大学 RFID 智能图书馆建设实践

吕旭霞*

RFID(Radio Frequency Identification),即无线射频识别,常称为电子标签,最早起源于1948年第二次世界大战中的敌我识别系统。RFID 技术以高效、便捷、先进的信息识别和数据采集优势,广泛应用于交通运输、物流管理、证照识别、电子支付,以及医药、食品安全,资产追踪管理等各个领域。

对图书馆界来说,RFID 技术还是个比较新的术语。1998 年新加坡国家图书馆率先使用 RFID 技术进行图书管理,随后美国、澳大利亚、荷兰等国的图书馆也相继使用。据统计,应用 RFID 技术的图书馆以每年 30% 左右的速度增长,截至 2009 年年底,全球约有 3000 余家图书馆采用 RFID 技术管理图书。国内图书馆应用 RFID 技术起步较晚,最早是 2006 年集美大学诚毅学院图书馆和深圳图书馆开始实施。之后,使用该技术的图书馆逐年递增。据不完全统计,截止到 2010 年 7 月,全国约有 52 家图书馆实施或尝试 RFID 技术管理图书。[1]

一、RFID 系统在苏州大学图书馆的应用

经过一年多的调研和论证,2011 年 1 月,苏州大学图书馆最终确定在读者最多、图书借还量最大的炳麟图书馆实施 RFID 一期工程。通过招标,确定项目由深圳市海恒智能技术有限公司承担。经过三个多月的紧张筹备、系统安装调试和标签转换,2011 年 4 月 7 日下午,苏州大学炳麟图书馆 RFID 自动借还系统正式开通。

* 吕旭霞(1969—),女,学士,副研究馆员,读者服务部三部副主任,主要研究方向为信息资源建设与读者服务。

目前,苏州大学炳麟图书馆中外文图书外借全部采用 RFID 技术进行管理。该系统由图书自助借还系统、24 小时自助还书系统、馆员工作站、标签转换站、智能安全门、馆藏架位管理系统等组成(见图 1)。

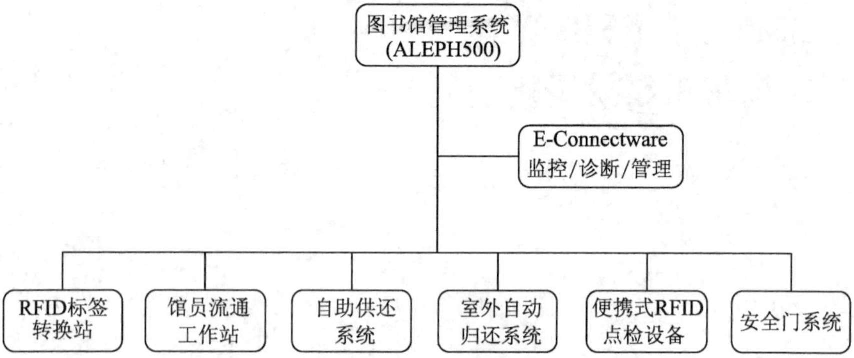

图 1　苏州大学 RFID 智能图书管理系统组成示意图

二、苏州大学图书馆 RFID 系统应用效果评价

1. 汇文图书管理系统统计数据分析

从 2011 年 6—10 月份借还图书数量统计来看,在 RFID 设备上完成借还书操作的比例逐步上升。8 月份以后平均 90% 的借书操作在 RFID 设备上完成,平均 85% 的还书操作在 RFID 设备上完成(见图 2)。

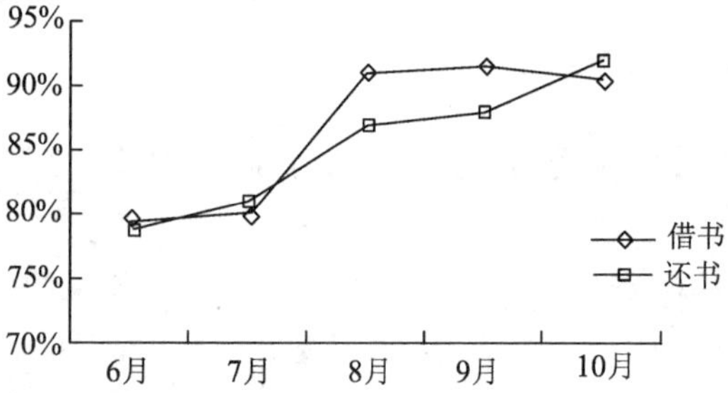

图 2　自助借还系统 6—10 月份借还比例变化示意图

2. 问卷调查统计分析

调查分纸质问卷调查和网络问卷调查两部分进行。在实行 RFID 自助借还的炳麟图书馆发放纸质调查问卷 100 份,回收 100 份,同时由信息咨询部在网上对全校师生进行网络问卷调查。调查结果均显示,80% 以上的读者对炳

麟图书馆的 RFID 自助借还管理系统提供的服务表示满意或很满意(见表1),且 RFID 系统已经成为读者借还图书的主要方式,这实现了图书馆建设的目的。

表1 读者满意度调查结果表

调查项目	所占百分比
认为自助借还系统很好或好	84%
感觉自助借还系统很方便或方便	87%
自助借还后很多或较多增加借阅图书欲望	52%
认为很需要或需要进一步推广自助借还管理系统	91%

3. 图书馆 RFID 系统带来的创新

(1) 简化借还书作业。

原有的条码扫描系统需要人工打开图书扉页并找到条码位置,然后才能扫描条码,操作流程较为繁琐,借还书效率较低。RFID 以非接触式读取信息,只要在探测范围内,可以以任何方向、角度读取数据,并且可以一次读取多个芯片信息。实现 RFID 自助借还后,读者只需将其要借阅的所有书籍放在自助借还机上,根据提示进行相应的操作,就可以一次性地借出系统默认的最大限量的书籍,相比以前大大提高了流通速度,减少了读者的等待时间及馆员繁琐的例行业务,提升了图书馆的服务质量及形象。

(2) 加速盘点工作。

以前图书馆进行馆藏清点时,必须将厚重的书刊一本本地从高高的书架上取下、翻开,扫描条码后再逐本放回,进行这项工作一般需要大量重复的手工劳动,工作极为繁重。RFID Tag 以无线电波传送信息,不需要从书架上取下书,只要用手持 RF1D 阅读器沿着书架上下扫描一遍,事先存入 RF1D 标签里的与书籍相关的信息都将一一呈现,这样不但极大地减轻了工作人员的劳动强度,提高了工作效率,而且可以使馆藏清点成为一项经常性的工作,提高了管理水平。

(3) 降低错架和乱架率。

当前的图书馆普遍采用藏阅一体化模式,实行开架阅览,图书被错置乱放的情形比比皆是。如果有一本书放错了位置,读者甚至馆员也很难在茫茫书海中查找出来。采用 RFID 技术后,只需在 RFID 阅读器中输入要检查的号码段或要找的书名等,沿着书架依次扫描,一旦发现排架错误或找到所要的书刊时，设备会立刻用声光报警，这使得查找工作变得非常方便，也能显著降低错架和乱架率。

三、问题与思考

尽管目前看来RFID有很大的优势，但是所有科技与产品的应用都不可能完美无缺，图书馆在考虑使用RFID之前需要谨慎思考设备的稳定性、防盗系统的可靠性、作业程序和成本等几方面的问题。

1. 自助设备的稳定性问题

由于自助设备的稳定性及芯片识别的敏感性不够高等原因，读者在使用自助设备时，常常有漏借漏还现象发生。

2. 防盗系统的可靠性问题

由于一枚RFID标签所占用面积很大，不可能像以前的防盗磁条一样可以隐藏在书中隐蔽的地方，只能贴在书的封底内侧，这使它极容易被发现而遭毁坏。所以RFID标签表现出的最致命的缺陷是极容易被外力污损而导致书籍的盗失。此外，经过观察，我们还发现，在借阅过程中，如果RFID标签被多层厚实的包裹物阻隔，或受到外力挤压，或被金属物质（包括锡箔纸）阻挡，甚至以利器切断天线线圈，RFID都会丢失信号。读者如果用衣服包裹未办理借阅手续的书籍，或用手紧紧压住标签，或用金属文具盒隔开书籍经过安全门，系统都不会报警。贴有RFID标签的金属封面、封底的书在自助借还机上由于芯片信号的丧失无法办理借阅手续；两个RFID芯片相向的书放在一起，两个芯片的信号会相互干扰，其中一个可能会覆盖另外一个的信号。遇见上述情况时系统便不会报警。

3. RFID设备的成本问题

成本常常是影响是否导入新科技应用的主要因素之一，图书馆在有限的经费下要导入RFID，必须慎重考虑。相较于条形码、磁条，RFID标签每本书的耗材明显比较高，对于动辄数十万品种馆藏的图书馆是一笔不小的开支，再加上RFID系统外围相关应用软件及读写器、自动借还书设备等，更是一笔庞大的费用。

4. 个人信息的安全问题

RFID芯片的结构如智能卡一般，多由互补金属氧化半导体（CMOS）所制成，因此破解IC智能卡的方式一样可以应用RFID芯片上。由于RFID有着无线传播的特性，因此亦可通过无线信号撷取的方式拦截传输的讯号，因此必须加入讯息加密的功能，防止伪造、窜改讯息，确保信息的机密性、完整性及不可否认性。

四、结 语

虽然 RF1D 系统在图书馆实际应用中有一定的缺陷，但是瑕不掩瑜。苏州大学炳麟馆在使用 RFID 智能图书管理系统后，以全新的服务形式让读者真正享受到了现代图书馆提供信息服务的快捷与准确。经过几个月的运行，我们深刻感觉到，RFID 系统对于图书馆业务的改善不是万能的，但肯定是有效的。

RFID 系统拉近了图书馆与读者的距离，让阅读的过程充满体验的乐趣。

RFID 系统改变了传统的借阅服务和典藏管理模式，不仅可以提高图书馆管理效率，还可以使有限的图书馆工作人员投入读者更需要的服务中去，为读者提供更高知识含量的服务，开展更多的读者活动。

RFID 系统的应用对图书馆的管理提出了更高的要求，为图书馆未来向智能化发展提供了平台和更多的可能。借助 RFID 系统，图书馆基本摆脱了传统服务对未来工作重心转型的制约，使图书馆走上从一般性文献提供服务向专业化的情报服务、知识服务转变的道路。

总之，RFID 技术的出现为数字图书馆大潮中的图书馆传统服务注入了新的活力，随着技术的成熟、标签成本的降低，从长远来看，这项技术还是有很大的发展潜力的。

参考文献

[1] 刘绍荣，杜也力，张丽娟. RFID 在图书馆使用现状分析[J]. 大学图书馆学报，2011(1)：83－86.

RFID在我馆的实践与问题思考

俞巧根*

目前国内高校图书馆基本上采用的是安全磁条和条形码相结合的手段进行图书馆管理流通及安防措施，安全磁条作为馆藏的安全保障手段，而条形码作为纸本馆藏的识别手段。近年来，随着数字图书馆的崛起和计算机技术及网络的普及与应用，图书馆需要适时引入新技术，来提高馆藏资源使用率和服务管理效率。全新的RFID技术应用于图书馆，可以使图书自助借还、盘点、查找、定位、分拣等一系列工作变得智能又高效，给数字图书馆带来一次具有划时代意义的质变。

一、历史回顾

2004年第1期《大学图书馆学报》上发表了一篇论文《图书馆服务的无线技术——RFID的应用》，著者张厚生（南京大学图书馆）、王启云（淮海工学院图书馆），标志着高校图书馆界对RFID研究与探索的开始。

2006年，厦门集美大学诚毅学院图书馆成为国内首家应用RFID系统的图书馆，这标志着RFID技术进入高校时代。之后，汕头大学图书馆、北京理工大学图书馆便开始了RFID智能馆藏管理试验。2008年，香港大学图书馆、北京石油化工学院、国家图书馆和杭州市图书馆相继引进RFID技术，展现了RFID系统读取速度更快、多标签读取性能更佳、可调节读写距离等优势，使得图书馆图书智能管理更加快捷、方便。到目前为止，粗略统计全国高校图书馆应用RFID的已达50来所。

2010年12月，经过两年的考察和调研，我校高频RFID技术进入了实施阶段，成为了江苏省100多所高校中仅有的两所拥有RFID系统的高校之一。

---

* 俞巧根（1955— ），男，助理馆员，主要研究方向为数字图书馆建设和技术服务。

二、RFID 在我馆的实践

我馆 RFID 图书智能管理系统建设包括智能安全监测系统、自助借还系统、24 小时还书系统、公共图书馆 OPAC 定位系统和盘点系统五个方面。

(1) 智能安全监测系统。每本图书中都贴有专属 ID 的 RFID 标签,在通过安全监测门时,如果没有通过扫描解除锁定,安全监测门便会自动报警。智能安全监测系统减少了图书的丢失。

(2) 自助借还系统。读者可以通过借书卡(校园一卡通)自行借还书。

(3) 24 小时还书系统。24 小时还书系统设置在图书馆外,读者可以在任何时间进行还书,给读者提供了极大的方便。

(4) 公共图书馆的 OPAC 定位系统。这里的 OPAC 系统是指利用 RFID 技术具有定位功能的图书系统。由于图书在书架上易被读者随意移动,所以读者一般很难根据书号找到自己所需要的书。而利用 RFID 技术通过射频信号可以帮助读者快速找到所需图书。

(5) 盘点系统。帮助图书馆员盘点、整理书架。

经过历时 10 个多月来的实践,我馆的 RFID 已经建成了智能安全监测系统、自助借还系统和 24 小时还书系统。但是,我馆的公共图书馆的 OPAC 系统、盘点系统还是使用原来的自动化图书管理系统,而且在一个建筑物内完成绝不存在网络中断现象。而我馆存在跨校区多分馆的具体情况,面临在多个建筑物内完成的 RFID 自助借还书的问题,这个首要的问题是靠网络来实现的。而且今后炳麟馆的 OPAC 是以 3D 的形式在检索屏幕上展现出来的,这就要求“还书—上架—OPAC 检索—借书”全部实现智能化,实现这条链路的保障就是网络。这才是真正的 RFID 系统。目前我馆正在往这个方向努力。

三、问题思考

1. 资源为王

目前我馆的 RFID 系统还不是完全意义上的 RFID 系统,因为我馆的这套 RFID 系统目前开通的功能只有智能安全检测、自助借还、24 小时还书,点检和 OPAC 定位还没有开通,其实点检和 OPAC 定位才是 RFID 系统的灵魂。之所以说 RFID 系统中点检是灵魂,是因为在点检的子系统有一个核心的芯片数据，这个芯片数据资源如果没有，那 RFID 就不是真正意义上的 RFID 系统，因为芯片数据资源是将来数据挖掘的核心对象和基础。没有芯片数据就无法实现对芯片进行统计。我们现在的 RFID 模式是：① 采编：书目数据、条码数据进汇文系统；② 通过条码转换芯片，芯片数据没有系统可存放；③ 流通：通过芯片借还，芯片在流通环节无法统计，数据挖掘就无从入手。所以当今的数据挖掘利用是一个相当前沿的课题。

2. 数据为基础

（1）点检上架。

RFID 单机版模式：点检芯片、对应条码、读汇文书目数据、显示架位、书名，每次新书入库导入汇文书目数据一次，否则对入库的新书就是读到芯片也无法显示书名，无法指定该书架位，而汇文通过 OPAC 告知这本书的馆藏地和借阅信息，而所在馆藏地却无法显示这本书的架位和借阅信息，这就是单机版无芯片数据库的致命弊端。假如有芯片数据库，在采编的环节就可对芯片进行入库管理，从而从源头上解决上述的问题。

RFID 网络版模式：采编书目、条码数据进汇文系统，接着通过条码转换芯片、RFID 芯片数据进 RFID 芯片数据库系统，然后 OPAC 显示馆藏地和借阅信息、流通通过芯片借还、点检子系统通过 RFID 芯片数据库系统同步 OPAC，实时显示书目、架位、借阅信息，精确定位。从而不需要每次导入新书目信息，这样就形成与汇文数据库实时同步，实现了真正意义上的 RFID 系统。也就是在这种条件下，在网络中断和汇文中断的情况下 RFID 系统还能独立运行（目前借阅规则在汇文），当网络、汇文恢复，RFID 系统只要将中断时的借还数据提交与汇文数据库同步即可。如要在东校区、北校区实施 RFID 系统，这个问题便是一道制约瓶颈。本部馆实施就不存在这个问题，当然前提是把现在部署在新校区的接口服务器搬到本部机房。这就是为什么汕头大学图书馆的 RFID 系统用了 4 年才完成部署，北京理工大学图书馆同样用了 4 年才部署 2 个分校区，我想它们遇到和思考的问题与我们是一样的。创新成熟的过程，是自我认识的过程，更是不断完善的过程，也许在部署东校区馆和北校区馆时，我们所关心的问题能得到圆满的解决，为我馆全面部署 RFID 奠定基础。

（2）点检盘库。

盘库问题同样困扰着每个图书馆，至今没有一个图书馆馆藏书的数字是完全精确的，基本上是一个概数，而且任何一个图书馆不可能每年盘库。而真正意义上的 RFID 系统是可以精确到册的，要实现一这目标，前提就是要有上面所说的芯片数据库,没有芯片数据库盘库的场景既壮观又可怕。前不久发生的南京瘦肉精事件,RFID 技术发挥了重要作用,就是通过 RFID 技术在流通环节中快速找到是哪个批次,有多少斤肉,谁在卖,从哪里来的,都一目了然。这就是通过 RFID 技术的芯片数据库追溯或者说是查询得到数据信息,通过数据挖掘分析为今后馆藏提供决策依据。

(3) 芯片写入数据规范。

我馆的芯片写入数据量比较少,目前还在起步阶段,规范的目的是今后多个校区都使用 RFID 芯片时对馆藏地标识、馆际互借、通借通还等有章可循。不然,今后全面实行以后,再做这项工作,会给实施 RFID 带来不可想象的困难。这会造成无法识别分拣,给馆际互借、通借通还带来障碍。希望流通、采编同仁们多加考虑。

(4) RFID 投资风险。

目前的 RFID 系统是通过汇文接口来实现 RFID 流通借还的,这是在诸如网络、汇文、学校一卡通等处于正常的情况下完成的,只要这中间一个环节出现问题,RFID 就不能工作,其实 RFID 系统就是一个靠别的系统而工作的系统。综合应用系统越多,其依赖程度就越高,那么 RFID 系统的风险也就越多。其实,要解决 RFID 这个致命弱点,只有一条出路,那就是构建 RFID 管理系统和系统数据库。目前我馆和海恒公司的分歧就在于此,坚信建成 RFID 管理系统和系统数据库只不过是时间的问题,因为现在海恒公司的各个子系统已具备了应用功能,只不过没有把它管理起来罢了。一旦有了管理平台和数据库,我们图书馆的 RFID 系统的投资风险就会下降为零。

四、展 望

RFID 技术被列为 21 世纪十大重要技术项目之一,当今世界各国都致力于研究 RFID 技术。随着 RFID 技术的成熟和应用,未来人们关注和研究更多的是 RFID 的扩展功能,充分挖掘 RFID 的应用潜能,使高校图书馆的服务范围不断拓展和延伸,管理效率和服务质量得到提高,以加速 RFID 技术在高校图书馆的高质量普及。

触摸屏技术在读者服务创新中的应用

孙富林*

触摸屏技术在国内已有十多年的发展,新一代的多点触摸屏技术日益成熟,在众多服务领域得到广泛应用。从智能手机、电脑,到GPS、平板电脑,数字阅读产品不断推陈出新,相关产品的设计更加符合读者的需要。读者不仅希望获取静态知识信息,还希望获取各种动态知识信息,这对图书馆的要求越来越高。高校图书馆从满足读者的阅读需求出发,需要积极引进触摸屏技术,创新读者服务工作,提升对读者的吸引力,从而更好地为读者服务。

一、触摸屏技术及其应用

触摸屏技术是一种新型的人机交互输入方式。与传统的键盘和鼠标输入方式相比,触摸屏输入更直观,更符合人们的书写习惯。配合识别软件,触摸屏还可以实现手写输入。触摸屏由安装在显示器屏幕前面的检测部件和触摸屏控制器组成。随着触摸屏软硬件技术的进步,触摸操控由单点发展为多点,定位日益准确,表面声波触摸屏、光学触摸屏等先进技术不断推出。其中比较成熟的电容式触摸屏技术架构相对简单,具有透光率高、经久耐用及支持多点触摸等特点,在实际应用领域具有很大的优势和利用前景。软件行业也已积极开发触摸屏软件,大力推出支持触摸技术的操作平台或系统。触摸屏技术已成为继键盘、鼠标、手写板、语音输入后最为普通读者接受的计算机输入方式[1],并在工厂、银行、证券、展会、车站等场所广泛应用。

* 孙富林(1974—),男,馆员,技术部负责人,主要研究方向为数字图书馆技术。

二、触摸屏在图书馆中的早期应用

十多年前，在国内触摸屏技术的发展初期，国内很多学者对之有过热切的期待。有些图书馆便将它应用于图书馆读者服务工作方面，如多媒体导读系统，即利用触摸屏技术，并采用优秀的多媒体创作工具开发出来的能够让读者了解图书馆概况、组织机构、服务项目、检索方法和规章制度等信息的应用软件。[2]

但是当时的触摸屏软硬件技术存在以下不足。

(1) 显示器的类型存在限制，多为 CRT 显示器、液晶显示器，成本较高。

(2) 触摸屏技术本身有局限，只支持单点触控，且定位性不强，易漂移，响应时间长，触摸屏的尺寸较小。

(3) 触摸屏只是简单地代替了鼠标应用，没有软件公司开发系统和专业民用触摸软件平台。

(4) 多媒体信息资源缺乏，图书馆提供的很多信息资源没有考虑触摸的需要。

实际上，初期的图书馆触摸屏应用单一，影响非常有限，没有引起读者的热切关注。可以说，这么多年来图书馆的触摸屏应用一直处于停滞状态，吸引读者的效果并不明显。读者把触摸屏当作图书馆可有可无的设备，关注度并不高。

三、利用触摸屏技术创新读者服务工作方式

1. 利用触摸屏技术，增强图书馆创新能力

高校图书馆作为高等学校的重要学术支撑部门之一，为学校教学和科研提供信息资源保障服务，因而要致力于应用最新信息技术，增强创新能力，不断开拓新的服务模式和服务方式，通过不断提高服务能力和水平，为培养全面发展的合格人才做出更大的贡献，从而体现其应有的价值。[3]

2. 利用触摸屏技术，满足读者多元化信息获取需求

现代信息社会，高校读者的信息需求不断增加，阅读习惯不断改变。传统的图书馆读者服务模式不能适应读者新的数字阅读需求，也不能满足读者信息获取的个性化需求及获取途径的多元化需求。高校图书馆要充分利用触摸屏技术，满足读者多元化信息获取需求，稳定其读者群体。

3. 利用触摸屏技术，提升图书馆核心竞争力

高校图书馆需要及时了解数字阅读的最新技术和最新成果，创新读者服务模式。先进的多点触摸屏技术加上大尺寸液晶屏组成的新一代多媒体互动设备可以帮助高校图书馆更加高效地吸引读者、传递丰富信息、提升读者服务水平，创新服务方式[4]，从而使传统的读者服务工作展现出新的面貌。读者服务工作的创新可以极大地激发读者的阅读兴趣，让读者充分体验数字阅读给自身的学习和生活带来的新变化，更好地为学校师生提供多元化的优质服务。

四、触摸屏在图书馆的应用前景

1. 触摸屏在图书馆中的应用现状

目前，国内不少图书馆利用触摸屏这一非常直观、自然、简单、方便的信息查询输入设备，开展读者服务工作的创新。例如，通过图书馆触摸屏导读系统来引导读者，为读者提供 opac 导读或提供个人信息与公共信息查询服务等。[5]国家图书馆已经推出数字资源触摸体验系统展示，内容包含馆藏资源、电子报刊、在线讲座、在线展览、服务介绍、文津图书奖、中国政府公开信息整合服务平台[6]等内容。这些都已经获得了较好的教育效果和社会影响。

目前国内图书馆引进最新、使用最多的是触摸屏电子读报系统。它结合了传统阅读习惯和最新数字阅读理念，配以大尺寸宽屏液晶显示器。读者站在触摸屏前，只需在屏上轻轻点击，即可方便地进行选择、浏览和阅读。读者也可以随意移动、放大、缩小和翻阅报纸页面。所读报纸的内容和图片均是原版展现，便捷、清晰，有极强的视觉效果，给读者带来很好的阅读体验。图书馆的这些创新举措已经受到读者的认同，读者积极参与使用，具有不错的反响。

2. 触摸屏在图书馆的应用前景

高校图书馆可以通过设计和开发符合图书馆自身需求的触摸屏应用，推出多种读者创新服务模式。

(1) 公共信息服务。

图书馆是高校的信息共享中心，高校图书馆提供的公共信息不应局限于图书馆的通告、图书馆三维电子导航等信息，可以近一步利用触摸屏技术提供学校的公告、实时天气信息、实时交通信息等，为读者提供实时的、准确的、感兴趣的、密切需要的信息，满足不同层次、不同需求的读者的多元化

需求[7]。

（2）用户培训服务。

读者培训是高校图书馆的重要职能之一，多媒体、流媒体是读者培训的重要手段。高校图书馆将读者培训工作结合触摸屏技术后，可以极大地提升培训的效率，触发读者的兴趣，加强培训效果。

（3）会展服务。

高校图书馆在举行各类讲座、会议、展览时，利用触摸屏技术可以吸引更多的读者，扩大社会影响。

（4）用户交互。

高校图书馆可以借鉴触摸屏在其他领域的应用实例，在触摸屏中添加互动游戏的内容。这就充分利用和发挥了人机互动的特长，为读者提供了动手动脑的思维空间，强化了人机交流的亲和力，同时还使信息传播的氛围更为轻松，让学习的过程不再枯燥，让读者在图书馆的阅读体验更加完美，引导更多读者利用触摸屏。

（5）特色数据库建设。

这几年，很多高校图书馆建设了本馆的特色数据资源库。特色数据库反映了图书馆自己的特有资源，特色数据资源库检索界面生动，信息表达和交互方式丰富，吸引了广大读者，进而提高了图书馆的影响力与吸引力。特色数据库在结合触摸屏技术后，检索界面会更加生动，信息的表达和交互方式更加丰富。读者可以直接利用多媒体触摸屏检索台查看自己所需的文献资料，包括图形、图像、声音、动画、视频甚至它们的组合信息，提高高校图书馆数据资源的利用效率。

由此可见，高校图书馆结合先进触摸屏技术积极推进读者服务创新工作的前景是十分广阔的。

五、结　语

创新服务、“触摸”未来，是高校图书馆创新读者服务工作、吸引读者、提升自身价值的重要举措。高校数字图书馆应当充分依托自身特色与实力，以先进的触摸屏技术为基础，从读者的体验角度出发，合理利用和整合现有的图书与信息资源，尽最大可能满足读者阅读需求，更好地为高校师生提供优质的服务，让读者“触摸”未来。

参考文献

[1] 触摸屏技术的应用与发展综述[OL]. http://www. autooo. net/autooo/renjijiemian/jishu/2008-01-10/45028. html.

[2] 王君学,牛丽莉. 图书馆多媒体触摸屏导读系统的设计与开发[J]. 河南图书馆学刊,1999(4).

[3] 曾爱玲,我国高校图书馆的核心价值与功能定位热[J]. 内蒙古科技与经济,2010(3).

[4] 张胜利. 试论公共图书馆服务模式创新[OL]. www. lstsg. org/lunwen/zhang. pdf.

[5] 于璐. 图书馆可视化触摸屏导读与查询系统的设计与开发[J]。电脑知识与技术,2011(14).

[6] 中国国家图书馆读者服务指南. [OL]http://www. nlc. gov. cn/newdzzn/gtfw/fwfs/.

[7] 骏马驰骋. 重构多元价值观背景下图书馆服务模式研究[OL]. http://blog. sina. com. cn/s/blog_5d30f7fd0100lqdc. html.

基于IP地址的身份认证模块的设计与实现

张 薇*

一、引 言

高校图书馆的主要职能之一是为学校的教学和科研活动提供全面可靠的文献信息资源,因此高校对图书馆实现资源共享的需求更加迫切。互联网的大规模发展为图书馆实现资源共享带来了契机和便利,而提供各种资源利用和共享服务的应用系统平台是其中不可或缺的组成部分,基于web的图书馆信息资源发布和共享系统已经成为并且将继续成为主流。

越来越多的高校图书馆加入资源共享的行列中,由此带来用户数量的成倍增长和资源的海量增加。面对这一情况,共享系统的设计者们不约而同地遇到了一个问题:如何对用户进行身份认证,从而实现确定用户的访问权限、对资源进行自动分配、统计数据等一系列功能?而建立和维护一个庞大有序的用户数据库可以解决上述问题,但其实现和管理成本比较高。同时,作为高校图书馆的已知读者,更加希望能够免掉注册及认证等环节而直接访问共享平台,并且被告知哪些资源是他可以自由访问的、哪些资源是他更容易获取的。

二、系统功能的分析与设计

区域联合体门户、电子文献数据库、联合目录、馆际互借系统等都是目前

* 张 薇(1977—),女,硕士,馆员,系统技术部副主任,主要研究方向为图书馆自动化建设和数字图书馆建设。

高校图书馆为实现资源共建与共享而积极建设的内容，这些系统在不同程度上都需要对用户进行身份识别，我们可以通过基于 IP 地址的认证方式来解决这一问题。来访 IP 地址承载了客户端的来源地信息，而对馆际间共享系统的访问绝大多数来自于成员馆的校园网，因此，通过对 IP 地址数据的处理，系统将自动识别来访用户所属的成员馆，进而按照单位划分集体用户，并以此定义权限及分配资源。为实现这一功能，系统需要记录成员馆高校的 IP 地址范围，并据此对来访 IP 用户进行适时、快速分类。

如图 1 所示，系统数据库中存储用户的来源地 IP 地址范围信息，这些数据由管理员手工录入或批量导入，在存储入库前要进行有效性验证。验证时，首先对输入的 IP 地址范围的正确性和有效性进行检查，过滤非法输入，然后还要到数据库中进行比对分析，以避免和已入库的 IP 地址段数据存在交叉冗余。IP 地址分类的过程就是查找数据包的 IP 地址究竟属于哪块 IP 地址的过程，当产生访问链接时，基于已有的 IP 地址数据库对请求端 IP 地址进行分类，确定其来源地，自动为用户贴上身份标识并伴随整个会话周期存在，这一过程对于用户来说是透明的。

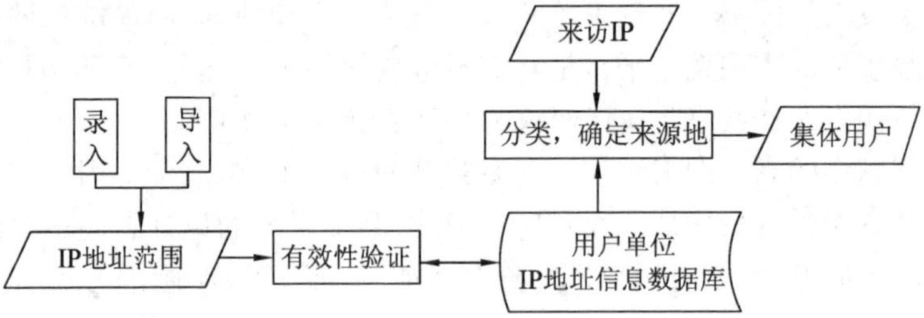

图 1　系统功能框架示意图

三、算法与实现

上文图 1 中所示的系统框架可以划分为两部分，其核心功能分别是：① 用户单位 IP 地址信息数据库的建立，要求存储的 IP 地址范围是有效的且无冗余。② 在 IP 地址信息数据库的基础上对单个 IP 地址进行快速分类。每个 IP 地址由 32 个比特组成，通常用比较容易理解和记忆的点分十进制法表示，一段 IP 地址范围可以用起始 IP 地址、终止 IP 地址对的形式来表示。由于 IP 地址格式特殊，在进行比较与分类时比较繁琐，尤其当 IP 地址段列表膨胀时，处理的效率就会显得低下。针对这一问题，本文采用一种简洁的算法，其核心思想是将每个IP地址进行数据换算，映射为一个整数，从而将对IP地址区域的管理，简化为对数值区域的管理，并将区域信息模块化，进行统一管理，对于来访的IP，只要实现简单的数据判断，就能迅速地实现分类。

1. 算法原理与数据结构

系统将每个IP地址通过一个简单的公式映射成为一个个整数。

假设IP地址为a. b. c. d，那么其换算公式为 $a \times 256 \times 256 \times 256 + b \times 256 \times 256 + c \times 256 + d$。

比如这样一个IP地址：192. 168. 1. 102，依照上述公式，其换算过程如下：$192 \times 256 \times 256 \times 256 + 168 \times 256 \times 256 + 1 \times 256 + 102 = 3232235878$，即把IP地址192. 168. 1. 102映射为整数3232235878。在本文随后的设计描述中，将默认采用整数来表示IP地址，如需要计算原始IP地址，只需要将该长整型数值反运算即可。

基于IP地址的整数化，系统将整个IP地址空间设计成为一个一元的横坐标，坐标起始数值为0（对应IP地址为0. 0. 0. 0），终止坐标为4294967295（对应IP地址为255. 255. 255. 255）。文中将IP坐标称为“节点”，可以将IP节点看作坐标轴上离散的点，一个封闭的IP地址段最多由两个节点（起始节点和终止节点）唯一确认。

为了保存IP地址段信息，系统创建一个IP节点表，结构如表1所示：

表1　IP节点结构表

字段名称	字段类型	说明
ID	int	内部ID，自动增长
BLOCK_ID	int	对应的IP块ID，同一IP数据块的起始和终止节点具有相同的BLOCK_ID
UNIT_ID	int	对应的用户来源地记录ID
IPVALUE	long	IP地址转换后的整数值
FLAG	char(1)	0表示为起始IP节点，1表示为终止IP节点

在我们设定的坐标轴上，合法的IP段有两种情况。

（1）由一个起始IP地址和一个终止IP地址构成的一段封闭区间，在表中由具有相同BLOCK_ID值的IP起始节点和终止节点两条记录表示。

（2）单独的一个IP地址，对应表中一条FLAG字段值为“0”的起始节点记录。

2. 输入 IP 地址范围的校验

系统提供 IP 地址范围的输入接口,输入必备 3 个参数:起始 IP 地址、终止 IP 地址(如果只含有一个 IP 地址,则终止 IP 地址等于起始 IP 地址)、地址来源地。在存入数据库之前系统要经过一系列处理以保证输入的 IP 地址范围是正确有效的,同时要避免和库中已有的数据存在冲突。这一校验过程主要分为以下几个步骤。

(1) 检查每个 IP 地址格式的正确性。输入的 IP 地址用点分十进制表示,每一个十进制数应该 $\in[0,255]$。

(2) 将 IP 地址通过换算公式映射为整数节点,检查输入的 IP 地址是否组成封闭区间,要求满足条件:终止节点值≥起始节点值。

(3) 判断输入的新的 IP 范围是否和库中已有的 IP 地址段存在冲突。冲突的情况有两种:交叉覆盖已有的 IP 地址段或者被已有的 IP 地址段所包含(合理假定数据库中已有的 IP 地址段是不存在冲突的)。假设输入的 IP 地址段的起始节点值为 IP_1,终止节点值为 IP_2,如果输入 IP 段只包含一个 IP 地址,则 $IP_2 = IP_1$。

第一步:交叉覆盖判断。判断是否存在"IP 节点表. IPVALUE ≥ IP_1. AND. IP 节点表. IPVALUE ≤ IP_2"的记录,如存在,则交叉,校验不通过。

第二步:被包含判断。在 IP 节点表中分别取得最大值 MAX(IP 节点表. IPVALUE < IP_1)和最小值 MIN(IPVALUE > IP_2)的记录,判断两条记录的 BLOCK_ID 值是否相等,如相等则表示被包含,校验不通过。

3. IP 地址的分类

在前面的描述中我们建立起一个不存在冗余的 IP 地址信息库,将 IP 地址范围和来源地关联在了一起,从而得以通过 IP 地址导出身份来源。基于 IP 地址的整数化表示,IP 地址的分类实现起来也比较简单。

当系统获取到用户的 IP 地址信息后,首先将其映射成整数节点值,然后到 IP 节点库当中进行匹配,判断该节点值是否属于库中已记录的某一段 IP 范围,如匹配到则身份合法,并可根据 UNIT_ID 值关联到来源地记录以做进一步的身份认定和权限分配。假设来访的 IP 节点值为 IP_1,匹配的过程如下:在 IP 节点表中分别取得最大值 MAX(IP 节点表. IPVALUE≤IP_1)和最小值 MIN(IPVALUE≥IP_1)的记录,判断两条记录的 BLOCK_ID 值是否相等,如果相等,则表示此 IP 坐落在分别以这两条记录作为起始节点和终止节点的 IP 范围区间内,匹配成功,否则就表示此 IP 不在登记范围内。

四、结　语

作为知识收藏和传播的中心,图书馆的应用是具有共性的,身处网络时代,在数字资源共享平台的建设中,注重分析这些应用的特点和共性,从中提取出通用的功能,将有助于增强系统之间的互通能力,同时可以减少很多重复劳动。本文设计的IP身份认证功能,就是在图书馆资源共享平台建设的开发实践中探索出来的。通过数据包的IP地址进行身份验证是一种模糊验证,但从为公共群体提供资源服务的需求出发,这种验证方式体现出较高的性价比。实践证明,整个模块结构清晰,简单实用,通用性强,便于移植,在应对大量网络业务需求时表现出较高的处理效率。

参考文献

[1] 刘举平.基于LIS的用户统一认证分析应用[J].现代情报,2008(9):157-161.

[2] 王晓勇.基于查找树的IP地址分类算法研究[J].计算机科学,2007(6):76-77.

[3] 褚建立.基于Web的多重身份认证的设计与实现[J].网络通信与安全,2007(1):50-51.

[4] 王昱.数字图书馆中的权限控制研究[J].中国科技信息,2005(4):39.

浅谈苏州大学图书馆吴文化网站的页面设计

段文文*

吴文化是中华民族文化的重要组成部分。对吴文化进行评价与定位，既要从吴地的地理、历史和人文背景出发，努力把握吴文化与中华民族传统文化的关系，更要从吴文化与苏州文化的包容关系中，努力把握吴文化的基本特征。苏州文化已经衍化成了一种现象，一种理念，一种生活方式。[1]离开苏州文化，吴文化无疑就失去了光华。作为CALIS三期特色数据库建设项目内容之一的吴文化网站建设，就怎样充分运用苏州元素，将吴文化的内涵充分展现于世人、传承于后人进行了有益的尝试。

一、版面设计的风格定位

在悠久的历史长河中，吴文化显示出善于吸纳、巧于融合的特色，吴地一直以开放的姿态迎接世人。数千年来，吴文化拒绝被其他禀性各异的文化所同化，坚持保留自己的特色，汇集、融合了其他地区文化的优长，创造出自己独特的流派。为了配合吴文化的特性，吴文化网站建设在页面设计上更要突出吴文化的开放性以及兼容性，同时要以造型要素的统一表现技巧构建网站的代表性图像，以展现出视觉效果的连贯性，增强网站的视觉形象，在视觉上更加清晰地传递网站的整体性，以突出苏州元素，映衬吴文化的韵味。

1. 典型别致的苏州风韵

（1）水韵——吴文化的灵魂。

苏州可以说是典型的水乡，无处不在的水对吴文化特色的形成产生了深远的影响，千百年来，吴地人的生活和他们的文化，几乎都是围绕着水展开

* 段文文（1985— ），女，硕士，助理馆员，主要研究方向为传播学。

的——水创造了苏州,保存了江南典型古镇风貌;水有绵长的历史渊源和深广的文化积淀。因此,吴文化网站设计的主题图片凸显水景创意,集中反映了水乡文化的个性。这便让人情不自禁地想到太湖,因此,网页的抬头图片以太湖水为背景,通过湖水的映衬和烘托,将所有苏州元素呈现出来。可以这样说,正因为得益于水的润色,苏州才让世人对梦里水乡产生了丝丝牵畔。

(2) 园林——吴文化的骨体。

苏州文化保持了与园林建筑大致统一协调的江南水乡风格,街巷临河延伸,河岸杨柳依依,石栏石凳相连,临河贴水的房屋各种墙式混合相连使用,与水巷驳岸一起构成了高低起伏、错落有致的外墙景观。[2] 吴文化网页图片的设计利用空间分隔法,把不同的苏州要素打造成块区的分隔线,将画面切分为三个部分,左边部分为园林,中间部分是水韵,右边是虎丘,以增加画面的层次感。从而取得丰富的主体内容和深远的文化意韵。

2. 细腻精巧的细节装点

(1) 水墨。

中国水墨画作为一种代表传统文化审美意味的艺术形式,已经成为一种文化符号,具有强大的精神力量,是很好的信息传播方式,其独具的风格应用在网页设计中,能有效地传达设计理念。中国水墨画中的笔、墨是一种媒介,一种符号。[3] 在吴文化网站页面设计过程当中,设计者将水墨山影作为背景融入太湖水中,使观众在打开网页的瞬间产生完整、深刻、强烈的生动印象,并能让人产生联想,从而达到"形有尽而意无穷"的效果。在继承和借鉴本土文化精髓的同时,把握现代社会对视觉效果的重视与追求,这样设计出来的作品才能自然而然地流露出东方文化的意韵。

(2) 留白。

在设计图片的过程中,采用了形式简洁的"留白"艺术构造,它实则蕴含着丰富的文化内涵,体现了"空纳万物"的思想理念。吴文化网站设计者用"空纳万物"的手法和形式去表现人们对于苏州文化的审美思考,而这正是吴文化的实质和核心理念。留白这一艺术手法为浏览者提供了宁静的着落点。在网页的色彩对比上既可起到增强的作用又可起到协调的作用。[4]

吴文化中透露出的含蓄之美犹如"廊桥望月",让浏览者和网页进行情感碰撞,其审美过程给人以很大的联想空间,让人在无言中感受含蓄美。设计中的含蓄,体现的是一种深厚的文化内涵,它重视内蕴,强调含忍,看重言外的意味,体现的是一种表面上并不声张的创造,"隐藏"更多的时候是为了更好地"显露",勾起人更幽深、更玄远的用思,显出那更丰富、更感人、更凝重的内蕴世界。

3. 移步换景的格局编排

设计者的创作灵感源于苏州古典园林移步换景的建筑风格，运用一副画卷的布局展开创作，旨在图片设计的过程中，融入这种视图的感觉，使浏览者从左至右展开画卷的联想（见图1）。图片左侧的廊桥意在突出视觉的窗口，希望将受众的视线从园林引向水韵的景致中，仿佛置身于园林之中，也体味着太湖的美景。画面中的虚实对比，使网页设计内涵更富有韵律感和节奏美，增加视觉刺激，使兼容并包的吴文化理念在网页设计中映射出来，扩大视觉上的反差，在“虚”中彰显真实。

图1　吴文化网站界面页眉图片

二、版面配色

苏州古城的传统色彩非常统一，以青灰、咖啡、茶色倾向的色系为主，根据主观需求设色，根据图形和画面结构分配色，同时追求更单纯地用色，有色和无色之间正负形穿插，等等。这些用色的新方式，相对传统对比色、同类色的运用方式，大大扩展了表现力，丰富了表现手法，带来了一系列新的效果。[5]

吴文化网站主而界面页眉图片，从左侧的园林入手，着重强调亭台的朱红色，以西字体为节点，过渡为微暖茶系。明度逐步提高，只在强调的中部字体节点处作浅色渐变的处理，色调具有节奏上的变化，而不至于呆板。

色彩是最直接也是最持久地给浏览者以网站形象的因素，它的效果直接影响阅读者的观赏兴趣，色彩运用恰当与否直接关系到网页视觉效果的好坏。色彩在网页效果中所占比重很大，网页中如果有了合理清新的色调，将会弥补网页上其他方面的不足。从网站属性角度出发，吴文化网站为苏州大学图书馆自建的网站，主要面向教学和研究人员，体现出责任机构的严谨性、学术性、知识性等非常重要。因此,黄色这种带有书卷气息的颜色便得到了广泛的认可,通过对重点区域的色彩强调,主、辅色在同一区域内交互使用,以使整个区域既统一协调,又具有一定的变化,使苏州园林、水、山的色彩在具有整体主色调的基础上蕴含变化,从而丰富吴文化的色彩艺术形象。

三、页面框架排版

一般而言,网页中除了包括平面视觉构成的图片、字体元素和布局,还包含动态、多媒体、交互元素等网页特有的视觉元素。但如果这些元素设计有欠规划、缺乏审美意识,简单堆砌,便会浪费资源,杂乱无章的文字、图片、动画、广告窗口、色块,都在挑战用户浏览网页时的忍耐极限。网络倡导注意力经济,且形式和内容缺一不可[6],想要设计出一个实用美观的网站,必须做到文字图形等空间妙合无隙、恰到好处、统一和谐。网站页面的内容可多可少,可传统可前卫,但整体布局必须合理、有序。吴文化网页的框架结构为左中右结构,网站以白色为背景色,用黄褐色作为辅色,具有浓厚的书卷气息以及苍劲古朴的意蕴、端庄典雅的风范和优美清新的格调。

页面中文字的颜色使用了低纯度的黄褐色和白色,其中导航条白色的文字是网站的超链接形式,鼠标放上去会有很微妙的明度变化。说明性文字采用黑色,信息内容框里的标题,主次关系排视觉第一位,内容主要缩小字号,做了粗细变化。

吴文化网站的界面抬头图片在网页中的使用,成倍地加大了它所提供的信息量,也大大美化了网络页面,增加了网页阅读的趣味性。

四、结　语

苏州大学图书馆吴文化网站设计的很多细节都有虚实、水墨、留白等艺术手法的应用,突出网页的美感,让用户可以轻松浏览,得到很好的视觉体验。在素材选取过程中,设计者为了达到简约美和功能性的平衡,通过反复的推敲和尝试来进行合理的删减,充分结合网站功能,不断对网页设计进行提炼,使得网站能更好地表达出吴文化的精粹。

苏州是吴文化的核心地区,环太湖的每一寸土地都沉积了吴文化的历史,独具深厚的文化底蕴。苏州大学图书馆完全可以利用自己得天独厚的区位优势和学术优势,本着传承吴文化的灿烂辉煌,发掘、研究、剖析吴文化更深层面的内涵，构建吴文化特色数据库，为苏州大学图书馆的发展揭开新的篇章。

参考文献

[1] 汪长根，王明国. 论吴文化的特征——兼论吴文化与苏州文化的关系[J]. 学海，2002(3):85-91.

[2] 赵龙. 古典元素在园林设计中的运用[J]. 绿色科技，2011(4):111-112.

[3] 许海. 中国传统水墨画在网页设计中的应用[J]. 艺海，2008(6):100-101.

[4] 卫捷. “留白”理念在现代网页设计中的映射[D]. 河南大学硕士论文，2011.

[5] 卢春霞，汤浩. 城市设计中的色彩规划——以苏州古城街景城市设计为例[J]. 规划师，2003(12):90-92.

[6] 周月芝. 结合理念在网页设计中的应用[J]. 中国市场，2009(14):106-107.

移动泛在业务环境对高校图书馆数字服务的影响及对策

严大香* 祁汝峰**

随着网络技术和移动技术的快速发展,移动泛在的业务环境正逐步形成,高校图书馆必须在传统数字服务的基础上进行变革,实现移动泛在数字服务,这样才能顺应时代的发展。

一、移动泛在业务环境的发展及其对图书馆的影响

随着网络技术的深入发展,信息渗透到了人们日常生活的方方面面。这样的社会,称为"泛在信息社会",即任何人随时随地都可以通过合适的终端设备,与网络进行连接,获取个性化信息服务。

"泛在"这一概念的英文词为"Ubiquitous",源自拉丁语,意为无所不在。1991 年施乐实验室的计算机科学家 Mark Weiser 首次提出"泛在计算"(Ubiquitous Computing)的概念,强调把计算机嵌入环境或日常生活中去,让计算机本身从人们的视线中消失,让人们注意力的中心回归到要完成的任务本身。在此基础上,日韩衍生出了泛在网络(Ubiquitous Network),欧盟提出了环境感知智能(Ambient Intelligence),北美提出了普适计算(Pervasive Computing)等说法。在 WWRF 2004 北京会议上,我国专家们提出了移动泛在业务环境(MUSE)的概念,其核心内容有丰富多样的业务创造、充分适配的业务提供、网络的融合与协同以及泛在智能的终端环境。

移动通信正在改变着人们的生活方式。CNNIC《第 27 次中国互联网络发展状况调查统计报告》显示,截至 2012 年 6 月底,我国网民规模为 5.38 亿,手

---

* 严大香(1965—),女,硕士,副研究馆员,信息咨询部部长,主要研究方向为参考咨询与用户研究。

** 祁汝峰(1972—),男,硕士,馆员,科技查新站主任,主要研究方向为图书情报。

机网民规模达3.88亿,超过了电脑网民(3.80亿);2012年上半年使用台式电脑上网的网民比例为70.7%,相比2011年下半年下降了2.7个百分点,而手机上网比例则增长至72.2%,超过前者。人们的阅读习惯、阅读方式、阅读形态发生了重大改变,对数字图书馆的依赖越来越小,泛在网络浏览阅读、移动阅读、手机上网阅读渐成风气,且已居于主导地位,数字图书馆已经开始越来越远离知识链的中心,被"边缘化"了。在这种时代背景下,图书馆想要生存和发展,一定要突破传统服务的限制,通过互联网、移动通讯等现代网络和多元化方式将数字服务延伸到读者所处的任何地方,建立一种时刻以用户为中心的、适应未来发展的服务方式——移动泛在数字服务方式,其宗旨是为读者提供无时不在、无处不在、融入用户过程的数字图书馆服务,不受时间、地点和网络的限制。在移动泛在业务环境下,高校图书馆要实现移动泛在数字服务,必须在传统数字服务基础上进行变革以应对时代的发展。

二、高校图书馆在数字资源内容和组织方面的应对

移动泛在业务环境下,图书馆信息资源组织建设首先在内容上要有所改变。传统数字环境下,图书馆信息资源以文本型、学术研究型资源为主,如各类中外文电子期刊、电子图书、文摘书目型检索工具等。移动泛在业务环境下,阅读需求的多样性、阅读场所的不固定性、阅读终端的复杂性,使得对图书馆信息资源需求的类型也呈现多样性。除传统Web方式下使用的文献资源外,应适当增加一些适用于移动终端利用零散碎片时间阅读的资源,如电子图书、多媒体资源、学习类资源、益智休闲类资源、百科知识类资源等。除此之外,馆藏关注的重点将逐步从购买资源向知识管理、关注知识的应用环境和应用群体转变。图书馆数字资源管理理念由原来的单纯的数字馆藏转变为数字馆藏+规范知识库(人名规范、地名规范、主题词表)+文献知识库+版权信息+馆员经验知识库+读者行为库,数字资源管理对象从传统的资源元数据,扩展到全文数字对象、知识库、读者行为(收藏、评论、标签、分享等)。

相对于资源内容建设而言,资源的组织与揭示方式更为重要。传统的数字图书馆模式下,资源提供以单库检索为主,整合或一站式检索为辅。移动泛在业务环境下,图书馆信息资源组织的重点在于对异质、异构信息资源的组织、重组、聚合、关联和揭示。使用方法上尽量简便化,检索上尽量智能化,内容上尽量多样化,结构上更加协同化,以更适用于各种异构网络和不同类

型终端的使用。架构上要以读者体验为核心,从以信息保存、信息服务为中心,转变到以读者需求为中心,强调以读者为中心来组织信息,并更加重视个性化设计。除传统的适用于互联网的图书馆门户外,还应建立多个适合于不同类型终端的数字图书馆门户,如建立适用于移动终端使用的移动数字图书馆门户,并将适用于移动阅读的资源进行整合和重组,在信息揭示中充分考虑移动设备小屏阅读的特点,建立一个具有移动的、语义的、多语言、多媒体特征的移动泛在数字图书馆知识网。

三、高校图书馆在数字资源服务手段方面的应对

移动泛在业务环境下,数字图书馆通过移动电视、电脑、手机、掌上电脑等方式,向读者提供服务。读者在家中、户外、车上等地点都可以轻易获取图书馆的信息资源,可以阅读电子书、电子报、电子期刊、多媒体资源等,还可以随时获得图书馆推送的各种服务,定制自己需要的资源,第一时间获得所需的最新信息。读者使用图书馆数字资源的业务环境与传统的互联网数字图书馆相比有了很大的改变,因此,数字图书馆的服务手段也必须随之变革。

移动泛在业务环境下,服务的协同和协作显得尤为重要。所谓的协同和协作除包括图书馆联盟之间的协作外,更重要的是要与网络信息服务商、数据库商及元数据提供商进行广泛的协同合作,如与 Google、Yahoo、Baidu、Amazon、超星、万方等服务商合作,对资源进行有效整合,运用知识发现、知识组织、数据挖掘、数据融合、智能搜索等多种技术和工具,创建面向需求、适应变化、快速反应、灵活深入的知识服务机制。除此之外,还要与读者进行协作,通过虚拟社区或利益小组,实现知识的协作与共享,通过 Blog、TAGGING、Wiki 等技术服务与软件,使读者通过评论、注释、标签等方式交流、创造、共享知识,增强读者体验。

移动泛在业务环境下,新技术的运用也极其重要。移动泛在网络将包括互联网、电信网、物联网、语义网、云计算和云存储、网格技术、流媒体技术、射频身份识别(RFID)、蓝牙、P2P、SOA、Wi-Fi、WiBro、IPv6、Web2.0、Web3.0、Mashup 等,这些基础设施、网络环境、技术方案和架构将把数字图书馆带入一个全新的移动泛在时代。当前我们可以开展的是利用这些技术建立移动数字图书馆。目前我国高校图书馆提供的移动数字图书馆服务包括短信提醒服务、WAP 服务和移动全文阅读。2011 年 10 月,在对我国 105 所高校图书馆进行的调查中发现,只有 14 家开通了短信服务平台,14 家开通了 WAP 服务,

开通移动全文阅读的更是只有4家，其中清华大学开通了书生移动图书馆服务、IEEE手机图书馆服务、JSTOR手机图书馆服务、MEDILINEPLUS手机图书馆、Pubmed手机图书馆、Pubget手机图书馆等数字资源的移动阅读和检索服务，海南大学和西安交通大学开通了超星电子全文资源和移动阅读，陕西师范大学开通了龙源电子期刊的移动阅读。

移动泛在业务环境下，有必要建立分布式24小时自助图书馆系统。自助图书馆系统的自助终端应分布到学校的各个角落，如教学楼、学院办公楼、活动室、食堂等地，以渗透到读者的所有活动场所；要具备送书上门、自助借还、图书馆资源查询、预约借书、申办图书证、图书馆宣传等功能，使读者觉得图书馆就在身边，图书馆无处不在、无时不在。

四、高校图书馆在参考咨询服务方面的应对

移动泛在业务环境下，数字图书馆读者服务应以读者为中心，以数字化服务环境建设为主体，业务管理逐步融入读者服务，不断改进用户体验，提高用户黏度和满意度，实现全新的读者服务、业务管理和共建共享的融合。随着新的信息技术和信息服务手段的不断出现，以苹果ipad为代表的平板电脑、电子书、智能手机用户不断发展，传统的数字图书馆在线体验已难以满足新生代读者的体验需求。移动泛在业务环境下，图书馆读者服务需要全方位立体开展，应包括到馆服务、互联网在线服务、手机掌上服务、离线服务等各种不同的服务方式。

移动泛在业务环境下，数字图书馆读者服务必须从传统的文献浏览下载等数字资源服务，向深层次、立体化、个性化、知识化服务推进，建立嵌入式学科服务。将数字图书馆服务嵌入用户业务环境中，以有机融入用户物理空间或虚拟空间，既可以是基于Web2.0的嵌入式馆员服务，将服务嵌入用户虚拟空间，也可以是基于用户桌面的嵌入式服务，通过桌面工具软件充分调动和集成各种资源、系统与服务。总之，要根据用户不同的信息需求，将图书馆服务置于用户信息环境中，通过电子邮件、虚拟参考咨询系统、博客（Blog）、聚合推送（RSS）、维基（Wiki）、BBS、QQ、MSN等网络实时通信工具，与用户建立密切互动的服务关系。

建立知识社区（Knowledge Community），使图书馆成为信息知识中心。知识社区正在成为一种新型的研究、学习、教育方式，并将成为知识生产和交流的主要形式。知识社区既包括物理空间的传统图书馆和网络空间的数字图

书馆,也包括在网络上发展起来的各种论坛、讨论室、博客、WiKi 等;既包括物理上分散、逻辑上集中的信息资源,又包括通过这些形式集中起来的、具有共同兴趣的人群。在知识社区,图书馆员要通过各种泛在计算设备了解读者的检索需要,了解读者的检索能力和亟待解决的问题,针对每个读者的实际情况,制订出最佳解决方案,给出及时的技术支撑。在移动泛在业务环境下,读者利用图书馆的信息的环境是移动的、自由自在的、随时随地的,并以不同方式、不同目的获取资源,因此,图书馆员应该通过移动泛在设备向读者提供全天候的、移动的参考咨询服务,使图书馆知识中心的作用发挥得更加充分、更加出色。

参考文献

[1] 纪阳. 移动泛在业务环境视野下的网络融合与物联网. [EB/OL]. [2011-11-22]. http://labs. chinamobile. com/mblog/21432_50271.

[2] 人民邮电报. MUSE:打造移动泛在业务环境. [EB/OL]. [2011-11-22]. http://www. cnii. com. cn/20070520/ca430663. htm,2011-11-22.

[3] 张平,纪阳,冯志勇. 移动泛在网络环境(1)[J]. 中兴通讯技术,2007(1).

[4] 冯浩然,李娜,张邓锁,等. 移动泛在业务环境下图书馆服务研究[J]. 图书馆杂志,2009(8).

[5] 汤云娟,叶笑尘. 支持泛在学习的图书馆服务创新[J]. 承德民族师专学报,2010(3).

[6] 郎庆华. 泛在网络下手机图书馆信息服务的目标及实施策略[J]. 现代情报,2009(8).

[7] 任静. 基于 3G 技术的泛在图书馆移动信息服务研究[J]. 情报资料工作,2009(5).

[8] 陈清文. 论泛在知识环境下图书馆文献信息服务的变革[J]. 嘉兴学院学报,2010(6).

[9] 欧阳剑. 泛在信息环境下图书馆信息资源组织构建研究[J]. 图书情报工作,2011(5).

[10] 黄幼菲. 泛在知识环境下后数字图书馆发展的思考[J]. 情报理论与实践,2011(3).

[11] 范广兵,初景利. 泛在图书馆与学科化服务[J]. 图书情报工作,2008(1).

移动阅读环境下高校图书馆阅读服务策略*

曹琴艳**

随着信息技术和互联网技术的发展与运用，文本的载体和阅读的方式正悄然变化着。随着新型阅读器日渐普及，移动阅读模式越来越受到广大读者的青睐，这种可以随时随地进行的阅读方式，正改变着人们的阅读习惯，成为一种新的时尚。

一、移动阅读的内涵及特点

所谓移动阅读，是指人们运用手中的手机、MP4、平板电脑、电子书阅读器等移动阅读终端，进行电子阅读行为。2010 年，电子阅读器市场风起云涌，iphone、ipad 引领着移动阅读时尚，移动阅读方式越来越受到读者的喜爱，特别受到大学生的钟爱。截至 2012 年 6 月底，中国网民规模达到了 5.38 亿，其中手机网民规模为 3.88 亿。另据调查，中国手机网民上网以阅读小说为主要目的的有 51.7%。[1]

与传统的纸质阅读相比，移动阅读具有以下主要特点。

1. 不受时空限制

在“无处不网络，一切皆互联”的时代，手机等移动终端作为主要载体，携带和使用都很方便，读者无论在何时何地都可以阅读，甚至可以在没有外界光源的条件下阅读。

2. 内容丰富多彩

虽然阅读主要以文字阅读为主，但 iphone、ipad 等凭借着超强的功能吸引

---

* 本文发表于《科技情报开发与经济》2011 年第 28 期。

** 曹琴艳(1969—)，女，学士，馆员，主要研究方向为用户服务。

着读者。移动终端特别是 iphone、ipad 等,用户除了可以下载图书馆及网络的数字资源来阅读外,还具有上网、游戏、视频等功能,因此不仅可以获得最新的阅读内容,还可以娱乐消遣。

3. 能有效利用碎片时间阅读

与传统阅读作为读者的第一行为不同,移动阅读往往并非人的第一行为,读者可以在旅游中,上下班途中,排队购物等候中,临睡前或课间时进行阅读,总之,是在一些零碎片断时间阅读。“手机网民无线产品购买意向”调查统计的结果显示,手机读书项目以 37.5% 的比例排在第一,遥遥领先于其他服务,能有效利用“碎片时间”的数字阅读已成为现代读者的重要阅读方式。[2]

4. 以浅阅读为主要表现形式

由于读者通常处于移动环境,利用的是第一行为外的碎片时段,干扰因素多,阅读节奏快,随意性较强,不可能像在传统阅读环境下去潜心深读,因此往往是快速浏览,进行标题式阅读,以最直接、最快速的阅读获得最大效益。

5. 个性化阅读强

手持阅读终端的个性化特点决定了移动阅读的个性化特点,尤其是手机用户,阅读需求和阅读偏好随着读者身份的改变而改变,具有较强的个性化特点。

6. 绿色,健康,环保,低碳,节能

移动阅读终端能实现在线阅读或下载海量书籍,实现无纸化阅读,大幅降低了阅读门槛,不仅节约了资源,而且能使读者真正享受品书香的乐趣。第七次全国国民阅读调查表明,我国国民人均上网和手机阅读的时间都在增加。在上网从事的活动中,“阅读新闻”占 61.2%,其中有 18.1% 的人将“阅读网络书籍、报刊”作为网上从事的主要活动之一。在“触网”的受访者中,有 91% 的人在阅读电子书后就不会再购买此书的纸质版。[3]

二、移动阅读时代大学生的阅读趋势

2011 年 4 月,中国出版科学研究所公布了“第八次全国国民阅读调查”结果。其调查数据显示,在过去的一年中,数字化阅读方式越来越普及。2010 年我国 18 周岁到 70 周岁国民数字化阅读方式的接触率为 32.8%,比 2009 年的 24.6% 增加了 8.2 个百分点,增幅为 33.3%。在各类数字阅读中,“手机阅读”最为普及,占到 23%,其次是“网络在线阅读”,达 18.1%。[4]

大学生作为接受新事物最快的群体之一，数字化阅读的普及程度远远超过社会平均水平。他们是互联网的一代，是 Web 2.0 的一代，也是 Web3.0 的一代，更是被移动终端包围的一代，他们的媒体接触习惯已经发生了根本性的变化，越来越多的大学生享受着“指间”阅读带来的快乐。大学生的阅读习惯正向碎片化、浅读化、娱乐化、功利化发展，经典阅读日渐缺少。袁珍英指出，浅阅读在大学生中非常流行，大学生倡导所谓的“速读”和“缩读”，即将长篇深奥的名著“瘦身”；推崇所谓的“读图时代”，就是读图片上卡通动漫所配的零碎文字；崇尚时尚阅读和轻松阅读；网络阅读取代纸本图书的阅读；宣扬以应付考试或工作需要的功利性阅读。[5]

三、移动阅读时代高校图书馆服务策略

面对信息时代引发的阅读方式变革，高校图书馆必须顺应时代的发展趋势，了解大学生的阅读需求，体验和适应移动阅读的发展，制定合适的服务策略，以提升自己的服务，更好地发挥作用。

1. 加强图书馆馆藏建设和网络资源的整合，以满足移动阅读时代大学生的需求

高校图书馆在保证教学和科研的同时，应及时与大学生沟通，分析其阅读的趋向和需求，有针对性地进行文献采购。例如：在第 16 个世界读书日前后，苏州大学图书馆为提高读者购书参与度和馆藏利用率，开展了“世界读书日：我的阅读我作主”读者图书荐购主题活动，受到广大师生的一致好评，并将长期有效坚持。建设特色数字资源也有利于吸引具有特别偏好的移动阅读群体，国内有很多高校都有自建的特色资源库。如苏州大学图书馆的历代名人图像数据库、江苏大学图书馆的车辆工程特色文献数据库、南通大学的张謇研究特色数据库等。

2. 加强图书馆网站建设，提供新型服务平台和阅读交流平台

引导大学生组建基于现实或者网络的阅读组织，如阅读协会、BBS、QQ 群等，或由图书馆提供一个空间，如主页或者 Blog 等，彼此经常沟通交流，分享阅读资源或阅读体验，有效利用图书馆的纸质及网络资源。

3. 营造幽雅舒适的阅读环境，充分体现人文关怀

高校图书馆是学校的窗口，建筑设计优美、内部环境优雅、阅览环境明亮宽敞，是大学生都愿意去的好地方。图书馆除了尽可能为读者阅读提供舒适的硬环境外，更要为读者提供优质的软环境和快捷、便利、友好、温馨的读者

服务,创设人性化的服务平台,让读者在视觉、听觉等方面都感到舒适和温馨,具有亲和力。

4. 提升数字图书馆的个性化服务水平

为了满足读者对信息服务实效性的需求,图书馆应该为读者提供多途径的个性化服务。比如可以将服务延伸到手机上,可开设手机短信服务,包括个人借阅通知、到期归还提醒通知、过期通知、催还通知、预约取书通知;到期提醒读者参加所报名的讲座或培训等;读者通过 OPAC、图书馆主页等即可定制以上服务。目前有国内很多图书馆已经开通了短信服务和基于 WAP 的馆藏查询。如上海市的图书馆,检索书目已无需多费周折,只要拥有一款能上网的手机,登录上海图书馆的手机网址(m. library. sh. cn),就能检索全市 200 万种、1150 万册馆藏书刊、音像资料和文献资料。凭上海市各图书馆的读者卡和身份证,就能借用电子阅读器或电子书,随时阅读图书,并可以通过无线网络,及时下载新的电子书。[6]

5. 举办多主题活动,开展互动阅读体验

建立图书馆员和读者的热线电话或实时网络互动平台,招募热衷移动阅读的读者参与,实时交流阅读体验。通过网站设置专栏,定期推荐好书与新书,利用宣传橱窗和海报等展示馆藏,吸引读者阅读,利用手机短信或微博等介绍图书。利用“世界读书日”等契机开展主题活动,营造阅读氛围,以活动带动阅读。如苏州大学图书馆 2010 年开展的“卓越杯”图书馆月的系列活动之一——“数字资源使用技巧分享会”就是一次不错的实践。

五、结　语

移动阅读不仅是一种阅读方式,而且已经成为大学生的生活方式。这对于高校图书馆读者服务来说,既是挑战,又是机遇。在移动阅读环境下,高校图书馆各项工作应以读者为中心,顺应移动阅读时代大学生的阅读心理和阅读需求,从传统阅读服务向多元化阅读服务过渡,满足不同阅读习惯读者的需求,让校园阅读无处不在、无时不在。

参考文献

[1-2] 李新祥，崔波. 2010："中国数字出版元年"的关键性节点[N]. 中国新闻出版报，2010-12-16（005）.

[3]"第七次全国国民阅读调查"最终成果发布[EB/OL]. http://www.cppinfo.com/gg-fw/hyxw/2010/9742.shtml，2011-05-20.

[4] 吴娜. 第八次全国国民阅读调查研究成果告诉我们——国人阅读有何新变化[N]. 光明日报，2011-04-22.

[5] 袁珍英."浅阅读"时代大学生文学阅读倾向的调查与对策——以江苏科技大学为例[J]. 山东图书馆学刊，2010(1)：55-58.

[6] 尤歆飞. 电子书也能外借 "数字图书馆"实现手机借阅[EB/OL]. http://it.sohu.com/20101220/n278401777.shtml，2011-05-20.

高校图书馆移动阅读服务模式研究

秦丽雅* 孙红娣**

所谓移动阅读,指的是基于手持终端随时随地进行电子阅读的行为。广义上的手持终端,主要指手机、PDA、MID、PSP、MP3、MP4 等数码产品。随着移动互联网技术的迅猛发展,信息网络的不断延伸,以及以 3G 手机为代表的各种移动终端的广泛使用,移动阅读正以前所未有的速度冲击着人们的阅读习惯,影响着人们的学习、工作和生活。

研究显示,高校学生具有接受能力强、乐于接受新鲜事物、阅读时间充沛等特点,是移动阅读的主要目标群体。作为信息资源和阅读服务的提供者,高校图书馆如何抓住机遇,充分利用数字移动通信技术为读者提供更加实时、便捷的信息服务,这是当前值得高校图书馆研究和探讨的课题。

一、移动阅读的特点

移动阅读完全不同于传统意义上的阅读,大量手持终端都有一定的内置内容,移动阅读是伴随这些内置信息和内容的下载,或者内置引导与在线内容相结合的阅读,其具体特点如下。

1. 碎片化

对现代人来说,繁忙而紧张的生活节奏使阅读注定变成一个零碎、片断化的事情。人们利用各种手持终端随时随地进行阅读,可以填补许多闲暇时间,解决特殊环境下的阅读需求,如地铁或公交车里的应急阅读。较传统的在课堂、图书馆等阅读的整块时间阅读不同,移动阅读属于对零碎时间的充分利用,区别

* 秦丽雅(1968—),女,学士,副研究馆员,读者服务一部主任,主要研究方向为读者服务。

** 孙红娣(1965—),女,学士,副研究员,读者服务一部副主任,主要方向为文献信息资源管理。

于深入阅读、专业学习，这种阅读也称为“轻阅读”、“浅阅读”或“浏览式阅读”。

2. 口袋化

具有便携性是移动阅读优于网络阅读最重要的特征和优势。各种手持终端具有小巧玲珑、可装在口袋里随身携带、可移动性好、支持移动电子阅读、能上网快速浏览等特点，因此，手机图书馆可称为“口袋里的图书馆”，是目前世界上“最小”的图书馆。

3. 个性化

各种手持终端的私密性和贴身性使得人们对适合自己个性化的服务有着越来越强烈的需求，而不再仅仅满足于千篇一律的大众化服务。目前，各种阅读软件都具备搜索和内容定制功能，作为移动运营的服务商可按不同层次和不同兴趣订阅者的需求提供分类信息，为用户提供精准的推送服务等，充分满足人们个性化的阅读需求，可以大大节省读者的搜寻成本，提高阅读效率。信息服务的这种个性化趋势也是今后图书馆服务的发展方向。

二、大学生对移动阅读的需求

为了更好地了解大学生对移动阅读的认识，苏州大学图书馆读者服务部在全校学生中组织了移动阅读问卷调查，发出问卷400份，收回有效问卷400份。问卷共18道题目，每题都设置了多个选项，测试的目的是了解大学生移动设备拥有率、移动设备的使用率、移动阅读的目的以及大学生对移动阅读的需求等。调查结果见表1、表2、表3、表4。

表1　大学生移动设备拥有率

拥有移动设备的类型	手机	MP3/MP4	手持阅读器
占问卷总数的百分比	94.25%	54.25%	4.5%

表2　大学生移动设备的使用率

每天使用移动阅读的频率	1—3次	4—6次	7—9次及10次以上
占问卷总数的百分比	62%	23.75%	13%

表3　大学生进行移动阅读的目的

进行移动阅读的目的	随时随地阅读	便于学习和生活	与朋友联系、分享
占问卷总数的百分比	71.75%	52.5%	16.75%

表4　大学生对移动阅读的需求

希望馆方提供的移动服务	短信服务	WAP 网站	移动数字图书馆	电子书下载或在线阅读
占问卷总数的百分比	55%	48%	27.25%	60%

调查显示,大学生中移动设备的拥有程度相当高且普遍使用,特别是手机,在大学生中几乎人手一部,大部分学生都是“拇指一族”,他们的生活和学习都离不开手机。手机服务应成为高校图书馆进行移动阅读服务的切入点。

此外,调查还显示,使用移动阅读半年以上的读者占 89.75%;有 99% 的读者愿意到图书馆借阅电子图书;86.5% 的读者认为图书馆有必要提供移动阅读。可见,高校图书馆应抓住机遇,适时将移动阅读服务技术引入图书馆日常业务,不断创新服务模式,为读者提供随时随地阅读的服务,以满足读者日益增长的移动阅读需求。

三、高校图书馆移动阅读服务模式

为了提高读者对图书馆的利用率,苏州大学图书馆也尝试着改变服务策略,试图以提高读者的借阅册数来提高读者对图书馆的利用率。增加了本科生读者借阅册数,本科生借阅册数从原来的 6+1 增加到 10+1,通过这一措施,校图书馆本部借书处今年上半年借阅量同比增加了 4.6%,并没有显示出太大的提高。在传统纸质阅读率下降的同时,借助于手机的移动阅读率在高校内却呈现出上升趋势。因此,高校图书馆应充分利用以手机等为代表的新媒体来延伸、创新高校图书馆的移动读者服务功能。

1. 与电子出版商共同运行,降低成本

借鉴国外出版商与数字图书馆的三大营销模式,出版的数字内容主要通过三种方式进入图书馆的数字资源库。(1) 出版商自建平台。即出版商直接在自己的平台上供应内容,并进行直销,包括跟主要图书馆联盟谈判。(2) 第三方搭建平台。他们通过给图书馆搭建数字图书馆的使用管理平台,逐渐建立了自己直达图书馆的销售网络,同时通过给出版商提供有效的内容管理和销售平台,让内容提供方和使用方通过该平台满足各自的需求。(3) 馆配商自建平台。馆配商建立了自己的数字平台,其业务人员跟图书馆有广泛的联系,能满足图书馆市场的多种需要。

2. 依托现有数字图书馆馆藏资源，开展特色移动阅读服务

数字资源的内容建设是移动阅读服务的核心资源，没有内容资源上的强大储备，移动阅读服务就无从谈起。通过对高校读者进行调查，了解他们的移动阅读需求和移动阅读行为的规律，分析这些需求与行为的特征，推动高校图书馆移动阅读服务的建设。而在移动阅读服务内容的建设上，应该依托数字图书馆丰富的资源，提供诸如馆藏文献的报摘、文摘、书摘，或者对馆藏经典图书进行缩减、改编等后供学生们阅读。同时，根据读者的需求，可以自建特色“移动阅读库”，也可以适当采购部分手机出版的内容，以供读者阅读。

3. 加强馆内资源的数字化，为读者提供针对性强的移动阅读内容

能否把握大学生不断变化的需求，开发丰富的内容资源和先进的技术平台，为其提供良好的阅读体验，将是高校图书馆移动阅读服务能否成功的关键。移动阅读大多是应急阅读，以便捷性阅读、片段性阅读、休闲性阅读为主，大多是“浅阅读”。根据这些特点，当前高校图书馆可以充分利用其资源，满足在校大学生“浅阅读”的需求，开展移动阅读服务。比如，提供读者查询的汇文手机图书馆系统就是一个最好的体验，该系统由江苏汇文软件有限公司开发，是为读者提供基于手机等移动终端的图书馆信息服务系统。读者可以在任何时间，任何地方通过手机短信与图书馆系统交互。读者可以发送的交互指令如书刊续借、借阅信息查询、证件挂失、预约信息查询、预约取消、通知和咨询服务等。读者同时可以定制提醒类的短信服务，具体如下：① 预约到书提醒；② 借阅到期前提醒；③ 借阅超期催还；④ 借书成功提醒；⑤ 还书成功提醒。

通过汇文手机 OPAC 系统，读者还可以享受书目检索、我的图书馆、新书上架、热门借阅、读者荐购等服务。这样，真正为读者提供了针对性强的移动阅读服务。

4. 技术支撑保证高校移动阅读的顺利进行

关于手机阅读服务的方式，从技术实现上看，目前主要有短信息、多媒体信息（彩信）和上网（WAP、客户端软件等）等。随着智能手机的普及，无线通信带宽的升级，手机上网将会逐渐成为主要的阅读渠道，用户可以通过浏览器或阅读软件进行在线阅读，也可以离线阅读，通过数据线、红外、蓝牙等传输工具将电脑上的电子书籍传输到手机上，利用手机阅读软件进行阅读。因此，高校图书馆在开展手机阅读服务的时候，可以根据移动通信网络的技术条件和手机终端的功能，兼顾各种服务方式，建立适应大学生需要的手机阅读服务系统。

四、结　语

移动阅读服务作为一种革命性的新技术业务在图书馆的应用，为读者提供了一种全新的信息、知识和资讯的传播平台，高校图书馆应以此为契机，创新图书馆的读者服务工作。当然，高校图书馆要顺利开展移动阅读服务还存在诸多的制约因素。首先，在电子图书内容、格式、版权方面，必须尽快建立统一的标准体系。其次，内容、终端、网络通道是移动阅读最为重要的部分，因此，移动阅读整个产业的发展需要内容提供商、终端制造商、电信运营商等诸多环节的共同推动。最后，为了进一步规范移动阅读市场，更好地满足读者的移动阅读需求，需要建立完备的版权管理机制，以确保移动阅读的顺利进行。

参考文献

[1] 必胜网. 国外出版商与数字图书馆的三大营销模式[OL]. http://www.chuban.cc/cbsd/201110/t20111019_95039.html,2011-10-19.

[2] 中国电子图书发展趋势报告组. 电子图书迈入高速成长期[OL]. http://www.sinobook.com.cn/press/newsdetail.cfm? iCntno=12132,2011-04-27.

[3] 吴志攀. 移动阅读与图书馆的未来——"移动读者的图书馆"[J]. 大学图书馆学报,2004.

[4] 茆意宏. 论高校图书馆手机阅读服务[J]. 情报科学. 2008.12.

[5] 路艳霞. 第五次国民阅读调查:网络阅读首次超过图书[N]. 北京日报,2008-4-21.

[6] 刘晶. 中国手机阅读产业价值链分析[J]. 中国商界,2010(2).

[7] 付玲玲. 文金书. 基于产业链的图书馆手机阅读服务探讨[J]. 图书馆学研究(理论版),2010(11).

论3G时代图书馆手机阅读服务

颜　芳*

中国社会科学院在2010年5月发布的《文化蓝皮书:2010年中国文化产业发展报告》中指出:在3G等概念的推动下,手机网民一年增加1.2亿,手机上网已成为我国互联网用户的新增长点。手机上网人数的骤增昭示了移动网络时代的来临,3G无疑为这一发展趋势提供了最强大的动力。[1]随着3G技术的日渐成熟以及人们利用零碎的时间进行移动阅读的需求的加强,图书馆提供手机阅读服务,将图书馆服务拓展至互联网以外的移动终端,日益成为一项新的服务内容和努力方向。只有这样,才能使移动阅读服务更加便捷,才能真正实现图书馆所追求的信息服务无处不在、无所不能的目标。

一、3G环境下手机阅读的发展现状

"3G"(英文全称3rd-generation)或"三代"是第三代移动通信技术的简称,是指支持高速数据传输的蜂窝移动通讯技术。3G能够提供更大的系统容量和更高的数据传输速率以支持无线因特网接入和无线多媒体业务,使个人终端能够在全球范围内的任何时间、地点与任何人用任意方式高质量地实现信息的移动通信与传输。手机阅读是基于手机终端进行文字、图片、动画等信息的浏览阅读,内容来源主要是WAP站点、互联网网站或其他信息渠道,具体内容呈现方式包括短信、彩信、WAP浏览、客户端浏览等。[2]由于看好手机阅读的市场前景,电信运营商纷纷介入手机阅读市场,2010年5月,中国移动手机阅读基地正式运营,2010年6月,中国联通手机阅读业务开始面向全国,2010年9月,中国电信天翼阅读正式上线。三大运营商的介入为手机阅

* 颜　芳(1968—　),女,学士,馆员,读者服务三部副主任,主要研究方向为读者服务。

读业务的快速发展铺平了道路,为用户手机阅读习惯的养成及付费意愿的提高创造了条件。除电信运营商以外,全国所有的主流媒体都已开办手机报,据统计,我国目前发行的各类手机报涵盖了新闻、娱乐、科技、体育、财经、健康、时尚等领域,用户覆盖率超过40%。[3]一些主流的SP和独立的WAP网站相继与出版社、杂志社、终端厂商合作,涉足手机阅读领域。手机作为一种新的媒体,使用户的传统阅读方式发生改变,用户通过手机获得新闻资讯与阅读体验的数量越来越多。

二、手机阅读与图书馆

目前我国图书馆中开展手机阅读服务的并不多,而且基本以短信息服务为主,随着3G和智能手机技术的不断成熟,手机阅读的功能也将进化到WAP功能甚至WWW功能,相应的信息传播形式也会越来越广泛,图书馆应紧跟新技术的发展步伐,借鉴并利用新技术,不断提升服务水平,适应社会发展的需求。

1. 图书馆提供手机阅读服务,不仅丰富了阅读形式,而且维护了数字化读者的权利

促进社会公众的阅读是图书馆的核心价值,图书馆服务必须尊重公民阅读的自由,包括尊重读者选择阅读载体及阅读形式的自由。对于各种新阅读,只要是公众的选择,图书馆就应该支持。[4]我国即将成为世界上首个拥有9亿手机用户的国家[5],且3G手机已经成为能随身携带的小巧便捷的数字阅读终端,手机阅读用户也会越来越多,作为促进社会公众阅读的图书馆必然不能忽视这项服务,图书馆必须成为新阅读革命的一部分,为用户提供手机阅读这一新的服务方式,丰富图书馆的服务,维护数字化读者的权利。

2. 图书馆提供手机阅读服务,其受众最多,且服务可延伸到互联网以外的移动设备

从笔者所作的调查中可以得知,学生拥有手机的比例达到94.25%。相对于其他移动阅读工具,手机具有普遍性、易接入性、及时性和易用性等特性,加之目前3G手机又具有功能齐全、操作简单,网速快、容量大等特点,这些使其拥有日益增多的用户群。相比于其他移动设备,图书馆以手机为载体开展移动阅读服务,其受众应该是最多的。此外图书馆手机阅读的开展可使服务延伸到互联网以外的移动设备,为用户提供更人性的阅读体验,因此,图书馆开展移动阅读服务,手机应该是最好的切入点。

3. 3G技术和智能手机的发展为提升图书馆手机阅读服务功能奠定了基础

3G采用CDMA和分组交换技术,在室内、室外和行车的环境中能够分别支持至少2Mbps、384kbps以及144kbps的传输速度,从而实现随时随地移动互联网接入,以及数据与语音、移动和互联网之间充分的互动与结合。[6]除了网络速度的提升,各个运营商在手机上网收费方面都有大幅度的下调。例如中国移动旗下的动感地带品牌,手机上网的收费由原来的3分/1KB下调到1分/3KB,下调至原来的1/9。同时运营商还推出了手机上网收费的各种优惠套餐,中国联通3G上网套餐2元/月起,包含国内流量10MB,实际上相当于0.002元/KB,而且在试用期间都采用半价。目前,移动、联通用户可以选择5元30M、20元150M、50元500M、100元2G等优惠套餐。下调后的手机上网费用,使手机用户更加容易接受利用手机上网方式,及时获得所需的咨询。3G更快的数据传输速率、更大的网络带宽,以及较优惠的手机上网费用,为图书馆不断提升手机阅读服务功能奠定了坚实的网络基础。

4. 开展手机阅读服务将促进图书馆的快速发展

2005年年底,OCLC发布了《对图书馆与信息资源的认知:给OCLC成员的报告》,对6个国家3300多名信息用户的调查显示:84%的用户使用搜索引擎开始信息检索,只有1%的人从图书馆网页上开始查询信息,用户对图书馆所拥有的资源知晓度低。[7]由此可以看出,用户希望图书馆能够将资源推送到跟前,而不是自己跑到图书馆去查找。面对用户信息需求的变化,图书馆只有利用新的信息技术转变传统的服务方式才能吸引用户,开展手机阅读服务能将图书馆的资源通过手机真正移动起来,方便用户随时随地地取用。手机阅读服务的开展将促使图书馆在内部管理、资源建设、馆员培训、服务等各方面为适应用户的需求而加以改善,从而促进图书馆的快速发展。

三、图书馆手机阅读平台的建设

能否建设先进的技术平台和合适的内容资源,为用户提供良好的阅读体验,是图书馆开展手机阅读服务能否取得成功的关键所在。由于手机是一个新的阅读载体,它不同于传统的纸质载体,也不同于互联网络,因此不能简单地将传统的信息内容平移到手机上,应根据手机这个新型的阅读载体的特征以及用户的需求,兼顾各种服务方式,选择合适的平台,建设新的内容资源,建立符合用户需要的手机阅读系统。

1. 基于3G技术的图书馆手机阅读服务平台的建设

在2G时代,受网络数据传输速度慢、手机功能弱等因素的影响,图书馆提供的手机服务内容大多是信息查询、通知、提醒等,提供手机阅读服务的图书馆还是很少的。[8]这种短信服务需要用户先发起请求再等待回复,这样的服务形式单一,内容简单。在新的信息环境下,手机阅读应该在原有的基础上增加电子期刊的全文服务及实时信息服务等形式,满足用户通过移动阅读获取信息的需求。在3G时代的大环境下,图书馆开展手机阅读服务不需要建立手机专用的数据格式和相关操作模块,只需对现有的数据库站点增加手机访问接口就可以实现WAP功能,充分节约了资源开发成本。[9]图书馆可以为用户提供各项服务,实现电子资源阅读、文献直接下载使用、音频视频下载播放、实时参考咨询服务、信息聚合推送等服务,扩大了图书馆的服务范围,提升了图书馆服务的便利性,使图书馆移动服务实现从基本服务到特色服务的转变。

2. 以手机的特征和用户的阅读需求为出发点,提供合适的阅读资源

面对社会阅读中不同的阅读需求,一些移动阅读资源的提供者是无法完全满足所有阅读需求的,图书馆可利用自身的资源和专业优势,针对手机的特点和用户的需求,将用户的喜好与教育合理融合,建设优质的阅读资源供用户阅读。手机阅读最突出的特点是能随身携带、可随时随地阅读,但手机的屏幕相对较小,翻页频繁,容易引起眼睛疲劳,因此手机阅读不利于长时间阅读,手机阅读的内容应该是短小精悍的、适合短时间阅读的。图书馆应当根据用户的需求设置阅读内容,要为不同层次的用户提供相应的阅读资源,满足各类用户的需求。同时,可以通过手机向用户进行推荐新书、好书博览等宣传活动,也可提供由馆藏文献的报摘、文摘等二次文献组成的自建手机阅读资源库,引导用户阅读经典好书,转变以休闲娱乐为首选的手机阅读习惯,提升阅读素养,成为实体图书馆与数字图书馆宣传与扩展服务的平台。此外,图书馆还可以根据用户的情况,建立用户兴趣库和用户个人信息资源库,利用专业馆员为用户提供有针对性的学术速读,即为特定用户提供相关文献的摘要、推荐等,帮助用户在精读相关文献之前充分利用碎片时间来筛选和甄别,提高效率,为用户的教学和科研提供迅速便捷的服务。

四、以手机为载体创新图书馆服务

创新是图书馆发展的灵魂,在3G时代,图书馆应转变服务理念,在原有

手机阅读服务模式的基础上创新，从而最大限度地发挥信息资源与信息服务的综合效能。

1. 利用社交网络建立阅读社区，激发用户的阅读兴趣

具体方法是：由熟悉图书馆馆藏及网络资源的馆员作为图书馆网上阅读社区的“主持人”，利用受手机用户青睐的新型应用如微博、QQ 等，率先就某本书发表阅读观点，以读书论坛、讨论组、聊天等形式很好地带动用户参与和交流。因微博、QQ 只言片语“语录体”的即时表述更加符合现代人的生活节奏和习惯，图书馆新技术的运用也更加容易对访问者的留言进行回复，从而可以与用户形成良好的互动关系，让用户由被动的接受信息走向主动创造信息，从而使服务更加人性化和社会化，可以激发更多用户的阅读兴趣。

2. 打造个人的阅读空间，支持移动学习

随着现代生活节奏的不断加快，人们的生存压力不断增大，不断学习新知识和新技能已经成为一种必然的需要。图书馆可以根据用户的个性化需求，通过手机进行各种专题信息、相关音视频播客以及各种培训资料等信息的推送，用户还可以利用图书馆手机阅读平台进行个性化的信息定制以建立“我的图书馆”，同时图书馆可以将实时参考咨询服务融入用户熟悉的 QQ、微博等情境中，随时解答用户的疑问，为用户打造属于个人的阅读空间。有条件的图书馆还应该在馆内增设无线局域网覆盖区间，为用户通过手机 WIFI 上网直接利用馆内数字化资源学习提供方便。图书馆通过手机阅读的方式支持用户的移动学习，将用户坐车、等待的碎片时间充分利用起来进行移动学习，将起到积少成多、水滴石穿的作用。

3. 探寻合作模式，实现优势互补

图书馆应该探寻多种合作模式，实现优势互补，进一步完善手机阅读服务。具体包含三个方面的合作。① 加强与移动运营商的合作，图书馆手机阅读服务的开展必须要基于移动运营商的平台，通过合作，最大程度地减少移动上网流量费，降低阅读成本，吸引更多的用户。② 加强与数据库提供商的合作，妥善解决版权问题，方便用户通过手机进行浏览和下载电子资源阅读。③ 加强图书馆之间的合作，实现图书馆之间手机阅读资源的共享，减少因资源的重复建设而产生浪费的现象。

手机阅读的出现并不代表纸质文献的退出以及对传统 PC 阅读的替代，相反，三者各有优势，取长补短，完美结合使用才是图书馆发展的方向。

参考文献

[1] 中国社会科学院.文化蓝皮书:2010年中国文化产业发展报告[OL]. http://wenku. baidu. com/view/fc1baed133d4b14e85246893. html. 2011-09-15.

[2] 李正茂.聚合服务:移动互联网时代的蓝海[M].北京:人民邮电出版社,2010:53.

[3] 肖倩,杨成.手机正深刻影响传媒生态——2010手机媒体扫描[J]. 2011(1):67-70.

[4] 范并思.图书馆学与阅读研究[J].图书与情报,2010(2):1-4.

[5] 新华网.我国即将成为世界上首个拥有9亿手机用户的国家[OL]. http://news. xinhuanet. com/it/2011-04/26/c_121348760. htm. 2011-05-20.

[6] 张曾昱,刘洪志.基于3G网络和智能手机的掌上图书馆建设探讨[J].图书馆建设,2009(5):49-51.

[7] 郭晶,陈进.创新型大学图书馆:战略选择、建设实践与发展思想[OL]. http://www. docin. com/p-10487069. html. 2011-10-19.

[8] 茆意宏,吴政,黄水清.手机图书馆的兴起与发展[J].大学图书馆学报,2008(1):1-6.

[9] 黄志景.3G时代图书馆服务模式创新的新契机——手机图书馆的发展及其功能的进化[J].图书馆工作研究,2010(3):38-41.

3G 技术在手机图书馆服务中的应用探讨

陈勇华*

一、引　言

3G 或“三代”的全称是 3rd Generation，中文含义就是指第三代数字通信，是第三代移动通信技术的简称，是指支持高速数据传输的蜂窝移动通讯技术。3G 技术能够同时传送声音、图像、媒体等数据信息，其最主要的特征是能够提供高速数据业务服务。在技术层面和应用领域上，3G 技术较 1G 和 2G 有着明显的服务优势，这为图书馆在现代移动通讯环境下更好地开展信息服务提供了新的发展空间。随着 3G 业务的持续开展，手机上网已经成为刺激我国互联网用户增长的因素之一，而不受时间、空间限制的 3G 技术提供的大带宽、多媒体服务，使得移动图书馆涵盖传统图书馆的大部分服务项目成为可能，且能够创新和拓展传统图书馆无法开展的一些新服务，为数字图书馆移动服务带来新的发展空间和机遇。

二、我国图书馆开展手机服务的现状分析

国内图书馆已经慢慢探索使用手机短信的方式为图书馆读者提供信息服务。手机短信的开通，为图书馆读者提供了很多的方便，在为现代高素质的读者服务方面有很强的优势。各类图书馆都开始借助短信平台为读者提供更为多样化的信息服务。目前，手机短信服务在各个图书馆的具体实施途径主要有通知、查询、咨询三个方面。

---

* 陈勇华(1983—　)，男，学士，助理馆员，主要研究方向为图书馆信息与技术。

1. 手机通知

手机通知主要包括以下三个方面的内容:图书到期提醒、新书信息公告、公共信息发布。其中,各类公共信息主要指本馆的开馆信息、办证须知、服务指南和讲座信息等。

2. 手机查询

手机查询主要是书目信息查询、图书预约。读者将书目查询需求编辑短信,发送到图书馆信息机中,图书馆信息机自动处理后,给读者发送查询结果。读者在家就可以了解到自己所需的图书在本馆中是否收藏,并通过书目查询结果知道自己需续借或可以预约的图书的情况,由手机短信发送预约或续借指令,从而实现预期操作。同时系统通过短信回复相关确认信息。

3. 手机咨询

手机咨询主要是信息定制、参考咨询。读者通过短信发送相关咨询请求,如果该问题属于图书馆常见问题库中的问题,图书馆短信管理系统就会自动把答案回复给读者;如果咨询的是此前未出现过的问题,系统则把该问题保存在参考咨询系统中由相关馆员处理后,再向读者回复。此外,读者还可以向系统输入自己的信息需求,图书馆通过人工或系统在网上进行针对性搜索,再定期将有关信息发送至读者的手机上。图书馆还可以根据读者输入的关键词,通过机器学习,系统可以识别和预测读者的偏好、兴趣,从而更有针对性、及时性地向读者发送相关知识和最新的信息。

表1　国内图书馆开展短信服务的情况统计表

图书馆	服务方式	服务内容
清华大学图书馆	短信	查询读者个人借阅信息
上海图书馆	短信	开馆信息查询,书目检索、文献请求、参考咨询,讲座咨询等
吉林省图书馆	短信	书目查询、办证须知查询、开馆时间、服务指南等
重庆大学图书馆	短信	信息查询、图书预约、图书续借,证件挂失
成都理工大学图书馆	短信	信息查询、图书预约、图书续借,证件挂失
济南市图书馆	短信	催还通知、查询外借、查询/取消预约、续借图书、挂失读者证、查询欠款
深圳市图书馆	短信	服务公告、到期提醒、图书续借、书目查询、虚拟参考咨询

三、图书馆开展手机服务面临的问题

1. 技术方面

3G时代,图书馆要借助中国电信的平台来实现“移动图书馆”服务,必须加强技术力量,与中国电信实现对接。但目前图书馆整体技术力量比较薄弱,如在系统安全、管理权限、设备维护等方面都存在着一些明显的不足。

2. 人员方面

时任国家图书馆馆长詹福瑞曾指出:当前图书馆的职能,正从传统的提供信息向知识导航和知识评价、信息咨询、充当用户的信息顾问角色转变。在网络信息化时代,图书馆的工作内容已经从过去某一单项的被动服务,转变成为技术含量高的、积极的、多层次的主动服务。因而,现在的图书馆服务人员既要具有传统的图书管理知识,还要具备与现代高科技相配套的管理理念和服务能力。

3. 信息量方面

3G时代,信息量急剧加大,图书馆服务人员如何从纷繁的信息中挑选出最符合读者需要的信息,给读者提供良好的信息体验,成为优秀的信息提供者,这是摆在图书馆服务人员面前的一个巨大挑战。

4. 服务方面

3G时代对图书馆员的服务水平提出了更高的要求。图书馆员应该根据读者的性格、行为方式、兴趣爱好、地理位置等提供分类信息搜索服务,以满足不同读者的需求,并能及时实现实时在线更新,且其搜索的过程和内容应更具人性化。

四、我国图书馆实现手机服务需要做的工作

1. 信息资源及服务标准化

我国图书馆应建立资源共享的服务理念,实现资源、技术、人员、服务等的共享。3G通信时代,要求图书馆联盟与信息设备商积极合作,要适时引进新技术,统一标准和协议,实现数字图书馆移动服务的“无缝”体验。

2. 资源建设

3G通信时代的图书馆信息服务需进一步优化数据库结构,以方便服务器对数据库资源的快速检索。特别是在资源整合、搜索引擎、多媒体开发制作

等技术方面,调整资源结构,加大多媒体资源的建设与采购比例,依靠多媒体资源自身的优势,提供视频多媒体数据库服务。

3. 馆员队伍建设

图书馆馆员要及时做好技术积累,经常吸收新技术,多依赖新平台、新技术的支持,正确认识图书馆所处的环境,积极接受和推广新技术、新理念,以提高图书馆的竞争力,激发图书馆行业发展的新鲜活力。

4. 加强宣传工作

3G 时代,很多读者只是对手机图书馆的概念有所了解,可对于图书馆是如何利用此功能为读者提供服务的,还不十分清楚。所以,图书馆应加强宣传,使用户能更了解手机图书馆的便捷,促进手机图书馆更好地发展。随着 3G 的渐行渐近,图书馆也从传统的图书馆向数字图书馆、手机图书馆的趋势迈进,应该充分利用 3G 的优势改善图书馆的服务质量,提高图书馆的服务水平,让手机这个图书馆的新载体更好地为读者服务。

五、结　语

在 3G 时代快速发展的大环境下,手机图书馆可以实现的信息服务是我们今天所难以想象的。几乎所有的图书馆业务都可以搬到手机这一移动通讯终端上,进而实现移动手机图书馆,更好地实现个性化的信息服务。虽然现阶段 3G 服务受到通讯网络尚未完善、服务资费过高等多种因素的制约,但在未来的几年里,3G 技术将会在手机图书馆中有更广阔的应用空间。

参考文献

[1] 朱月梅. 3G 时代的移动图书馆信息服务初探[J]. 图书馆学刊,2009(8):47 - 49.

[2] 李征,祖央. 3G 技术与图书馆信息服务[J]. 图书与情报,2009(6):116 - 118.

[3] 倪靖. 论 3G 时代高校图书馆的发展[J]. 南京林业大学学报,2009(9):93 - 96.

[4] 林艺山. 浅论 3G 时代的手机图书馆服务[J]. 情报探索,2009(7):8 - 9.

[5] 卞庆祥. 基于 3G 技术的图书馆移动阅读服务[J]. 新世纪图书馆,2009(5):66 - 68.

基于优势学科的大学数字资源长期保存策略*

周建屏**

一、引 言

随着数字图书馆建设的不断深入，阅读环境的平台升迁问题，以及数字资源载体的寿命老化等问题，使数字化信息资源的缺陷逐渐曝露出来，数字资源的不稳定性、不安全性、不可靠性等问题日益严重起来。由于 IT 技术、网络通讯、数字出版等迅速发展，用户需求提升，知识产权保护加强，人们面临的是如何将人类智力资源、文化资源等一切文明保存和延续。数字资源长期保存（Digital Preservation，简称 DP）的问题特别引起世人极大的关注。国外数字图书馆建设比我国先行一步，对数字资源的长期保存问题进行了不断的探索，通过各种实践，形成了多种模式，这对于我国的数字资源长期保存研究有着一定的借鉴作用。国外对于数字资源长期保存问题已研究十多年了，出于对我国发展的考虑，对 IT 及网络、数据库技术发展的考虑，对民族历史文化保护的考虑，借鉴国外的数字资源长期保存的先进经验，结合中国的国情，探索 DP 新模式，这对我国经济、文化发展方面减少不必要的立项投入有重要意义，同时对少走弯路，在 DP 领域进行创新性建设，也有十分重要的现实意义。

* 本文已发表于《图书馆学研究：应用版》2011 年第 10 期。

** 周建屏（1961— ），男，双学士，研究馆员，副馆长，主要研究方向为数字图书馆建设与管理、信息素养教育及文献计量学。

二、数字资源长期保存的基本建设模式

所谓数字资源长期保存,并不是简单的数字信息资源存储的概念,而是要对目前社会所拥有和使用的数字资源进行较长时间的有效保存,就是为保证数字形态的资源有稳定的长期维护且保证其内容可长期获取的必要的管理活动。这里有两层含义,一是长期存储(storage),二是长期可获取(access)。数字信息资源长期保存的目标是从战略角度保存人类文化遗产与技术研究成果,其目的是长时间保存信息资源,确保数字资源的真实性、可靠性,使数据免受损坏,或避免因存储介质退化、软硬件过时而丧失使用价值。

从20世纪90年代起,欧洲的一些国家就开始研究数字资源长期保存问题。现已形成以下基本建设模式。

1. 国际合作型。

这一类型有欧洲国家图书馆合作项目"网络化欧洲储藏图书馆(NEDLIB)",欧洲数字图书馆倡议(Digital Libraries Initiative),欧洲科学数据永久性保存计划项目PARSE(Permanent Access to the Records of Science in Europe)等。

2. 国家项目型

(1)美国NDIIPP项目。2000年12月,美国国会通过了一项特殊的立法授权,国会图书馆联合美国商务部、美国国家档案与记录管理中心、国家医学图书馆、国家农业图书馆等一系列的公共和私立组织、研究机构,着手研究国家数字信息体系结构及数字信息的保存项目。

(2)英国DCC项目。这是由英国数字医疗中心,以及爱丁堡大学、格拉斯哥大学等单位承建的研究数字医疗存在的问题项目,重点支持英国医疗研究机构存储、管理和使用数字科学数据。

(3)德国KOPAL项目。2004年德国联邦教育与研究部出资400万欧元资助数字信息长期保存系统项目。

(4)法国SPAR项目。即法国国家图书馆确立了数字化图书数据长期保存系统建设计划。

(5)澳大利亚PANDORA项目。即保护和存取澳大利亚网络信息资源项目,是1996年由澳大利亚国家图书馆创建的,并与澳大利亚的九个其他图书馆和文化机构合作。

(6)日本WARP项目。即网络资源收集保存实验事业,是由日本国家议

会图书馆开展的一项关于数字资源长期保存的研究项目。

3. 联盟建设型

美国机构间数据管理模型计划 AIMS(An Inter-Institutional Mode for Stewardship)，是弗吉尼亚大学图书馆联合斯坦福大学、赫尔大学、耶鲁大学共同建立的完善的国内或者国际间的数字档案框架，以保存个人或者组织的数字档案信息。英国数字保护联盟 DPC(Digital Preservation Coalition)是为了保存英国的数字资源而建立的，并与其他国家联合保护全球数字信息和知识。

4. 特殊需求型

英国博客存档 ArchivePress 项目，由英国伦敦大学电脑中心与英国国家图书馆数字信息保存部门合作，重在解决博客内容(评论、嵌入式内容和元数据)归档的实际问题。中国国家图书馆 WICP(Web Information Collection and Preservation)项目，即网络信息资源的采集与保存试验项目。欧洲音像内容建档项目(Presto PRIME)是欧洲国家针对那些由于数字时代到来而在格式与形式上都面临着改变的音像内容所采取的保护措施。

所有数字资源长期保存项目都必须要有严谨的设计规划，有一定的资金(基金)资助，还要有明确的保存对象和强有力的推进组织。

三、高校数字资源长期保存的主要对策

高校数字资源长期保存有特殊意义与作用，高等院校本来就有着丰富的智力优势与技术优势，研发基础条件较好，同时高校又是数字资源利用的最大用户群体，在建设数字资源长期保存方面，有其独特，并逐步形成以下主要 DP 方式。

1. 参与国家项目

国外许多国家的 DP 项目，大多是高校参与建设，如 LOCKSS(开源系统)。

2. 高校联盟

在一定范围内组成的高校联盟，有自己的共建共享方式，如美国的 HathiTrust，中国的 CADAL，CALIS，JALIS 等。

3. 高校内部

各校有特殊的文库、数据库建设，如 IR，D-space 等。

这些 DP 方式可以从以下几个角度进行划分。

按照资源的源头，或出版形式载体(或存在方式)所划分出来的数学资源，如 eBook、e-j、e-db、网页、图片、音像视频、古籍等，这些资源今后将逐步由

这些电子出版物的源头(出版机构)进行长期保存。

按照资源的内容或使用对象,如(分类)特定专题、特色库、特有资源、学科特藏、专利、成果、学位论文等,结合知识产权问题与使用范围限定,这些资源由学校自行建设和长期保存。

按照资源的环境或关联所划分出来的数字资源,如数字资源平台,相关软件(唱片、唱机,操作系统,各种文档对应的格式、版本等),必须随着资源一起进行升级、兼容或保存。

按照资源的利用或面向服务对象所划分出来的数学资源。这是图书馆的强项,将数字资源在不同阶段的形态整合为信息、资源、服务、门户、知识,对应着实现了资源的管理自动化、数据库、平台、云技术应用、知识管理、知识发现挖掘等过程。

四、基于优势学科的资源长期保存策略

国家从资源的源头进行长期保存,是宏观政策与总体设计规划的完整性系统工程。而基于学科的资源保存,则是立足用户利用与建设,通过联盟协作共建和共享来完成整体资源的长期保存。

1. 学科资源长期保存所具优势

(1)学科 DP 优势:具有学科建设、人才培养、科技服务、高校办学等方面的资源配置与人才引进及经费投入的优势。最具保存价值的应当是学术性数字资源,而高校、学者是学术资源的来源与主要应用阵地,高校成为 DP 的主力。

(2) 分布式 DP 优势:不同的学校有不同的优势学科,全国综合起来,优势学科的总量就非常之大,但通过资金与内容分担,各校建设 DP 的压力不大而效果非常可观,且起点低,易建设;中小型图书馆 DP 技术及对策可以设分布式保存网络,比较可行,还可减少版权问题对 DP 的影响。

(3) DP 技术方案的优势:通过学科领军人才、杰出学术人才和创新骨干人才组成的高水平创新团队,围绕前沿课题和技术需求,产出具有重大影响的知识创新成果和技术创新成果。这本身就是优势学科资源的循环效应。

(4) LOCKSS 的优势:在海量文献中,具有长期永久性保存价值的信息资源所占比,国内约 10%、国外可能 3%~5%,绝大部分信息资源是现行使用的,过几年就没有意义;而 LOCKSS 作为高校参与的 DP 项目,其服务思想与图书馆之间的目标管理和任务一致,易整合。

2. 具体措施和思路

（1）精选优势学科的核心文献、图书、原版刊、数据库、网络资源、OA、自建库等。

（2）对比自有馆藏情况，看保障率达多少。

（3）过滤，分别寻求已有的保障渠道，具体情况如下：① 纸质图书期刊进行数字化。② 中文的数字资源用超星、CNKI 等进行专题整合。③ 外文的数字资源用 EBSCO，Elsevier，SPRINGER，OVID 等对比，若有缺损，则进行补充。

3. 遵循原则

遵守共建共享原则、DP 成本最低原则、利用效率最大原则。

五、结　语

数字图书馆建设到一定阶段，数字资源的巨量增长，导致 IT 网络发展、信息需求利用、版权保护、数据长期保存、知识组织与挖掘等成为 DP 研究的热点。同时也形成四大趋势，即数字资源建设与自建特色数据库结合，呈商品化、网络化趋势；数字资源的存储量剧增呈海量化、虚拟化趋势；数字资源存储从建立镜像，到网络存储，大有资源“外包化”、“云服务”趋势；数字资源长期保存的相关研究也呈国际化、联盟化趋势。

完善国家数字资源长期保存建设体系，对规划时间长、投入大的建设 DP 重大项目，可通过总体规划，分层次、分批次地的逐步分散建设，以减轻宏观政策对 DP 建设的压力；而具体到每个高校图书馆，由于其能力、财力、物力、与精力均有限，在这样的情况下，强化优势学科的 DP 不乏是种较佳的选择。

开源与第三方数字资源长期保存体系架构的经济性

——LOCKSS与Portico的比较研究

陈家翠*

一、前　言

数字资源长期保存是指确保内容经过相当长的时期仍然具有持续的可用性、真实性、可发现性和可访问性所需的一系列管理政策和活动。[1]目前广泛采用的电子期刊长期保存技术主要有两种，一种是本地化存储构成期刊出版物的所有源文件，另一种是实时捕获页面显示文件（又称为"渲染存档"）。[2]两种方式各有优劣，保存源文件存在更新周期长，资源量巨大时本地化利用会存在很多困难，要按照出版商的检索功能和视图还原资源利用平台几乎不可能等诸多不利因素，因此目前多数采用渲染存档的方式。本文介绍了采用渲染存档技术的LOCKSS（开源系统）与Portico（第三方存储模式）两种数字资源长期保存体系架构，并对其经济性进行分析比较。

二、LOCKSS系统与Portico模式

LOCKSS与Portico都是梅隆基金（Mellon Foundation）2002年资助的七个电子期刊存档项目之一，但两个项目所采用的电子期刊存档方法完全不同。

* 陈家翠（1963—　），女，双学士，研究馆员，数字图书馆与文献研究所副所长，主要研究方向为数字图书馆。

1. LOCKSS 系统及其主要功能

LOCKSS（Lots of Copies Keep Stuff Safe，多复本安全存储）项目设在斯坦福大学图书馆，作为一个国际性的图书馆领域创新计划，通过提供数字资源长期保存工具和技术支持帮助图书馆简便、经济地收集和保存其自己的授权电子内容复本。[3] LOCKSS 存储箱主要具备以下功能：① 利用类似于搜索引擎所采用的网络爬虫从目标网站收集内容；② 不断将所收集的内容与其他 LOCKSS 存储箱所收集的相同内容进行比较，并实时进行修复；③ 作为网页代理或缓存，为图书馆用户群访问出版商内容或按需访问存储箱中的内容提供浏览器；④ 所提供的基于网页的管理界面允许图书馆工作人员设置新的长期保存目标内容、监控正在保存的内容的状态并控制对保存内容的访问。[4]

LOCKSS 存储箱的基本业务流程包括资源采集、内容存档与监控、访问服务、系统管理、文档格式获取迁移（Migration on Access）等。

2. Portico 数字资源长期保存方法

Portico 运用全面的数字资源长期保存方法，通过长期内容管理与以奉献哲学为核心的组织承诺相结合的方式满足未来学者的需求。基于其对数字资源长期保存的定义，其主要工作目标就是确保长期保存数字资源的持续可用性、真实性、可发现性和可访问性。① 可用性：通过现代技术提供机制确保资源对象的知识内容持续可用。② 真实性：必须要能证实内容的出处，内容必须是原始版本真实的复制。③ 可发现性：内容必须有逻辑书目元数据以便其能为日后的最终用户所发现。④ 可获得性：内容必须能为合适的用户群所用。

要满足这些目标，Portico 定义并严格遵循存档内容管理、维护和复制的标准与流程，通过自我检查和第三方存档认证以确保资源质量及安全性，对资源提供系统进行维护以便为用户提供简便的获取途径并按照用户期望与其他在线资源进行集成，并承诺，如果 Portico 停止运行，该组织会将已保存内容转交美国国会图书馆或其他的非营利性机构加以保存，继续为用户提供服务。[5]

三、LOCKSS 与 Portico 解决方案的经济性比较

目前对这两种数字资源长期保存解决方案的比较研究主要集中在哲学理念、组成模式、工作流程、保存方法、服务方式、维护和资金投入等方面。[6-7] 本文以 Tyler 等[8]提出的 MetaArchive Cooperative 的可操作经济可持续模式中

划分的三个成本区为基础，从长期保存基础架构投入、资源内容、年度维持费用、日常技术支撑及人力资源投入等几方面探讨 LOCKSS 与 Portico 解决方案的经济性。

1．基础架构投入

基础架构主要是指数字资源长期保存和永久访问利用所必备的设施、设备、物理空间、服务器、存储空间、云计算等基础设施和软硬件投入。

Portico 作为第三方存储服务机构，所有数字资源存储在 Portico，对国内成员馆而言，除了具备访问国外网站所需的网络和软硬件设施外，无需提供专用设施和设备。LOCKSS 成员馆必须自己提供安装 LOCKSS 存储箱所需的服务器和存储空间，其所推荐的硬件环境按照目前的市场价格，费用在 3 万人民币左右。

2．资源内容

图书和期刊是数字资源长期保存机构或项目的主要存档对象（见表 1），LOCKSS 和 Portico 两个项目的出版商和图书馆的参与程度都较高，并有持续上升的趋势。截至 2011 年 11 月 2 日，LOCKSS 和 Portico 的存档期刊分别达到了 8089 种和 9328 种。

表 1　几种长期保存项目成员及存档规模的比较[9]

项目		Portico	HathiTrust	CLOCKSS	LOCKSS
资源类型与成员	出版商	137	1	48	485
	图书馆	718	61 *	138	200
	承诺期刊	12353	无	不详	2900
	承诺图书	109876	600	不详	不详
	资源集	46	0	0	0
	可访问资源	6	845697	3	不详
	停订资源获取机构数	142	N/A	N/A	不详
	停订资源种数	555	N/A	N/A	不详
存档规模	存档单元	18960327	9728226（册）	不详	不详
	存档期刊	9328	256692（种）	7403	8089
	存档图书	12734	5164337（种）	不详	不详
	存档文件	314541466	5824491707	不详	不详

* 3 个联盟 +58 个图书馆。

续表

项目		Portico	HathiTrust	CLOCKSS	LOCKSS
存档规模	存档图像	190238738	1939649950	不详	不详
	机构库存档文件	64530698	5541857	不详	不详
	文本文件	39209033	3879299900	不详	不详
	特殊文件	18643028	0	不详	不详
	多文件数据包	249345	5541857	不详	不详
	视频文件	33864	0	不详	不详
	音频文件	997	0	不详	不详
	可执行文件	1	0	不详	不详
更新日期		2011－11－02	2011－11－02	2010－03－11	2011－11－02

本文还将以苏州大学图书馆所订购的理工科类外文全文期刊资源为例(见表2)，分别列出了已经与LOCKSS/CLOCKSS或Portico达成协议的出版商，前者为9家，后者为13家，分别占苏州大学图书馆同类订购外文全文期刊数据库(16个)的56.25%和81.25%。其中，Elsevier，John Wiley & Sons，Inc.，Springer等大型出版商参加了多个长期保存解决方案。这为图书馆进行订购电子资源长期保存奠定了很好的基础。

表2　与LOCKSS与Portico达成协议的出版商＊

出版商	LOCKSS	CLOCKSS	Portico			
			数字化纸本	回溯	现刊	停订刊
American Chemical Society			√	√	√	
American Institute of Physics		√	√	√	√	
American Mathematical Society			√	√	√	√
American Physical Society	√		√	√	√	
BMJ Group	√					
Elsevier		√	√	√	√	√

＊ 以苏州大学图书馆订购外文全文期刊资源为例。

续表

出版商	LOCKSS	CLOCKSS	Portico			
			数字化纸本	回溯	现刊	停订刊
IEEE, Inc.			无	√	√	
John Wiley & Sons, Inc.		√	√	√	√	√
Optical Society of America				√	√	
Oxford University Press	√	√	√	√	√	
Royal Society of Chemistry	√	√	√	√	√	
SAGE Publications	√	√	√	√	√	√
Society for Industrial and Applied Mathematics			√	√	√	√
Springer	√	√		√	√	√

3. 年度维持费用

LOCKSS 或 Portico 都是以基金项目的方式投入建设的，在后续建设的过程中，又得到了不少的基金机构或商家的资助，如 LOCKSS 先后得到了安德鲁·梅隆基金会、美国国家科学基金会、美国国会图书馆和英国联合信息系统委员会（JISC）的经费支持，还得到了太阳计算机系统（Sun Microsystems）、惠普实验室（HP Labs）、英特尔伯克莱研究所（Intel Research Berkeley）、斯坦福大学图书馆与学术信息资源、斯坦福大学计算机科学系、哈佛大学计算机科学系等机构的经费、实物或技术人才支持。一般在 2 年左右的研究周期结束后，为了项目的可持续发展，数字资源长期保存组织或机构需要逐步转换其业务模式，通过服务其成员机构获得经费支持。目前大多采用年费的方式维持其可持续发展（见表 3 和表 4）。

LOCKSS 按照机构规模收取年费，根据机构规模大小，收取 2160 美元 ~ 10800 美元不等的年度维持费[10]。Portico 根据图书馆年度资源采购经费分别收取电子期刊和电子图书年度维持费，2011 年的年费数额为 1545 美元 ~ 24720 美元不等[11]，与 2008 年相比，费用上涨了 3%。以国内博士级/研究型大学图书馆年度采购经费 1000 万元人民币为例，加入 LOCKSS 的年费约为 8200 美元，加入 Portico 的电子期刊存档年费为 6901 美元。

表3　LOCKSS年费标准

机构规模	年费(单位:万美元)
(很高水平)研究型大学	1.08
(高水平)研究型大学	0.96
博士级/研究型大学	0.82
硕士级学院与大学(大型)	0.52
硕士级学院与大学(中型)	0.4443
硕士级学院与大学(小型)	0.3685
学士级学院	0.2160
副学士级学院	0.1080

表4　Portico年费标准

年度资源购置费(LME)(单位:万美元)	电子期刊	电子图书
2500~3000	2.472	0.7416
2000~2500	1.957	0.5871
1500~2000	1.8025	0.5408
1300~1500	1.6583	0.4975
1100~1300	1.5656	0.4697
900~1100	1.4729	0.4419
700~900	1.3390	0.4017
500~700	1.1845	0.3554
400~500	1.03	0.3090
300~400	0.9167	0.2750
200~300	0.8034	0.2410
100~200	0.6901	0.2070
75~100	0.5562	0.1669
50~75	0.4326	0.1298
25~50	0.3193	0.958
15~25	0.1545	0.464
<15	1.03%	电子期刊费用的30%

4. 专业人员投入

MetaArchive 将所定义的三个成本区逐一细化为十项成本，包括成员间协作关系的建立、规划和政策制定，员工培训、网络系统的遴选与实施，软件的开发与维护，保存内容的遴选，数字资产归档，数据驾驭，资产评价与监控，基础架构，等等，其中九项成本的绝大部分为人力资源成本，尤其是专业技术人员成本。因此，对于自主管理的 LOCKSS 长期保存体系而言，专业人员的投入在系统维持中占有相当高的比重；而作为第三方服务提供商的 Portico 模式，所涉及的人力资源成本非常少，与一般订购数据库资源利用的使用成本差不多。

根据 MetaArchive 现行运作模式，项目中心的岗位设置为项目经理、协同服务馆员、系统管理员和软件工程师；成员馆人员配置为本地系统管理员、资源建设经理/存档专家、缓存管理员、（插件）程序员、数据驾驭者、法律顾问等，其中部分人员可为兼职人员。据此推算，要支持 LOCKSS 的正常运行，项目中心需要 3 ~4 个全职员工，成员馆需要 3 ~5 个全职员工。

四、结　语

通过上文对 LOCKSS 系统和 Portico 模式的分析比较可以看出，作为图书馆传统使命和角色在数字时代的延伸，要自主长期保存所订购的电子资源并在必要时提供访问服务，图书馆不仅需要在前期投入不菲的人、财、物资源，并要持续不断地投入以便永久维持下去，这对许多图书馆而言，可能是很大的负担。但就维护图书馆的地位和历史使命而言，这些投入是值得的。如果图书馆不计后果地逐步将其业务，尤其是包括数字资源长期保存在内的核心职能外包给其他实体，那么，图书馆或将有失去其生存价值的一天。从短期来看，Portico 等第三方服务模式或许更经济，但图书馆所拥有的除了诸多的协议和承诺外，没有任何实质性的内容，这与购买出版商的资源或服务没有本质的区别。因此，图书馆和其他文化记忆机构必须将数字资产的长期保存视作数字时代馆藏资源管理的自然进化，并要坚信这些馆藏资源的管理和利用需要大批训练有素的图书馆员、档案专家、博物学家所拥有的专门知识与专业技能。要想继续成为数字时代的文化监护者，文化机构首先必须是文化资源建设的积极参与者，而不是赢利组织被动的客户。图书馆核心业务外包的后果之一就是文化机构在数字资源长期保存评价、工作流和技术等方面的专业知识将大打折扣，其地位和责任将由逐步完善其数字资源长期保存体系的第三方服务提供商所取代。为了避免这样的悲剧发生,图书馆人必须牢记自己的使命,找准自己的定位,履行好自己的职责,以更强的资源保障能力和服务水平实现自身的价值。

参考文献

[1] Portico. Preservation Approach. [2011 - 10 - 14] http://www.portico.org/digital-preservation/services/preservation-approach/http://www.portico.org/digital-preservation/services/preservation-approach/.

[2] Morrow T, Beagrie N, Jones M, etc. A Comparative Study of e-Journal Archiving Solutions. [2011 - 11 - 1] http://www.jisc-collections.ac.uk/Documents/e_journal_archiving_%20solutions_comparative_study.pdf.

[3] LOCKSS. What is the LOCKSS Program? [2011 - 11 - 1] http://www.lockss.org/lockss/Home.

[4] LOCKSS. How It Works. [2011 - 10 - 14] http://www.lockss.org/lockss/How_It_Works.

[5] 丁艳君,郑建程. Portico:第三方数字资源长期保存模式初探. 图书情报工作, 2009,53(3):74 - 77.

[6] 宾锋. 电子期刊长期保存模式 LOCKSS 和 Portico 比较研究. 情报探索,2009(5):63 - 65.

[7] 孙艳,马炳厚,王栋. LOCKSS 还是 Portico——谈图书馆电子资源的长期保存. 图书馆建设,2010(1):47 - 49.

[8] Tyler O. Walters, Katherine Skinner, (2010) "Economics, Sustainability, and the Cooperative Model in Digital Preservation", Library Hi Tech, Vol. 28 Iss: 2, pp. 259 - 272.

[9] PORTICO. Evaluating Your Preservation Options. [2011 - 11 - 02] http://www.portico.org/digital-preservation/services/evaluating-your-preservation-options/#page - 1306.

[10] Stanford University Libraries. LOCKSS Alliance Participant Invoice. [2011 - 11 - 2] http://www.lockss.org/lockss wiki/files/LOCKSS_ALLIANCE_MEMBERSHIP_FORM.pdf.

[11] Portico. For Libraries. [2011 - 11 - 2] http://www.portico.org/digital-preservation/join-portico/for-libraries/.

数字资源长期保存项目模块接口分析报告

李菲菲*

一、项目概述

1. 项目背景

随着数字化文献资源的迅速发展,高等教育环境、用户信息技术能力及学术交流方式已经发生了根本性的变化。数字图书馆的基本功能就是为高校及更广泛的学术群体的科研、教学和学习提供高质量的内容与积极主动的服务。苏州大学图书馆通过购买、保存、数字化及资源共建共享协作体系等多种渠道,建立与学校发展水平和研究实力相适应的资源保障网络体系,以更好地满足广大师生的需求。数字资源长期保存项目致力于改善图书馆数字资源的获取环境,并作为学校教学和科研创新的催化剂,允许用户自由、开放、无障碍地利用数字资源。

数字资源长期保存项目模块结构图如图 1 所示:

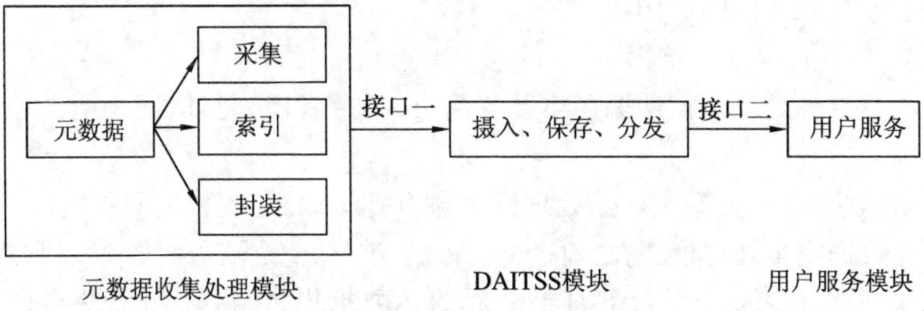

图 1　数字资源长期保存项目模块结构图

* 李菲菲(1985—　),女,硕士,助理馆员,主要研究方向为数字图书馆技术。

DAITSS(Dark Archive In The Sunshine State)是由佛罗里达图书馆自动化中心(Florida Center for Library Automation,FCLA)为佛罗里达数字保存系统(Florida Digital Archive,FDA)所开发的一个数字保存仓储系统。DAITSS遵循当前已有的框架结构,支持OAIS模型;系统设计和开发在一定程度上满足了可信赖仓储系统的属性;遵循当前已有的开放标准和技术规范,以保障系统的开放性和移植性,采用METS格式文档作为系统信息包SIP(提交信息包)、AIP(档案信息包)、DIP(分发信息数据包),保存元数据遵循PREMIS;能够对文本、音频、视频、数据、数据集等多种数据类型进行处理;能够提供非常灵活的保存策略来关联和支持不同类型数字对象的保存。DAITSS不支持收集合适数据包的功能,而只为潜在的保存者提交的数据包提供服务。DAITSS提供自动提交、摄取、档案存储、访问、撤销和储存库管理的功能。

元数据是关于数据仓库的数据,指在数据仓库建设过程中所产生的有关数据源定义,目标定义,转换规则等相关的关键数据。同时元数据还包含关于数据含义的商业信息,所有这些信息都应当妥善保存,并很好地管理,为数据仓库的发展和使用提供方便。由于DAITSS不支持收集合适数据包的功能,因此需要通过元数据收集软件来进行元数据的收集。DAITSS工作流程要求每个SIP必须包含一个有效的METS描述符文件(描述信息包的XML文件)即元数据和至少一个内容文件。

用户服务模块是向用户提供检索、浏览和使用数字资源的平台。

目前,通过我馆数据长期保存中心的努力,数据长期保存项目已取得了较快的进展,现已完成了DAITSS模块的测试安装,可以实现数据包摄入、存档、分发,用户账户建立,数据备份等功能。元数据收集处理模块和用户服务模块是接下来要做的工作。

2. 项目的目标和范围

项目目标是解决长期保存项目各模块间的接口问题,保证长期保存的流程顺畅。

(1) 接口一(元数据收集处理模块与DAITSS核心模块之间的接口)。

元数据收集处理模块在windows平台上进行元数据的采集、索引和封装。DAITSS模块在Linux平台上将封装后的元数据摄入、保存和分发到数据仓库。接口一的目标是获取元数据和数据对象,并将封装后的元数据和数据对象安全无损失地传输到DAITSS模块中。

(2) 接口二(DAITSS 核心模块与用户服务模块之间的接口)。

用户服务模块拟实现将所有可获取的数字资源透明、无缝地集成在一起,以统一友好的界面向用户提供集成检索、浏览和使用所有数字化资源的平台。接口二的目标是实现数字资源的无缝读取。

二、现状分析

目前,在元数据收割方面做得较好的案例有 JALIS 特色数据库项目中由江苏畅想之星信息技术有限公司开发的元数据下载软件。在面向用户服务的数字资源整合平台中,读秀是做得比较好的一个平台。

JALIS 特色数据库项目中由江苏畅想之星信息技术有限公司开发的元数据下载软件,能够实现对各承建馆特色数据库中元数据和数据对象的下载。该软件对不需要访问权限的数据库,可直接从网页下载元数据和数据对象;对需要访问权限的数据库,由各承建馆提供用户名和密码。

读秀中文学术搜索将图书馆现有的纸质图书和电子图书以及各种学术异构资源整合到同一平台下。读者在读秀平台上零距离地获取知识,提高图书馆资源的利用率。同时,读秀搜索框嵌入到图书馆门户首页,实现了资源统一检索,避免多个站点逐一登录、逐一检索的弊端,读者可在读秀平台上查询所有馆藏中文信息,检索便捷,使用方便。

三、关键问题

1. 接口一

(1) 元数据的获取。

需要解决在没有元数据仓储 URL 的情况下,实现获取相关 html 页面上的元数据的相关功能。首先,该项目中要收集和整理有效的元数据集合,以作为后续工作的基础,接着可以采用解析相关 html 页面的技术,有效提取 html 页面中的元数据。

(2) 数据对象的下载。

```
-<mods:language>
    <mods:languageTerm type="text">fr</mods:languageTem>
  </mods:language>
                                                  数据对象 URL
-<mods:location>
      <mods:url displayLabel="External Link" note="Manioc">http://www.mani-
oc.org/ fichiers/HASH01426ce939bf6a5338197c0d</mods:url>
    </ mods:location >
-<mods:name>
    <mods:namepart>Bernabé,Jean<mods:namepart>
  </mods:name>
```

图2　数据对象的 URL 示意图

通过软件自动解析元数据，得到数据对象的 URL，并通过该 URL 实现数据对象的下载。

（3）数据由收集处理平台到 DAITSS 核心模块的传输。

元数据和数据对象的收集处理拟在 windows 平台上进行，而 DAITSS 核心模块是建立在 Linux 平台上的，封装后的元数据和数据对象需要安全无损失地传输到模块二中。

2. 接口二

（1）跨平台读取数据。

由于数字资源的存放平台不尽相同，如 DAITSS 数据仓储平台为 Linux，万方本地镜像库的平台为 windows server 2008，重庆维普本地镜像库的平台为 windows server 2003 等，因此，用户服务模块需要在不同的平台上读取数据，需要解决跨平台读取数据的问题。

（2）字段映射。

由于各数据库大多是建立在不同操作系统、数据库平台之上的，会出现本系统指定字段与数据库服务器中字段不一致的情况。因此需要解决字段统一映射到用户服务模块的问题。

（3）接口的可扩展性。

由于技术的不断发展和用户需求的不断提高，该接口需要具有良好的可扩展性。可扩展性可以通过软件框架来实现，即动态加载的插件、顶端有抽象接口的类层次结构、有用的回调函数构造以及有可塑性的代码结构。

四、项目所需资源

1．人员

图书馆数据长期保存中心、图书馆技术部及计算机科学与技术学院。

2．硬件

计算机(3 台)：CPU≥1.4GHz，内存≥2GB，硬盘≥80GB。

数字资源长期保存的国内外研究现状

袁晓明*

一、前　言

数字资源的长期保存被越来越多的图书馆人所关注，也成为了当今图书馆建设的重要内容。数字资源的长期保存在许多发达国家已经得到了长期实践和成熟发展，而在我国国内仍然处于起步阶段，笔者通过研究国外长期保存项目的现状，为我国信息资源长期保存提供几点借鉴。

二、国外数字资源长期保存研究现状

国外对于数字信息资源的长期保存问题的研究始于20世纪90年代初，也已经取得了不少成果，尤其是澳大利亚、美国、英国、德国、荷兰和日本等国家已经开展了多个长期保存项目。具体情况概括如下。

1. 澳大利亚数字资源长期保存项目

图书馆界较早的数字资源保存研究始于澳大利亚。澳大利亚国家图书馆于1996年启动了保护和存取澳大利亚网络信息资源PANDORA项目，旨在建立一个澳大利亚电子资源保存系统并为电子资源的长期保存和使用提供相应的政策与策略。该项目由澳大利亚国家图书馆和其国内另外9家图书馆及文化机构联合建设，采取以澳大利亚国家图书馆为主导，多种机构共同协作的合作模式，通过对可用网络资源的价值评估，选择具有长效使用价值的联机出版物和网站进行保存。近年来其数据增长快速，数据规模日渐庞大，

---

* 袁晓明（1985—　），女，硕士，助理馆员，主要研究方向为数字资源长期保存。

收集和保存的网络资源也日益丰富。

2. 美国数字资源长期保存项目

美国是最早关注数字资源长期保存问题并将其作为国家战略考虑的国家之一。近年来由美国国会图书馆、各知名大学图书馆、联机计算机图书馆中心等主要机构带头,在政府政策的支持下已相继启动了一系列数字资源长期保存项目,详细情况见表1。

表1 美国数字资源长期保存项目列表

项目名称	项目领导机构	项目实施时间
NDIIPP	美国国会图书馆	2000—2003
LOCKSS	斯坦福大学图书馆	1999—
PRISM	康奈尔大学图书馆	1999—2003
DigCCurt	北卡罗莱纳州立大学图书馆	—
eScholarship	加利福尼亚大学图书馆	2002
Dspace	麻省理工大学、剑桥大学图书馆	2002—2005
PREMIS	联机计算机图书馆中心、研究图书馆组织	2000—2005
JHOVE	JSTOR、哈佛大学	2004—2005
ERA	美国国家档案和文件管理局	2000

美国数字信息长期保存策略中最具代表意义的是NDIIPP项目,即“国家数字信息基础设施和保存计划”[1]。这是一项由美国国会于2000年12月立法通过,并由美国政府拨款1亿美元资金投入实施的国家级数字资源保存项目,其目标是对分散环境下非纸质电子资源的长期保存构建保存体系、开发保存技术、制定保存政策。NDIIPP项目以美国国会图书馆为主要领导机构,采取与高校图书馆、数字资源研究机构、出版商等拥有收集与保存数字内容专长的实体机构联合协作的方式,建立保存工作合作伙伴网络,从而实现发展全国性的数字信息资源收集和保存战略。

此外,由斯坦福大学牵头开展的LOCKSS(Lots Of Copies Keep Stuff Safe)项目也是一个具有国际影响力的数字资源长期保存项目,它通过建立出版商与图书馆、图书馆与图书馆之间的协作平台,实现了电子资源的永久保存。2005年,基于LOCKSS软件系统的LOCKSS联盟成立,其缓存系统可自动采集最新的电子资源,当电子资源供应商网络终止,LOCKSS系统社团的用户就从社团的缓存中获取电子资源。目前已加入LOCKSS项目有20多个国家和地区的180多家公共图书馆、高校等,此外还有200多家[2]出版机构。

3. 欧洲各国数字资源长期保存项目

欧洲各国,包括英国、荷兰、瑞典、德国、挪威等,都先后开启了数字资源长期保存项目的研究,并通过欧洲各国之间的区域联盟形成分工协作、资源共享的高效存取模式。欧洲各国保存项目和区域合作保存项目详情见表2。

表2 欧洲各国保存项目和区域合作保存项目[3]

项目名称	项目成员	项目实施时间
Nestor	德国国家图书馆	2003—2006
KOPAL	德国	2004—2007
CEDARS	英国	1998—2002
CAMiLEON	英国	1999—
FAIR	英国	2004—
Kul-turarw	瑞典	2002—
Paradigma	挪威	—
e-Depot	荷兰国家图书馆	2000—2002
NEDLIB	欧洲7个国家图书馆、3个出版社	1998—2001
DELOS	欧洲13个国家47家机构	2000—2002、2004—2008
ERPANET	4个国家	2001—2004
PRESTO	3个国家	2000—2002
SEPIA	11个国家的19家机构	2000—2003

其中,Nestor是一项由德国国家图书馆负责,与其国内多个高校或地方图书馆、柏林博物馆和档案馆等相关机构共同完成的数字资源长期保存项目。[4]该项目通过推广数字资源长期保存意识、建立长期保存技术、构建长期保存战略与政策解决德国数字资源的长期保存问题。此外,KOPAL项目始于2004年夏,由德国教育和研究委员会资助,着力研究存储系统的测试和存取技术的共享。

英国的CEDARS项目启动于1998年,是一个由牛津大学图书馆、剑桥大学图书馆、里兹大学图书馆联合发起的合作项目。该项目研究了数字资源长期保存的战略框架和具体方法,并建立了一个分布式的长期存储系统[5]。此外,CAMiLEON项目和FAIR项目也分别从仿真技术和资源获取的角度为数字资源的长期保存提供了策略。欧洲其他国家如瑞典、挪威和荷兰等在长期保存的研究中也分别建立了 Kul-turarw、Paradigma 和 e-Depot 等保存项目，推动了各国的数字资源长期保存进程。

于 1998 年启动的 NEDLIB 项目，即网络化欧洲存储图书馆项目，引领了数字资源长期保存的区域合作潮流。该项目由荷兰国家图书馆牵头，欧洲 7 个国家（荷兰、法国、挪威、德国、葡萄牙、瑞士、意大利）的国家图书馆以及 3 个主要出版社 KLUWER、ELSEVIER、SPRINGER-VERLAG 参与，以合作项目形式研究长期保存基础结构。NEDLIB 项目研究了欧洲存储图书馆机制，以保证电子出版物的长期获取，并建立了一种电子出版物长期存储系统模型。[6] 这些项目的建立和开展，从保存资源的选择性、联合保存的战略政策、联合保存的系统技术等方面对数字资源长期保存进行了统筹研究，避免了资源的重复获取劳动，获得了区域之间的最大利益化。

4. 日本

日本的 WARP（WebArchiving Program）项目，是由日本国立国家图书馆开展的一项关于数字资源长期保存的研究项目。该项目有选择性地收集信息资源，重点收集有关政策和学术方面的数字资源。日本还制定了 NDL 元数据标准，规范了信息收集的工作流程，同时针对数字信息资源修改了缴送法和著作权法等。[7]

三、国内数字资源长期保存研究现状

与国外相比，国内对于数字资源长期保存与长效利用这一问题的研究还处于起步阶段，在近几年才开始重视。通过对《中文期刊全文数据库》的检索，2001 年之前，我国对数字资源的长期保存研究论文为空白；自 2002 年起到 2004 年，论文产量逐年增加，但增加缓慢，为我国长期保存研究的初探阶段；2004 年后，长期保存研究论文产量翻倍，尤其在 2006—2008 年之间论文以每年近百篇的速度递增，至今仍然保持稳定的年增长量。这段时期为我国数字资源长期保存的发展阶段，主要是因为自 2004 年起每年一届的数字资源长期保存国际会议加强了我国与国外的交流，推动了国内数字资源长期保存的进程。

目前国内开展长期保存实践的只有国家图书馆、中国科学院国家科学图书馆、清华大学等少数几家单位，数字资源长期保存项目也为数不多，主要有 Web 信息博物馆、WICP 等保存项目。“中国 Web 信息博物馆”是在国家 973

和985项目支持下,北京大学网络实验室开发建设的中国网页历史信息存储与展示系统。目前已经维护有10亿以中文为主的网页,并以平均每月一千万网页的速度扩大规模,它的基本使命是以一种集中的形式,全面展现中国互联网上信息的历史。WICP项目是由中国国家图书馆组成网络文献收集与保存试验小组于2003年启动的,该项目积极探索信息资源的采集与保存的相关法律、技术、标准等问题,并通过试验发现网络文献收集、整理、编目、保存和服务中存在的问题,提出解决问题的方案;确定保存对象,根据其特点确定技术路线和策略;试验性收集、整理、保存数据并提供服务;提出业务整合的方案。[8]

四、我国数字资源长期保存之鉴

我国数字资源长期保存仍然处于发展阶段,通过对国内外数字资源长期保存现状对比,得出以下几点体会。

(1) 政府机构的领导和政策支持。各国的国家图书馆在具有深远影响或战略意义的数字资源长期保存项目中起到了重要的领导和核心作用,政府资金的支持和保存政策的制定也为长期保存项目的启动提供了有力的后盾。因此,我国以国家图书馆为领导,制定相应的保存政策和策略,将会推动数字资源长期保存的发展。

(2) 加强区域合作保存。数字资源长期保存仅靠个体之力来实现是不可能的,国外数字资源长期保存采取了国内各机构甚至是国与国之间的联盟合作方针政策,最大程度上实现资源共享,避免了重复工作。国内有关数字资源长期保存的合作机制的研究与落实都非常薄弱,加强区域合作如省内各机构合作、省与省之间的合作等,共同制定保存机制,共同商定保存策略,都更有益于长期保存的进行和发展。

(3) 将高校图书馆列入数字资源长期保存的重点机构。高校图书馆在数字资源长期保存合作项目中处于重要的地位,由于高校图书馆的性质决定了其面向使用用户的特点,可以直接获取用户的反馈信息和用户提供的保存对象意见,利于选择数字资源长期保存中有价值的保存对象,也更易于对用户长期保存意识的宣传。因此高校图书馆的枢纽作用决定了它在数字资源长期保存中不可或缺。

参考文献

[1] 姜振儒,张松岩. 发达国家对数字信息长期保存的政策[J]. 数字与缩微影像,2010(2):42 - 43.

[2] 陈月婷,李春明. 开放存取资源长期保存模式探析[J]. 图书情报工作,2008 (5):33 - 120.

[3] 任平. 欧洲数字信息长期保存研究及其启示[J]. 大学图书馆学报,2005(4):26 - 30.

[4] 丁军艳. 国内外数字长期保存的研究概述[J]. 图书馆学刊,2009(10):74 - 77.

[5] 宛玲. 国外数字资源长期保存的最新发展及对我国的启示[J]. 中国图书馆学报(双月刊),2004(2):22 - 26.

[6] 黄旭,毕强. 国内外数字资源长期保存研究现状与进展[J]. 图书馆学研,2009(1):25 - 28.

[7] 于映红,张建华. 数字资源长期保存的研究现状及发展对策[J]. 兰台世界,2008(2):66 - 67.

[8] 陈力,郝守真,王志庚. 网络信息资源的采集与保存——国家图书馆的 WICP 和 ODBN 项目介绍[J]. 国家图书馆学刊,2004(1):2 - 6.

苏州大学图书馆自然科学类外文电子全文期刊馆藏分析

谷玉荣*

一、前　言

美国情报学家曾经对3400种杂志进行引文分析，分析后发现，40%的引文出现在其中的100种杂志中，占总引用杂志的2.9%，即著名的“40/2”法则(2%的杂志达到差不多40%的利用率)。[1]近年来，常用JCR(Journal Citation Report)查看期刊的影响因子，确定期刊在世界范围的影响程度。SCI源期刊总数7390种(2009年)，被分为13个大类及173个小类，其中1区期刊占全部SCI期刊的5%左右，也就是TOP5%，是13个大类中的顶尖期刊，侧重理科医科等基础学科。2区期刊占15%左右，也是顶尖期刊，是173个小类中的顶尖期刊。绝大部分其他学科的顶尖期刊都被划为2区，甚至3区。1区+2区的期刊，基本上是各个一级学科中最顶尖的期刊。但也有很多二级学科的顶尖期刊被放到3区。因此本文对苏州大学图书馆购买的自然科学类外文电子全文期刊、对SCI源期刊中的各区期刊保障情况作出分析，思考本馆的外文全文电子期刊资源建设与配置问题。

二、苏州大学图书馆自然科学类外文电子全文期刊现状

现选取苏州大学图书馆25个涉及自然科学学科的外文全文数据库(以数据来源命名)，其中OVID(含苏州大学集团采购、Others、LWW)为数据库代

* 谷玉荣(1977—　)，女，硕士，馆员，数据长期保存中心副主任，主要研究方向为信息咨询与文献服务。

理商整合平台,其他22个为出版商提供购买的外文全文数据库。各个数据库包含SCI源刊各大类分区期刊情况如表1所示。

表1　25个数据库含SCI源期刊大类各分区期刊比较

项目 / 数据库名	含SCI源期刊大类各分区期刊数量(种)				含大类分区期刊总数(种)	数据库购买期刊总数(种)	比例(含大类分区期刊总数/数据库购买期刊总数)	数据库所属学科
	1区	2区	3区	4区				
2008年OUP过刊回溯	6	16	13	15	50	142	35.21%	含自然科学
ACS	5	15	4	1	25	35	71.43%	化学
AIP			1		1	12	8.33%	物理
AMS	1				1	5	20.00%	数学
APS					0	11		物理
BMJ	3	3	6	4	16	24	66.67%	医学
GSC			1		1	6	16.67%	数学
IEL现刊	1	1	1	3	6	172	3.49%	电子
IEL过刊					0	222		电子
IOP	5	5	8	8	26	45	57.78%	物理
IOP回溯	1	5	5	5	16	66	24.24%	物理
LWW	2	8	13	21	44	279	15.77%	医学
Nature	3				3	3	100.00%	自然科学、医学
OSA		4	1	3	8	17	47.06%	光学
OUP	6	20	20	19	65	223	29.15%	含自然科学
OVID-Group szu999	6	4	1	5	16	32	50.00%	医学
OVID-Others	1	1	1		3	15	20.00%	医学
RSC	4	7	3	1	15	39	38.46%	化学
SDOS	86	202	387	310	985	2176	45.27%	全学科
SIAM	1	2	1	1	5	14	35.71%	数学
Springer	12	68	174	336	590	1375	42.91%	含自然科学

续表

项目 / 数据库名	含 SCI 源期刊大类各分区期刊数量(种)				含大类分区期刊总数(种)	数据库购买期刊总数(种)	比例(含大类分区期刊总数/数据库购买期刊总数)	数据库所属学科
	1 区	2 区	3 区	4 区				
springer 回溯	10	53	150	279	492	925	53.19%	含自然科学
Thieme-Semina		2	4		6	12	50.00%	医学
TURPION 回溯			1	2	3	12	25.00%	数学,物理学,化学,医药卫生,电子技术
Wiley-blackwell	22	95	179	237	533	1234	43.19%	含自然科学
总计	175	511	974	1250	2910	7096	41.01%	

说明:综合学科数据库,期刊总数包含所有学科,比例值仅作参考。表格空白即为不含。

由表 1 可以看出,含自然科学学科的综合性数据库,如 SDOS、Springer、Wiley-Blackwell 含 SCI 源期刊大类分区的期刊种类数较多;单一学科专业数据库,如 ACS、BMJ、IOP,虽然所购买期刊种类总数较少,但是含 SCI 源期刊大类分区的期刊比例较高。

表 2　25 个数据库含 SCI 源期刊小类各分区期刊比较

项目 / 数据库名	含 SCI 源期刊小类各分区期刊数量(种)				含小类分区期刊总数(种)	数据库购买期刊总数(种)	比例(含大类分区期刊总数/数据库购买期刊总数)	数据库所属学科
	1 区	2 区	3 区	4 区				
2008 年 OUP 过刊回溯	10	19	19	13	61	142	42.96%	含自然科学
ACS	6	17	12	2	37	35	105.71%	化学
AIP		1	1	1	3	12	25.00%	物理
AMS	1				1	5	20.00%	数学
APS					0	11		物理
BMJ	2	8	4	2	16	24	66.67%	医学

续表

项目 / 数据库名	含SCI源期刊小类各分区期刊数量(种)				含小类分区期刊总数(种)	数据库购买期刊总数(种)	比例(含大类分区期刊总数/数据库购买期刊总数)	数据库所属学科
	1区	2区	3区	4区				
GSC			1		1	6	16.67%	数学
IEL现刊	1	1	1	4	7	172	4.07%	电子
IEL过刊					0	222		电子
IOP	2	9	15	11	37	45	82.22%	物理
IOP回溯		5	10	5	20	66	30.30%	物理
LWW	4	15	18	19	56	279	20.07%	医学
Nature	3				3	3	100.00%	自然科学、医学
OSA	2	2	2	3	9	17	52.94%	光学
OUP	11	27	23	17	78	223	34.98%	含自然科学
OVID-Group szu999	7	4	1	5	17	32	53.13%	医学
OVID-Others	1	2			3	15	20.00%	医学
RSC	2	10	4	2	18	39	46.15%	化学
SDOS	96	300	469	400	1265	2176	58.13%	全学科
SIAM		4	2	1	7	14	50.00%	数学
Springer	15	105	235	375	730	1375	53.09%	含自然科学
springer回溯	12	87	190	321	610	925	65.95%	含自然科学
Thieme-Semina		2	3	2	7	12	58.33%	医学
TURPION回溯			1	2	3	12	25.00%	数学,物理学,化学,医药卫生,电子技术
Wiley-blackwell	36	145	210	259	650	1234	52.67%	含自然科学
总计	211	763	1221	1444	3639	7096	51.28%	

说明:小类期刊在各小类分区有重复,综合学科数据库,期刊总数包含所有学科,比例值仅作参考。表格空白即为不含。

由表2可以看出,含自然科学学科类的综合数据库,如SDOS、Springer、

Wiley-Blackwell 含 SCI 源期刊小类分区的期刊种类数较多；单一学科数据库，如 ACS、BMJ、IOP、OSA、Thieme-Semina，所购买期刊种类数较少，但是含 SCI 源期刊小类分区的期刊比例较高。

表 3　所购自然科学类外文电子全文期刊与 SCI 源刊各大类分区期刊比较

所属大类分区	SCI 源刊各分区期刊总数（种）	我校购买各分区期刊总数（种）	我校未购买数量（种）	购买比例（我校购买各分区期刊总数/ SCI 源刊各分区期刊总数）
大类 1 区	372	159	213	42.74%
大类 2 区	1010	442	568	43.76%
大类 3 区	1692	821	871	48.52%
大类 4 区	4316	998	3318	23.12%
大类 1 区 + 大类 2 区	1382	601	781	43.49%
大类 1 区 + 大类 2 区 + 大类 3 区	3074	1422	1652	46.26%

由表 3 可以看出，苏州大学图书馆购买的自然科学类外文电子全文期刊种类数对 SCI 源刊大类 1 区期刊数量的比例为 42.74%，对大类 2 区期刊数量的比例为 43.76%，对 1 区 +2 区 +3 区期刊数量的比例为 46.26%，对 4 个大类分区以及大类 1 区 + 大类 2 区，大类 1 区 + 大类 2 区 + 大类 3 区期刊占有比例均未达到 50%。

表 4　所购自然科学类外文电子全文期刊与 SCI 源刊各小类分区期刊比较

所属小类分区	SCI 源刊各分区期刊总数（种）	我校购买各分区期刊总数（种）	我校未购买数量（种）	购买比例（我校购买各分区期刊总数/ SCI 源刊各分区期刊总数）
小类 1 区	581	238	343	40.96%
小类 2 区	1735	831	904	47.90%
小类 3 区	2809	1308	1501	46.56%
小类 4 区	6501	1669	4832	25.67%
小类 1 区 + 小类 2 区	2316	1069	1247	46.16%
小类 1 区 + 小类 2 区 + 小类 3 区	5125	2377	2748	46.38%

由表 4 可以看出，苏州大学图书馆购买的自然科学类外文电子全文期刊

数量对SCI源刊小类1区期刊数量的比例为40.96%，对小类2区期刊数量的比例为47.90%，对1区+2区+3区期刊数量的比例为46.38%，对4个小类分区以及小类1区+小类2区，小类1区+小类2区+小类3区期刊占有比例均未达到50%。因此图书馆在后期的电子资源建设中应考虑将1区、2区、3区期刊的购买比例提高，提高对学科重点期刊的保障能力。

三、苏州大学图书馆自然科学类外文电子全文期刊现状分析及对未来馆藏资源建设的思考

(1) 本文考察的我校图书馆购买的自然科学类外文电子期刊(25个数据库)对SCI源刊大类1区期刊比例为42.74%，对大类2区期刊比例为43.76%，对1区+2区+3区期刊比例为46.26%，对SCI源刊小类1区期刊比例为40.96%，对小类2区期刊比例为47.90%，对1区+2区+3区期刊比例为46.38%，对4个分区以及1区+2区，1区+2区+3区期刊占有比例均未达到50%。对于综合性211院校来说，在馆藏资源的建设中应考虑到资源建设的质与量的关系，提高对1区、2区、3区期刊的保障比例。针对本校的学科发展，确保重点，兼顾一般，使学科资源配置更趋合理化。

(2) 大力发展院系联合订购，互相补充，避免重复。[2]既切实满足读者文献需求，又降低了图书馆的经费压力。

(3) EI和Web of Science等文摘及索引类二次文献数据库，可使读者全面系统地了解本学科主题的研究状况[3-4]，从而获知哪些文献是需要获得的，可很好地补充一次文献收藏的不足，所以应保证这些数据库的订购。

(4) 加强馆际合作、资源共享，发展虚拟馆藏。制定本校图书馆电子馆藏的发展方针，在考量数据库收录的期刊覆盖学科范围与本校学科的相关程度的同时，也要考虑数据库的检索界面，检索功能，软硬件的投入费用，期刊的权威性、滞后性，所收数据年限等问题[5-6]。尽量减少数据库中的期刊重复收录的情况。对重要学科的核心期刊，采取重点保障，力争达到百分之百；根据“二八定律”，对其中价格较高、利用率低、学科偏边缘、用户少的期刊类型，以文献传递作为保障方式，在节约经费的同时不降低图书馆的实际保障力与利用率。不断发现互联网OA资源，以图书馆主页链接、信息推送等多种方式呈现给读者。

(5) 图书馆购买的只是数据库商提供的服务，对资源只有使用权，没有所有权，一旦停订，将无法继续使用，浪费了前期巨大的资金投入，因此图书馆

应考虑电子期刊的长期存取问题。

为读者提供满意的服务是图书馆工作的目标，电子馆藏不求全面，但求更好满足读者教学和科研需求。如何使电子馆藏合理化发展、满足校情、满意读者，这值得我们不断探索。

参考文献

[1] 莫霄. 电子期刊全文数据库的局限性与高校图书馆外文期刊订购的对策[J]. 图书情报知识，2004(5):46－47.

[2] 袁冰. 高校图书馆外文期刊合理采购的方法与途径[J]. 图书情报知识，2003(5):72－73.

[3] 彭碧河. 高校图书馆外文期刊资源建设[J]. 图书馆理论与实践，2003(5):34－35.

[4] 王晶. 关于高校图书馆外文期刊建设的新思考[J]. 情报科学，2003(2):156－157.

[5] 毛云红. 网络环境下高校图书馆外文期刊资源建设[J]. 农业图书情报学刊，2008(8):40－42.

[6] 吴志荣. 加入 WTO 后中小型高校图书馆外文期刊的采访与保障策略[J]. 大学图书情报学刊，2003(2):57－59.

基于校情和馆情的储存图书馆构建思路

程红梅*

自2000年完成四校区合并以来,苏州大学各校区的图书馆不断拆迁合并,导致未来苏大图书馆的有效使用面积锐减,使得本来就不宽裕的藏书空间愈发捉襟见肘,也因此引发人们的热议:是不是又要造新馆啦?到底要不要造新馆以及造什么性质的图书馆?造学科分馆?造更大的综合馆还是储存图书馆?笔者作为苏州大学图书馆的老馆员,自然也十分关注这个问题,本文正是在这个背景下,借鉴国内外储存图书馆理论和实践的研究成果,从实际出发,同时又着眼我校的未来发展,试图阐述唯有储存图书馆才是理性的选择,以期抛砖引玉,与遭遇相似境况的"211工程"大学图书馆、合并高校图书馆及多校区的图书馆同仁,还有更多的业界专家学者,相互切磋交流。

一、苏州大学图书馆馆舍变迁分布的历史和现状

2000年刚并校那阵子,300多万册的馆藏分藏在校本部中心馆、东校区文科馆、南校区医学图书馆、西校区蚕桑专科学校图书馆、北校区丝绸工学院图书馆五个馆舍中。2004年,学校作了重大的战略调整,在离校本部较远的独墅湖高等教育区建造了新校区,将南校区、西校区整体拆迁入驻新校区,同时其他几个校区的部分院系也调整进入新校区;不久增建新校区图书馆,收藏与入驻新校区院系相关的各学科文献资源。此时苏大图书馆系统形成了校本部中心馆($15000m^2$)、新校区综合图书馆($31000m^2$)、东校区图书馆、北校区图书馆四馆一体的办馆格局,合计馆

* 程红梅(1961—),女,学士,副研究馆员,主要研究方向为读者服务。

舍面积 64000 m^2。又经过几年的发展,2011 年学校又作出了进一步的重大规划:将整个北校区、东校区的大部分院系也搬迁整合进新校区,从而形成了以校本部、新校区为教学主战场的办学格局。图书馆作为高校教学与科研服务的学术性机构,是高校的学术支撑之一,在学校战略规划的大背景下,必然要随着院系的调整、用户的变动而作相应的资源调整,也就是说,要把整个北校区图书馆的馆藏及东校区图书馆中与迁出院系相关的文献搬迁整合进新校区图书馆,从而形成校本部中心馆、新校区综合馆、东校区馆的三馆一体的办馆格局;又由于东校区距校本部只有一桥之隔,因而东区馆现如今所剩不多的有关财经、教育学方面的馆藏随时都可能因校方的进一步规划而合并到校本部中心馆。未雨绸缪,图书馆现在就要做好打算,想方设法把原本分藏在上述四个馆舍共计 64000m^2 中的 400 多万册的文献,整合进校本部中心馆和新校区综合馆,而这两个馆合计才 46000m^2。从目前这两个馆舍书库的状况来看,很显然是容纳不下的,更何况未来还有年进 8 万册的新馆藏呢。

二、馆舍面积锐减和书库空间紧张的对策

1. 藏书剔旧

对藏书进行剔除,也就是对馆藏利用价值极低的文献加以撤除、转移和注销。这种方式不但可以缓解馆藏空间的不足,而且还可以使留下的藏书更加符合图书馆馆藏建设的目标和读者的需求。但是,一方面,由于我国还没有藏书剔旧的统一标准,以及存在文献利用中的"睡美人"现象[1],对于何种文献利用价值比较低可以被剔除的探讨,大多停留在理论层面,缺乏对实际操作的指导,因此实际开展藏书剔除工作的图书馆很少,即使有图书馆开展了此项工作,也大多仅凭经验,或者单一地依据图书借阅率、图书破损程度等标准进行藏书剔除工作,使许多有价值的文献存在着从馆藏中剔除的风险;另一方面,我校经过一轮高校合并扩招后,2011 年拥有各类在校生 5 万人,以 400 多万册的馆藏量勉强可应对教育部评估图书馆在藏书总量方面的要求,因此也不可冒然加大剔旧力度。

2. 增建新馆

有人提议造学科分馆,把已累积了一定数量的某重点学科及其相关学科的馆藏从老馆藏中剥离出来,另存它处,从而释放了老馆的书库空间。分馆面积小,造价少,因而经济,但眼下的现状是各主校区书库饱和,这个分馆建

在哪个校区？一个学科分馆能解决问题吗？因此从长远来看，建设分馆其实并不经济。而且从国外大学学科分馆发展现状来看，由于大部分学术性的STM文献信息资源都已数字化、网络化，以至于像美国匹兹堡等大学图书馆自2005年始逐步取消了物理、数学、工程、生物和化学图书馆建制，这些学科分馆的原有藏书被转移到校外储存库，原有空间作为学生交互学习和研究学习、咨询馆员个性化辅导的新型信息服务场所。[2]

那么造一个更大的综合馆呢？眼下正值学校战略调整大兴土木之际，即使学校舍得拿钱来建新馆，又能应付几年呢？能从根本上解决问题吗？

从国外的情况来看，在20世纪50年代至80年代，美国为了解决藏书空间急剧饱和的矛盾，在1967年至1974年间，674所大学新建了价值达19亿美元的馆舍，预计可容纳1.63亿册藏书，可这些大学图书馆同期增加的藏书量就达1.66亿册，其藏书数量增长的速度超过了馆舍空间增长的速度。[3] 国外的实践证明，采用不断新建扩建馆舍的办法来应对藏书数量的急剧增长是行不通的。

再从国内《普通高等学校基本办学条件指标》规定看，生均图书合格标准为70至100册，生均年进书量合格标准为3至4册，且生均年进新书量不会因为生均图书达标后而停滞不前。所以说，即使是在数字图书馆亦有新的评估标准的当下和在数字化、网络化信息越来越丰富的未来，高校图书馆的印本馆藏规模仍将呈不断增长的态势。馆藏规模的不断扩大，必然引起馆藏建筑空间的不断增长。

然而，在日新月异的网络化信息技术环境下，是否有必要维系日渐庞大的图书馆建筑规模呢？近年来，美国大学建造的新馆，总体面积并不大，而在有限的空间中尽量压缩纸质文献的存贮空间，许多都建有密集型、超市型的文献仓储库。[4] 虽说人家是研究型的大学，我馆不可照搬照抄，但支撑其实践的理念很值得我们借鉴学习。

3. 设立储存图书馆

储存图书馆是安全环境中密集存放、永久保存低利用率文献并提供利用的工具。自从哈佛大学校长Charles William Eliot于1900年首次提出储存图书馆概念以来，经过100多年的理论研究与实践探索，国外储存图书馆的发展呈现这样的轨迹：从单独储存图书馆向联合储存图书馆发展；从功能单一的以储存为主向开展协作采购、编制联合目录、办理馆际互借等业务发展；从区域型储存图书馆系统向国家储存图书馆系统发展。[5]

三、储存图书馆的构建思考与探索

既然储存图书馆是用来全面聚合低利用率文献的场所，那么，什么是低利用率文献？苏大图书馆的低利用率文献状况又如何？

一般而言，当文献从出版之后进入图书馆再经过若干年的流通、阅览等，使用率下降到较低程度或者无人使用的文献称为低利用率文献。包括：① 失去现实意义但仍有研究价值的；② 对于某图书馆是非专业的；③ 对于某馆或者某地区用户而言利用价值不大；④ 专业性非常强，只适合少量用户使用的；⑤ 多余的复本文献。低利用率文献普遍存在于各级各类图书馆，并占据馆藏总量中相当一部分比例。[6] 在知识自然老化规律的作用下，往往图书馆历史越悠久，低利用率文献在馆藏中占据的比例就越大，这些低利用率文献包括图书、期刊、报纸、学位论文、珍本、孤本等。

苏州大学合并之前的各校区图书馆有其各自的馆藏侧重点，但彼此间也有交叉重复的收藏，尤其是大学生有共同需求的那部分图书，加之并校前各院校图书馆使用不同的图书分类法来分类组织文献，因此大量的低利用率文献分散在不同的分类排架体系及不同的实体馆藏中。

各类型电子资源的盛行及读者对电子化数字化网络化资源的偏好，导致纸质文献边缘化、低利用率化。近十几年来我馆电子资源大增，且每年用于购买电子资源的费用占全年经费之比逐年攀升。丰富多样的电子资源、简单快捷的检索、足不出户即索即得的便利，使得用户对电子数据库的依赖程度令人吃惊，从而导致纸质文献边缘化、低利用率化，尤其是在理工科背景师生的教学与科研中表现更甚。

这些因素导致我馆的低利用率文献规模相当大。相关研究论文指出，复旦大学图书馆统计其纸本低利用率文献约占总馆藏的25%左右[7]，而我馆低利用率文献规模则不会低于25%，而且随着时间的推移及数字化出版步伐的加快，纸本低利用率文献的绝对数将越来越大。

如果把这些低利用率的文献转移到储存图书馆，就可为校本部中心馆、新校区综合馆腾出宝贵的物理空间，既为新信息环境下图书馆新功能的拓展提供了场地，也为未来相当长的时间内纸本文献的增加预留了足够的发展空间。有了储存图书馆做后盾，以后馆藏具有了一定规模后就可在实现文献零增长的基础上放心大胆地开展剔旧工作，既能解决书库饱和危机，又能提高馆藏质量和活力。储存图书馆在安全的环境中永久保存低利用率文献的功能,又能为我校建成“国内一流、国际知名的高水平大学”所需的学术性研究性资源的长期安全获取提供强力保障。真是一举多得,何乐而不为呢?

由于我国储存图书馆实践还处于起步探索阶段,已建成的储存图书馆,像北大昌平校区储存图书馆、复旦大学江湾校区密集书库等,远非现代意义的储存图书馆,这种由个体图书馆建设和维护的异地远程书库不仅在设备设施、文献修复、环境温湿控制等方面均无法实现经济性,文献的聚合效应也有限,对本馆的文献保障及他馆的文献共享也难有较大贡献。苏州大学作为JALIS的苏南地区文献信息中心,有着独特的地域和学科优势、丰富的馆藏实力和高素质的人才队伍,完全可以借鉴国外储存图书馆成熟模式的经验,尝试将储存图书馆建设成以苏大图书馆为主体,吸收苏州及周边地区各级各类文献信息机构为成员馆的共建共享的区域合作储存图书馆。

参考文献

[1] 武夷山. 千万不能忽视文献“睡美人”现象[EB/OL]. 科学时报,2008-02-29.

[2] 张晓林. 重新定位研究型图书馆的形态、功能和职能——访问美国研究图书馆纪行[J]. 图书情报工作,2006(12):5-10.

[3] 徐恩元. 零增长理论研究[J]. 四川图书馆学报,2005(4):9-12.

[4] 吴志荣. “藏阅分离”模式或将回归?——关于数字时代图书馆布局的思考. 大学图书馆学报,2009(2):3.

[5] 巩梅. 储存图书馆的探索与尝试[J]. 大学图书馆报,2010(3):54.

[6] 方向明,等. 合作储存与文献剔旧的甄别标准及交互机制研究[J]. 图书情报工作,2010(3):59-63.

[7] 赵伯兴,卢志国. 低利用率文献递交储存库最佳时间研究. 情报理论与实践,2010(2):81-84.

信息时代高校图书馆古籍资源整合与建设*

张　敏**

一、古籍和古籍资源

古籍是中国古代书籍的简称，按国家标准的《古籍著录规则》（GB/T 3792.7－2008），古籍主要指1911年以前（含1911）中国书写或印刷的书籍。在实际工作中，各图书馆通常将民国间甚至现代刻印抄写的线装书及一些经折装图书，以及日本、朝鲜等国的古代图书，也视为古籍。

科技的发展影响到人类文明的每一个领域，反映在古籍领域，表现为电子版古籍在整个古籍资源中的比重越来越大，并随之带来古籍阅览方式和服务方式的改变。每个古籍收藏单位藏有原版、影印版、电子版的古籍文献，其内容均有重合部分，且购置影印版和电子版古籍价格较高，如何整合这三种古籍文献载体，使之达到协调互补，并能在实质上增强馆藏古籍资源，满足不同用户群体的信息需求，是信息时代古籍工作者需要解决的问题。

二、高校图书馆古籍资源现状

1．原版古籍

据不完全统计，我国原版古籍数量现有3000多万册件，90%的古籍收藏在公共图书馆，高校图书馆收藏量仅近300万册，其中北京大学图书馆收藏量达150万册，中国人民大学、中山大学、南京大学、吉林大学、北京师范大学、四川大

* 本文发表于《大学图书情报学刊》2012第2期。

** 张　敏（1980—　），女，博士，副研究馆员，主要研究服务为文献学与古籍保护和利用。

学等高校图书馆收藏量约在40万册左右，华东师范大学、山东大学、南开大学、清华大学等大学图书馆原版古籍收藏量也在二三十万册之间。古籍收藏量多质优的高校多为百年老校，如北京大学古籍收藏起始于1902年创建的京师大学堂藏书楼，山东大学图书馆的前身是始建于1901年的山东大学堂藏书楼，南京大学图书馆的发展可上溯至20世纪初建立的中央大学图书馆和金陵大学图书馆。

2. 印版古籍

1919年五四运动以后，中国出版界、学术界开始重视古籍整理工作，影印出版了大量的经过整理的古籍，如商务印书馆出版了《丛书集成》《万有文库》《国学基本丛书》《四部丛刊》，中华书局出版了《四部备要》等影印古籍，许多珍本、善本得以公之于世，这批书成为高校图书馆收藏的第一批影印古籍。新中国成立以来，各类古籍得以系统地整理出版，而且影印出版的范围延伸至敦煌文献、佛教典籍、藏文文献，良性的古籍影印出版形势使得高校图书馆馆藏古籍资源得到较大辐度的增强。如苏州大学图书馆近20年来购置的代表性影印古籍有《四库》系列（含四库、续四库、四库存目、四库禁毁等）、方志系列（《天一阁藏明代方志选刊》《中国方志丛书》《中国地方志集成》《著名图书馆藏稀见方志丛刊》等）、近代史研究资料（如《中国近代史料丛刊》）、金石敦煌系列等。

3. 电子版古籍

信息时代古籍数字化工作大有所为，成果丰硕。目前电子版古籍主要有三种形态：古籍数据库（含书目数据库和全文数据库）、古籍光盘、专门化网站。因专门化网站如国学网、《国学宝典》网络版等已属于共享范畴，所以高校图书馆主要通过购买古籍数据库和古籍光盘来拓展馆藏资源。从各大学图书馆网站上公布的古籍电子资源来看，大多数图书馆购买的电子版古籍有限，集中表现为购买中国基本古籍库和共享CADAL古籍电子书。一些大学图书馆还购买了不少专业电子版古籍，一些图书馆立足本馆所藏，自建了主题多样的馆藏数据库，形成自己的特色。

三、高校图书馆古籍资源整合原则

原版古籍、影印版古籍、电子版古籍这三种古籍资源形态各有优劣。原版古籍除本身拥有文物性而外，最大的一个作用就是其不可替代的版本价值，但多次取阅易损伤纸张。影印版古籍的出版形式多样，校勘本和断句本易吸引广大师生特别是刚刚从事文史研究的学生阅览。电子版古籍虽无法保证绝对无误，但极为丰富的信息量和检索方法，令阅览者进入随心所欲的境界。因而，古籍资源建设需要重新协调、整合好三种古籍资源形态，笔者认为至少应遵循以下三个原则：用藏并重原则，不重复原则，经济性原则。

四、高校图书馆古籍资源建设思考

1. 原文传递——开拓新的古籍资源获取方式

信息时代，资源共享是大势所趋，其共享体系包括书目信息检索网络、文献信息资源体系和文献传递系统。当今高校图书馆古籍文献的共享停留在书目信息检索网络这一发展平台上，如北京大学图书馆发起的 CALIS（中国高等教育文献保障系统）三期“高校古文献资源库”项目，而丰富多样的古文献信息资源体系和迅速且多层次的古文献传递系统，在整个图书馆界仍是薄弱环节，至于后者更是处于萌芽状态，开展这项服务的图书馆寥寥无几，且没有统一的机构来组织和协调。

突破长期以来单打独斗开发古籍文献资源的运作格局，争取多方图书馆特别是公共图书馆的合作和支持，实现多家文献资源的整合和支撑，对改善和提升馆藏古籍资源至为关键。首先，可尝试地区性的资源联盟，有条件地开展原文传递服务，借鉴已实施原文传递服务机构的成功理念，如北京地区高校图书馆文献资源保障的 BALIS 体系在发展初期开拓的诸多经验，它的零费用推广活动、与 CALIS 合作进一步拓宽资源、各成员馆的科学分工协作管理模式、中心馆积极的态度及适当的激励机制等创新举措，都值得推广。其次，用于古籍资源原文传递的补贴资金应纳入图书馆文献信息资源购置经费，或经费由学校专项划拨。最后，古文献的原文传递服务离不开专人专职，唯有如此，方能提高服务效率与文献满足率，在各成员馆中形成良性互动，使“信息自由”理念践行在图书馆的每一个角落，彰显“学术乃天下之器”的精神。

2. 读者至上——规划古籍资源发展政策的重要依据

浩如烟海的古籍世界，哪些古文献应该有复本？哪些古文献应该少买或不买？读者放弃对图书馆利用的原因是藏书发展出现偏差？还是读者不知如何有效地利用图书馆藏书？要想解决好这些问题，首先要了解读者的需求，“Librarians as Marketing Managers（图书馆员是市场经理）”，图书馆员要像企业的市场经理了解市场、了解消费者的需求一样，了解古籍市场、了解读者的需求。此外，古籍资源载体形式的丰富性，也要求图书馆重新定位自己的藏书发展方向，规划读者服务模式。

要实现以上目的，有以下几个途径。一是调查本校文史专业博硕士点、科研机构、重点学科、博士后流动工作站等的设置，大致知晓学校专业研究方向。二是适时地宣传馆藏古籍资源，指导读者合理利用古籍数据库和免费网络资源，教会各种类型的工具书及传统的卡片目录方法，让读者尽快地适应到科研工作中去。三是及时地跟踪调查读者，特别要关注重点读者群体的文献需求和所需的文献服务方式，经常听取他们的意见，不间断地汇总阅览记录，总结阅读方向和阅读要求的变化。总之，要了解读者、与读者建立广泛的联系，将统计数据作为规划古籍资源发展政策的依据之一。

3. 采访团队——古籍资源建设发展的重要因素

古籍资源建设最终需要通过古籍采访团队的工作来落实，古籍采访人员除了必须具备文史知识这一基本功外，还必须拥有多层次的综合素质。

首先，时刻坚持图书馆的职业精神，这是根本所在。其次，要熟悉馆藏，经常到书库中了解具体情况。再次，需有一定的信息敏感度。这表现为古文献传递人员要了解各类图书馆的馆藏特点，将文献传递与本馆藏书建设结合起来，而外访采购人员应拓宽地域范围，与多地的古旧书店建立良好的联系，以便有好书能及时获知和采集。最后，古籍资源采访团队应主动借助学校院系老师和科研机构的智力资源与人才优势，以为其提供学术上的支撑。图书馆员以服务为主的工作性质，造成其整体专业知识水平和科研能力与院系教师仍有差距，所以，古籍部研究人员要积极地参与各院系开展的科研项目，与院系老师一起深入挖掘馆藏资源。对某些专类的书目存佚情况、版本源流、文献内容、特点和价值进行专门的研究，有条件地寻找合作方整理出版，在研究氛围的熏陶下提高专业水平，从而更好地建设馆藏古籍资源。

参考文献

[1] 王育红. 近50年来中国古籍出版的成就、缺失及其对策[J]. 中国出版，2002(3)：50－52.

[2] 丁永玲，黄智武. BALIS原文传递服务的发展与管理[J]. 图书馆建设，2010(6)：76－78，82.

[3] 孙琴. 古籍与民国文献的原文传递现状及改进建议[J]. 大学图书馆学报，2010(3)：95－97.

[4] Sam Chu. "Librarians as Marketing Managers: Applying Marketing Principles to the Management of Library Instruction Programs," Proceedings of the 90th Annual Conference of Special Libraries Association[C], Minneapolis MN: Libraries Association, 1999: 90－105.

高校学术报告视频特色数据库之视频拍摄研究

陈建忠*

随着网上学习资源的开发，近年来网上学术报告越来越多，如爱迪科森公司的“网上报告厅”、超星公司的学术视频库等，有人甚至创出 webinar 或 webminar 的新词。听网上学术报告，如同身临其境般参加免费的顶尖水平的国际会议。不出门可以聆听最优美、水平最高的学术报告，甚至可以一睹国际大师的神韵和风采。而且，网上学术报告听不清楚的地方还可以反复听，而不太感兴趣的部分则可以跳过去，因此更能享受报告的精彩之处。为了让更多师生都能听到学术报告，充分发挥学术报告的作用，苏州大学图书馆开始建设“苏大讲坛”学术报告视频特色数据库，而拍摄好学术报告的现场是学术报告视频特色数据库建设的基础和关键。

一、我校学术报告资源

学术报告是高等院校的重要学术活动，各个大学经常会邀请各领域的知名学者来作学术报告，以便将最新的研究成果汇报给广大师生，从而提高师生的学术水平，推动本校的学术研究，营造浓厚的学术氛围。

随着我校建设“国际知名、国内一流”的研究型大学步伐的加快，学校的学术活动日益频繁。为了进一步整合学术资源，营造“尊重知识、尊重学术、尊重科学”的氛围，加强师生之间的交流与互动，提升学院师生的科研素养，打造在国内相关学科领域拥有较大知名度与持续影响力的高层次学术平台，各院系、单位都邀请国内外知名学者举办了系列学术讲座，如研究生部的“博导论坛”、政治与公共管理学院的“学术大讲堂”、材料化学化工推出的“高分

---

* 陈建忠(1971—)，男，硕士，副研究馆员，主要研究方向为苏州私家藏书文化。

子论坛”、机电工程学院的“教授论坛”系列讲座、基础医学与生物科学学院的“院长论坛”、文学院海外汉学研究系列讲演等。据统计,2008 年全校举办的学术报告为 364 场,2009 年为 443 场,2010 年为 578 场,有逐年增加的趋势。

由于学术报告场地座位的限制,以及师生时间的冲突等原因,好多精彩的学术报告只有现场的师生听到,更多的师生只能被拒之于门外,而且学校也没有一个专门的单位或部门去拍摄记录这些宝贵资源,十分可惜。为了让更多师生能听到学术报告,充分发挥学术报告的作用,在各级领导的支持和努力下,图书馆于 2008 年决定开始建设“苏大讲坛”学术报告视频数据库,成立了“苏大讲坛”学术报告视频数据库项目建设组(专职一人,兼职两人),购买了摄录设备,通过去现场摄录学术报告,再经过编辑加工,将这些在我校举办的学术报告发布到校园网上,为全校师生提供学术报告在线播放服务。

据了解,目前,在国内,只有苏州大学图书馆主动去各院系和单位拍摄学术报告,为全校师生提供本校学术报告在线视频服务。其他大学图书馆一般只拍在本馆举办的学术报告,其余的则是让其他主办单位或部门送过来。我们这样做不仅对学术报告选择余地大,而且图像影像质量得到保证。“苏大讲坛”使学校宝贵的学术报告资源得到了数字化长期保存,在学校需要这些报告时,我们能够为学校及时提供这一资源,同时为图书馆提出了一种新的服务理念。

二、学术报告的拍摄

学术报告视频拍得好与坏,对建设学术报告视频数据库起决定性作用。不管后期制作的水平有多高,如果视频本身的毛坯不好,那就无法加工出精良的学术视频。

1. 学术报告拍摄的前期准备

如何拍出高质量的视频?根据本人的切身体验,以下三个前期准备工作是必不可少的。

(1) 获取举办学术报告的相关信息。

我校学术报告的信息获取一般有三个渠道:第一,在学校主页有一个“学术报告”专栏;第二,从学校主页的通知发文一栏进入,也有“学术报告”专栏;第三,主办方的主页(如各院系的主页)上发布。因此可通过每天上网浏览这些主页来获取举办学术报告的相关信息。

(2) 主动联系主办方。

要想取得主讲人的授权,首先要在摄录前与主办方联系,由主办方与主讲人沟通是否同意摄录,只有两者均同意了,才能去摄录。如果不事先沟通,很可能去了现场,主办方或主讲人不让摄录。一般主办方都非常愿意我们去拍摄,如苏州大学外国语学院知道我们图书馆有这个服务,现在都有专人与我们联系拍摄。但也有少数的学术报告因涉及政治敏感问题、最新科研机密及版权问题而不能拍摄。

(3) 拍摄前的设备检查。

要想学术报告拍摄顺利,前期的设备检查是必不可少的。具体来说有以下几点:第一,检查电池是否充足(包括摄像机的电池、话筒的电池),要在拍摄前给电池充足电,并带好备用电池;第二,检查摄像机存储空间是否足够,要清出足够的空间来存储即将拍摄的学术报告,并带好备用存储设备;第三,检查摄像机各构件是否正常,如有问题要立即维修、调试好。

2. 学术报告的拍摄方法

要保证学术报告的视频质量,视频本身是否拍得好是关键。为了拍出精品,我们要做到以下五个要点。

(1) 提前入场,占据最佳拍摄机位。

这是成功拍摄的第一要素。好多学术报告不一定在学术报告厅举行,可能会在会议室、教室等不同地方举行,每个地方的视频展台、视频投影系统(各类信号源 + 投影仪 + 投影屏幕)、音响系统、供电照明系统等都不一样。还有如墙壁的颜色、课桌的高低等,也都是我们在确定摄像机机位时必须考虑的因素。只有提前入场才能找到最佳拍摄的机位。

(2) 预先调试好摄像机。

因学术报告举办地的光线、距离等各不相同,所以一定要先把摄像机的水平度、白平衡、光圈、聚焦等调整设定到最佳状态,同时开启摄录话筒,并把无线话筒放置在主讲人演讲位置。

(3) 把握好拍摄角度,捕捉演讲焦点。

一般学术报告只有一位主角——主讲人,所以一定要努力拍出报告人的演讲风采。为了能得到较为美观的镜头,一般会使演讲者占据画面的 1/3 或 2/3,这样即可接近画面最完美的黄金分割点。镜头随景而动,对准主讲人,主讲人移动时镜头也跟之移动;讲解屏幕内容时,将镜头切向屏幕,估计观众看完屏幕内容后,还应及时将镜头收回,继续对准报告人。

(4) 景别的运用。

选择合适的景别,进行正确的镜头切换是学术报告现场录像的关键之一。我们需要根据不同的演讲内容和特点合理地选择摄像角度和镜头景别。学术报告拍摄的景别一般可分为远景、全景、中景、近景和特写五种,在拍摄的时候,要根据实际情况分别运用或组合运用。

(5) 随时关注拍摄提示信息。

要使学术报告拍摄顺利,还应随时关注录像键是否正常工作(有时细小的触碰、抖动等原因,会使录像键关闭),无线话筒指示灯是否常亮(有时会因主讲人的无意触碰、电池用完等原因,无线话筒停止工作),存储卡是否存满,等等,发现问题应立即采取应急措施。录制中避免因粗心而犯致命的低级错误,使整个拍摄前功尽弃。

3. 学术报告拍摄结束,安全归来

当主讲人宣布报告结束并感谢大家时,我们的报告拍摄过程可以说还没结束,这时我们还要及时关闭摄录设备的电源。因报告结束后走出会场的人流较大,我们一定要保持谨慎及时取回无线话筒,认真清点物品,收好摄录设备并归位,小心保管好,最后安全回到单位,这样整个拍摄过程才算顺利完成。接下来的工作便是学术报告的编辑和发布了。

三、自建学术报告数据库展望

随着时代的发展,人们越来越喜欢、需要视频阅读方式,而且现代科学技术的发展能够帮助人们实现这种需要。自建学术报告数据库已成必然。我们图书馆工作人员不辞辛劳,肩扛手提摄像设备,不计较上下班时间,有时还得放弃休息时间奔赴于各校区,力求将最精彩的报告呈现给全校师生,为教学和科研服务。“苏大讲坛”目前已完成上传国内外著名大学、研究机构的院士、大师、学科带头人、知名人士等所作学术报告145部,这些报告既有计算机、材料、医学等自然科学方面的内容,也有政法、文史、外语等社会科学方面的内容。“苏大讲坛”配合了学校各专业的学习,促进了新思想、新视点的传播与交流,一定程度上满足了广大师生分享前沿思想、打开思路、启发创新、不断提高学术研究水平的需求,使在我校举办的学术报告继续发挥作用,不断扩大受益面,为我校建设成“国际知名、国内一流”的研究型大学做出贡献。

参考文献

[1] 何继红.高校学术报告数据库的建设[J].图书馆学研究,2011(2).

[2] 李杰.课堂教学与学术报告差异探讨[J].山西医科大学学报：基础医学教育版,2010(8).

[3] 王启东,陶详亚.浅议非线性编辑技术在高校电视节目制作中的应用[J].电脑知识与术,2009(1).

[4] 任杰,霍东芳,赵建辉.浅谈教学多媒体课件制作[J].科技信息,2009(29).

释“渭阳”与“舅权”

罗时进*

历史的发展是一个文明进步的过程。随着这一过程的推进,“文”逐渐“化”入了社会生活的各个方面。我国自进入封建宗法制社会后,“舅权”(Avunculate)这一原本主要以生产劳动和经济方式体现对姊妹家庭权威性的现象也越来越人文化,舅父虽然一如既往地对外甥的抚养成长、进入社会和婚聘嫁娶负有特殊责任,对外甥拥有特殊权威,但这种权威在东汉以后出现的文化家族中,往往直接表现为文学权威。而在部分文化特别发达、文学氛围特别浓厚的地区,“舅甥关系”逐渐演变为一种具有文学意义的关系。追溯这种演变的由来当解释“渭阳”的意义,本文即就此略加论述。

一

在人类历史上,“舅权”是一种普遍存在的现象。这一概念在研究原始社会和人类学的著作中多有出现,如列维-斯特劳斯的《结构人类学》、博额思的《南非的母舅》、J. 古迪《西非的母舅和外甥》等著作中都有相关论述。20世纪50年代初,潘光旦先生发表过《中国父权社会对舅权的抑制》一文,提出了“母系社会的母舅,事实上就是舅权”[1]的观点,虽然未能得到普遍赞同,但它表明我国人类学和社会学研究领域已经较早注意到“舅权”和“舅权制”现象。20世纪80年代以降,不少人类学、民俗学、民族学、社会学和法学研究者都开始重视对“舅权”和“舅权制”的探讨,其重要的成果当推彭兆荣所著《西南舅权论》[2]。

“舅权”,作为社会人类学的专门称谓,用于描述母亲的兄弟对他姊妹的

---

* 罗时进(1956—　),男,博士,教授,博导,原馆长,主要研究方向为唐宋元明清诗文研究,地域、家族与中国古代文学研究,古典文献整理与研究。

孩子所拥有的权威。根据学者们的研究,“舅权”现象“起始于原始时代的母系社会,是母权制的附属物或派生物”[3]。在漫长的母系社会中,特殊的婚姻形式使子女无法确认生身之父,子女从母而居,这自然造成了普遍的“只知其母,不知其父”的现象。这时,母亲是所有人际关系的中介,在实际生活中享有权威也承担责任。当对偶婚逐渐取代了族外群婚以后,“家庭”便呼之欲出了,但在相当长时间中,这种最早的“家庭”,仍然具有“母系家庭”的性质。民族学研究的成果表明,在“母系家庭”中,父亲的角色很不显著,倒是另一个男性——舅舅,“除担负着帮助自己的姊妹料理家务外,必须承担起关怀、教育、培养下一代外甥、外甥女的义务”[4]。因此舅甥(甥女)关系要比父子或父女关系亲近得多。

然而,历史曾经无情地以女性的“具有世界历史意义的失败”为代价而实现了向农业文明时代的飞跃。[5]在这个飞跃中,虽然原始家庭中“母、舅、父”的“三级格局”并未被完全打破,但权力的序列发生了变化,父亲的地位显然提升到首要位置,这就促成了作为母权代表的舅权向父权的转移。但值得注意的是,当历史上这次家庭权利的转移发生之后,千百年来“舅权”在具有不同文化传统的各民族中,皆未退出那个“三极格局”。“舅权”,或者以制度的形式延续不断,或者以民间风俗的形式持久存在,它顽强地充当着姊妹家庭的代言人和保护者,社会也广泛承认并利用这种权利,民间长期流传的“天上最大的是雷公,地上最大的是舅公”[6]、“无对日下,惟舅与甥”[7]等说法,以及江南地区“外甥不出舅家门”的俗谚,实际上都是为“舅权正义”张本。

二

正由于舅氏对姊妹家庭具有至为重要的影响,舅甥之间有着客观的生理和精神的相似,所以外甥辈对舅氏也格外依赖,感情弥笃。在我们这个具有诗性传统的古老国度,舅氏和舅甥关系自然成为一个特定话题出现在文人笔下。文学史上最早将舅氏赋予诗情色彩的是《诗经 · 国风 · 渭阳》:“我送舅氏,曰至渭阳。何以赠之？路车乘黄。我送舅氏,悠悠我思。何以赠之？琼瑰玉佩。”此为秦穆公之子秦康公在渭水北岸,送别舅父公子重耳之作,《毛诗序》云:“《渭阳》,康公念母也。康公之母,晋献公之女。文公遭丽姬之难未返,而秦姬卒。穆公纳文公。康公时为太子,赠送文公于渭之阳,念母之不见也,我见舅氏,如母存焉。”先秦时代渭阳水边的这一曲颂舅之歌,其真情拨动了历代文人的心弦，从此，“渭阳”成为一个具有特定情感的原型意象，化入历代文人的作品中。鲁迅在《中国小说史略》中曾提到比《世说》编辑得要早的《笑林》（后汉邯郸淳著），其中有曰“甲父母在，出学三年而归，舅氏问其学何所得，并序别父久。乃答曰‘渭阳之思，过于秦康’”[8]。从这一俳谐之谈中，可见“渭阳”作为一个文学意象最迟自东汉已经进入文学之林。

唐代是“渭阳”作为舅甥关系意象的经典化时期，杜甫的送舅氏诗创作是一个重要标志，其《奉送二十三舅录事之摄郴州》云：“贤良归盛族，吾舅尽知名。徐庶高交友，刘牢出外甥。泥涂岂珠玉，环堵但柴荆。衰老悲人世，驱驰厌甲兵。气春江上别，泪血渭阳情。”从诗题便可知“渭阳情”的指代了。杜甫《奉送卿二翁统节度镇军还江陵》亦云：“寒空巫峡曙，落日渭阳明。留滞嗟衰疾，何时见息兵。”据考卿二翁姓崔，是杜甫之舅。这里用“渭阳”同样表现的是战乱中的送舅惜别之情。晚唐许浑《梁秀才以早春旅次大梁，将归郊扉，言怀兼别示，走笔依韵》有云：“渭阳连汉曲，京口接漳滨。通塞时应定，荣枯理会均。儒流当自勉，妻族更谁亲。”既云“渭阳连汉曲”，又云“妻族更谁亲”，则“梁秀才”当为许浑的舅氏辈或中表亲。郑谷《颜惠詹事即孤侄舅氏谪官黔巫舟中相遇怆然有寄》称：“犹子在天末，念渠怀渭阳。巴山偶会遇，江浦共悲凉。”据诗题，此所谓“怀渭阳”，正乃舅甥之深情。宋代司马光将《诗经》之“我送舅氏，曰至渭阳”在《家范》中作为人伦典型表彰，影响尤巨。黄庭坚所谓“四海之内，朋友比肩；舅甥相知，卒无间然”[9]，是宋代士子普遍的情感。其时文人作品中的“渭阳”描写甚多，既有如沈辽《清泠台初夏寄上舅氏》“欲向人间访消息，渭阳应有远游吟”那样的明用，也有而如“甥舅相望共一溪”（葛立方《减字木兰花》）之类对“渭阳”之典的化用。经过杜甫等唐代诗人进一步模塑的“渭阳”意象，在赵宋一代已成为文人笔下既具德性，又富诗情的艺术表现。

明清两代“渭阳”之情在笔记、小说、戏曲中得到充分表现，散文中则以夏完淳《狱中上母书》最为著名。其云：“武功甥将来大器，家事尽以委之。寒食盂兰，一杯清酒，一盏寒灯，不至作若敖之鬼，则吾愿毕矣！新妇结褵二年，贤孝素著。武功甥好为我善待之，亦武功渭阳情也。”武功甥，乃完淳姐夫侯洵之子，名檠，武功为其字，小完淳六岁，少负文才，里人视为神童。完淳狱中念母，连及其姊其甥，其渭阳之情真感天动地！

而在明清诗歌中，舅甥关系是一种既特殊又普遍的表现。这里略举两例。明万历诗人车大任《题渭阳永思卷》云：“宅相衔恩后，终天洒泪前。舅甥原一脉，襁褓更三年。落月惊新梦，悲风怅绝弦。渭阳千载意，流水共潺谖。”

“骨肉非言赠，乘黄且路车。受恩原不浅，报本竟何如。邑未辞周翼，人应愧魏舒。永怀因手泽，笥箧有残书。”[10]这里“舅甥原一脉”，“乘黄且路车”，不仅用《诗经·国风·渭阳》之事典，其舅甥深情亦远接“渭阳千载意”而发。据题意可知，这是一组悼舅之诗，故笔下含情，催人泪下。相比较而言，清初陈确《奉和季舅父寿母诗》写作环境迥异，故显得熙睦融和：“渭阳春酒厚于饧，日午殷切劝数觥。乱世天留老姊弟，草堂云拥众孙甥。”而从这悲喜两极的对照中正可以看出，舅甥关系在家族关系中具有相当突出的地位，“渭阳之情”是亲属人伦情感中与母亲相提并论的一种特殊情感，在母系血缘支脉中是一股最强劲的脉动，至亲切而动人，最深挚而持久。在文学作品中，“渭阳”这种舅甥骨肉相亲的意象出现也相当频繁，“渭阳之教，宅相之言”具有了情感符号的标志意义。[11]

三

需要进一步说明的是，“舅权”是一种由历史文化的遗传而形成的社会约定俗成。然而正是因为它带有深远的历史基因，同时为士族阶层和民间普遍认可，故其影响力极强。在清代江南世家中，这种权力覆盖与权威影响相当普遍和突出，除协调家族关系、维护家族和谐外，亦具有振发家声以使名族世家门风不坠的功利作用。而从文学角度来看，“舅权”意义下的“舅甥关系”，一方面对江南地区文学环境产生了影响，同时也对家族作家的创作和地域文学的发展发生了一定的作用。

舅甥关系对清代江南文学创作的影响大致有以下几个方面。首先是文学作品中表现舅甥之情的“渭阳”题材的涌现。由于舅甥关系在文化家族中普遍存在，且感情深挚，舅甥之间的唱和也特别频繁，这种唱和常寓于地域性、家族性结社活动之中。家族舅甥文会以晚明公安“三袁”父叔与诸舅结社最为人道及，而江南此类结社极为多见，如湖州沈儆炌与里中联文社，“常偕嗣父与春野、春涛两母舅，合一时同志之友……结盟岘首，皆先行谊而后文章”[12]。除了诗酒文会的招集唱和外，舅甥酬唱更多是在平常交往中进行。常州钱维乔《旅宿不寐忆同里故交得诗八首之庄似撰》云：“与尔久沦落，浮名祇误人。艰难因负米，聚散总迷津。青琐轮时辈，缁衣赋我辰。新诗投玉佩，愁绝渭阳亲。”庄似撰乃维乔外甥，相互赠答诗歌颇多。京江张文鉴《子乾舅氏晚香亭看花有作敬步原韵即景书怀》也是相当典型的：“曾叨教养列阶除，宅相难成愧魏舒。一寸草心春莫报，几茎花骨傲如初。”这类唱和之作洋溢着亲切的渭阳情和报春意,景与境谐,动人心脾。在《家集》《传芳录》和作家别集中,此类题材收录数量相当可观。至于大量的舅甥间书札、序跋之情意深款,纪念性墓志、碑铭之哀感顽艳,舅甥故事敷衍为戏曲、小说情节之生动谐趣,其特定的题材和内容颇能歆动人心。

与“渭阳”题材的涌现相比,舅甥间文学观念和创作风格的影响更值得注意。潘光旦先生曾经指出,“舅甥之间,神形两似,是一种无法摆脱的事实”[13],虽然这是从遗传学角度为“舅权正义”确立根据,但对理解江南文学之家族传承这一文化与精神领域的现象亦有启发。确实,舅甥之间在文学观念上具有鲜明的“遗传性”,这种遗传除可能存在的“生物链”因素外,还有“家学”的一脉相承。钱仪吉自述其学诗经历时亦云:“舅氏余斋先生及朱梓庐先生皆尝教予诗,余斋先生曰:子诗自有家法,文端、宗伯学不尽也。”[14]吕天成在其《曲品》中引述舅祖、著名学者孙鑛评论传奇的十大标准:“第一要事佳,第二要关目好,第三要搬出来好……”[15],显然也是对家学的裔传与弘扬。

在此基础上考察舅甥间文学风格,其一定程度的相似似乎更具有必然性了。如洪亮吉与其舅蒋蘅。《玉尘集》记:“舅氏蒋曙斋蘅,才高数奇。年五十始为副车,所为诗古文皆浩瀚有奇气。”[16]《北江诗话》记:“舅氏蒋检讨蘅诗,如长孺戆直,至老益坚。”[17]世论亮吉其人其诗有孤傲气与奇拔气,此应直接源于其舅父。关于舅甥文学风格的相似性,晚清南社诗人姚光(石子)有《辛巳二月三十日随舅氏高吹万先生叩谒木道人于上海“来苏社”。乩坛备承指示,索及拙诗。谨诠次乩语,成七言一章以献》诗自述与其舅氏高吹万之诗风关系,是最富神奇感和真切感的说明。当日那位“谒木道人”乩示有云:“今日道人来社,喜见高姚二君渭阳之情……石子之诗别具风格,温柔中有峭拔气。语云‘外甥不出舅家门’,然乎,岂其然乎?”对于这一以“乩示”名义所作的评论,姚石子作诗呼应:“吾诗质实不妩媚,峭拔欲学而未能。师承舅氏何能似,鲜民徒深渭阳情。”语含谦逊,实际上对道人“乩示”深以为然。当然,客观地考察姚石子的创作,其诗歌风格倒确实可以成为“不出舅家门”的一个典型,这与其长期受到舅氏的文学指授、陶淑有关。细勘石子《与高吹万舅氏书》《登闲闲山庄十亩桥口占呈舅氏》《吹舅招集闲闲山庄赏菊》《和舅吹万浦中作次韵》等一系列作品,对高、姚舅甥之文学关系可以得到富有“现场感”的印证与理解。

参考文献

[1] 潘光旦. 论中国父权社会对舅权的抑制. 新建设,1950(5):43.
[2] 彭兆荣. 西南舅权论. 云南教育出版社,1997.
[3] 薛平. “舅权制”探源. 扬州师院学报,1996(2).
[4] 邝东. 舅权的产生、发展和消亡初探. 民族研究,1985(2).
[5] 罗时进. 中国妇女生活风俗. 陕西人民出版社,1994:30.
[6]《思想战线》编辑部. 西南少数民族风俗志(壮族). 中国民间文艺出版社,1981:91.
[7] 姚思廉. 梁书. 中华书局,1973:398.
[8] 鲁迅. 中国小说史略. 上海古籍出版社,1998:41.
[9] 黄庭坚. 黄庭坚全集. 四川大学出版社,2001:800.
[10] 车大任. 车参政集(卷五). 长沙 1933 年铅印本.
[11] 陈廷槐. 京江张氏家集(卷六). 松荫堂 1926 年刻本.
[12] 沈秉成,等. 竹溪沈氏家乘(卷一九). 清光绪十年(1844)增印本.
[13] 潘光旦. 潘光旦文集(九). 北京大学出版社,2000:253.
[14] 钱仪吉. 衎石斋记事稿(卷十). 续修四库本.
[15] 吕天成著,吴书荫校注. 曲品校注(卷下). 中华书局,1990:160.
[16] 洪亮吉. 玉尘集(卷上). 清光绪十年(1884)刻本.
[17] 洪亮吉. 北江诗话(卷一). 中华书局,2001:2246.

清季驻美、西、古使臣史实考异

李　峰[*]

中外互派使臣驻京以办理相关外交事务,乃近代国际关系之惯例。咸丰十年(1860)中英、中法《北京条约》签订后,各国公使陆续派驻北京,清末已达十九个国家。自光绪元年(1875)起,清朝在英、美、日、俄、法、德、奥、荷、比、意、葡、西、秘、墨、古、韩等十六国也陆续派驻使臣,或专驻,或兼充,历有变化,反映了中国传统外交向近代外交转变。有鉴于此,《清史稿》作交聘年表,其后,钱实甫依据《清实录》编《清季新设职官年表》《清代职官年表》,其中《出使各国大臣年表》记载谕命清季驻外使臣任职、离职情况。中国第一历史档案馆与福建师范大学历史系也合编了《清季中外使领年表》,其中设《清朝驻外使臣年表》,除《清实录》外,查用了大量已刊或未刊清代档案,增列了实际到任与卸任时间,突出了权威性与实用性。各表承先启后,均有特色,但由于各种原因,记载多有歧异之处,不少存在问题或错误。今根据有关上谕、奏折、履历等档案及起居注册和文集志传等资料,对相关史实考异以纠谬求真。文中考校《清实录》《光绪朝东华录》者,上述各表记载与其相同处,一般不再列明。所引资料之版本列于文末,以归简省。讹误之处,敬请方家教正。

一、驻美使臣史实考异

1. 陈兰彬、容闳任职时间

《光绪宣统两朝上谕档》第 1 册第 354 页载,光绪元年十一月十四日(丁未,1875.12.11)内阁奉上谕:二品顶戴候补三四品京堂陈兰彬、三品衔同知容闳,著充出使美国、日国、秘国钦差大臣。容闳并著以道员用,赏给二品顶戴。《清德宗实录》卷二二,《清实录》第 52 册第 334 页同。《清季中外使领年

* 李　峰(1958—　),男,硕士,教授,副馆长,主要研究方向为清史及历史文献学。

表》第22页作是日陈兰彬由原刑部侍郎，赏二品顶戴，太常寺卿任，误。《清史稿》卷二一二交聘年表上，《二十五史》第12册第966页，作十一月丙午（十三日，1875.12.10）任，亦误。

2. 郑藻如籍贯及任职时职衔

朱彭寿编《清代人物大事纪年》第1215、1390页载，郑藻如，道光七年四月二十四日生，字志翔，号玉轩。广东香山人。咸丰元年辛亥科举人。厉式金修《香山县志续编》卷十一，郑藻如传同。李盛平等编《中国近现代人名大辞典》第481页作福建闽县（今闽侯）人，误。

《清德宗实录》卷一三一，《清实录》第53册第882页载，光绪七年五月己丑（廿八日，1881.6.24），赏直隶津海关道郑藻如三品卿衔，充出使美、日、秘国大臣。《光绪朝军机处录副奏折》（档号03—5161—039，缩微号393—1369）载，光绪七年六月初九日李鸿章奏：……窃准总理各国事务衙门咨开，光绪七年五月二十八日奉上谕：……二品衔直隶津海关道郑藻如著赏加三品（卿）衔，充出使美国、日国、秘国钦差大臣等因，钦此。……兹据津海关道郑藻如禀称，奉文后，当即……叩头谢恩。《清德宗实录》、《光绪朝东华录》，十二月初七日乙丑，谕郑藻如开直隶津海关道本缺，以四品京堂候补。《清史稿》卷二一二交聘年表上，《二十五史》第12册第967页，作十二月开本缺，以三品京堂候补。钱实甫编《清季新设职官年表》第18页作五月廿八日，津海关道赏三品衔，以三品京堂候补任，皆误。

3. 张荫桓任职时间

《清德宗实录》卷二一〇，《清实录》第54册第965页载，光绪十一年六月癸未（十六日，1885.7.27），命三品卿衔直隶大顺广道张荫桓为出使美、日、秘国大臣。《光绪朝东华录》第2册第1974页作六月甲申（十七日，1885.7.28）。今从《清德宗实录》。

4. 崔国因职衔

《清德宗实录》卷二六八，《清实录》第55册第581页载，光绪十五年三月丙午朔（初一日，1889.3.31），赏翰林院侍讲崔国因二品顶戴，为出使美、日、秘国大臣。《光绪朝东华录》第3册第2591页；《光绪朝军机处录副奏折》（档号7719—71）载，光绪十五年九月初四日张荫桓奏奉旨同。《光绪朝军机处录副奏折》（档号7719—72；档号7719—74）载，九月初四、初九日崔国因奏，皆作出使美、日、秘国大臣翰林院侍讲。《清史稿》卷二一二交聘年表上，《二十五史》第12册第968页，作翰林院侍读，误。

5. 崔国因与杨儒交卸时间及杨儒原任职衔

崔国因《出使美日秘国日记》卷十六页十二载，（光绪十九年七月）二十日晴，出使大臣杨（儒）酉刻接印。《光绪朝军机处录副奏折》（档号 7719—89）载，光绪十九年七月二十一日杨儒奏，七月初六日抵泊旧金山埠，十三日改乘火车，计历昼夜，十八日行抵美国华盛顿都城。二十日准前任使臣崔国因委员赍送出使大臣铜印关防并文案卷宗等件。中国第一历史档案馆藏《电报档》（档号 2—02—12—019—0442，缩微号 004—1173）载，光绪十九年七月二十一日，收北洋大臣电：杨使电：效（十九日）抵美，号（廿日）接印。乞电署云。鸿。马（廿一日）。《清季中外使领年表》第 22 页作七月廿二日，误。

《清德宗实录》卷三一九，《清实录》第 56 册第 138 页载，光绪十八年十二月丙子（廿二日，1892. 2. 8），命安徽徽宁池太广道杨儒开缺，以四品京堂候补，充出使美、日、秘国大臣。《清史稿》卷二一二交聘年表上，《二十五史》第 12 册第 968 页，作徽宁池大广道，钱实甫编《清季新设职官年表》第 20 页作宁池太广道，皆误。

6. 梁诚卸任及周自齐代理使事时间

中国第一历史档案馆藏《外务部档案》（档号 3258—32）载，光绪三十三年五月初七日，收驻美国大臣梁诚电称，本月二十三日起程，遵派参赞周自齐代理使事。《外务部档案》（档号 3264—11）载，光绪三十三年五月二十三日，出使美、墨、秘、古国大臣梁诚奏，现定于五月二十三日起程回国，查有暂留美馆二等参赞官周自齐，堪以代理美、墨、秘、古国使事。奉此参赞遵于五月二十三日开用关防。据《收电档》（档号 2—04—12—033—0575，缩微号 011—2805）载，光绪三十三年五月二十六日，收驻美代理使事周呈外务部电：奉派代理使事，本日接办。自齐。养（廿二日）。今从五月二十三日，系正式接任日。

7. 伍廷芳前职衔

《清德宗实录》卷五七八，《清实录》第 59 册第 648 页载，光绪三十三年八月乙亥（十六日，1907. 9. 23），命前刑部左侍郎伍廷芳充出使美、墨、秘、古国大臣。钱实甫编《清季新设职官年表》第 25 页作刑部右侍郎任。查伍廷芳光绪二十九年十一月廿七日由商部左侍郎改外务部右侍郎，三十一年十月廿一日署刑部右侍郎，三十二年正月十七日实授。《清德宗实录》误。

8. 张荫棠职衔

中国第一历史档案馆藏《电寄谕旨档》（档号 1—01—13—001—0103，缩微号 003—0124）载，宣统元年六月二十七日（甲辰，1909. 8. 12），奉旨：张荫棠著补授出使美、墨、秘、古国大臣。据《中国第一历史档案馆藏清代官员履历档案全编》第 8 册第 291—292 页载，张荫棠，现年五十岁，系广东新会县人。光绪……三十四年……六月，奉旨著补授外务部右参议。是月奉旨著署理外务部右丞……（十二月）是月奉旨：外务部左丞著张荫棠署理。宣统元年正月（初三日），奉旨：外务部左丞著张荫棠补授。六月二十七日奉旨补授美、墨、秘、古国大臣。《宣统政纪》卷一六，《清实录》第 60 册第 316 页载，是日，张荫棠以署外务部左丞任，《清史稿》卷二一二交聘年表上，《二十五史》第 12 册第 970 页同，皆误。

9. 施肇基职衔

《光绪宣统两朝上谕档》第 37 册第 265 页载，宣统三年九月初四日（戊辰，1911.10.25），内阁奉上谕：出使美、墨、秘、古大臣著施肇基补授。《宣统政纪》卷四十，《清实录》第 60 册第 1135 页载，是日，施肇基以外务部左丞任。《清史稿》卷二一二交聘年表上，《二十五史》第 12 册第 970 页，作署吉林交涉使任，误。

二、兼任驻西班牙使臣刘式训到任及递国书时间考异

《光绪朝军机处录副奏折》（档号 7714—69）载，光绪三十一年十月十六日，二品衔出使大臣候补四五品京堂刘式训奏，使臣孙宝琦于十月十六日派员将钦差出使大臣铜质关防一颗，并法、日两馆汉洋案卷暨房屋器具书籍等随同移交前来，祗领任事讫。《光绪朝朱批奏折》第 112 辑第 60—61 页同。中国第一历史档案馆藏《收电档》（档号 2—04—12—032—0534，缩微号 011—0459）载，光绪三十二年闰四月初一日，收驻法刘大臣致外务部请代奏电：本日觐见日主，恭递国书礼成。乞代奏。拟暂驻日，俟大婚毕再赴葡。式训。艳（廿九日）。《清代外务部中外关系档案史料丛编——中西关系卷》第 2 册第 732—733 页载，刘式训奏：……窃臣于（光绪三十二年）四月十九日由法京起程，并委参赞衔二等翻译官唐再复代办法馆使事。……嗣于二十日行抵日国都城，订晤外部大臣，……择定二十九日未刻在宫接见，……恭递国书。《清季中外使领年表》第 21 页作四月廿日到任，误。

三、兼任驻古巴使臣考异

1. 梁诚兼任驻古巴使臣时间

《清季外交史料》卷一五四页二八载，光绪二十八年三月二十三日，外务

部致伍廷芳电:古巴自主,中国自可照认。《光绪朝东华录》第5册第4910页载,光绪二十八年七月甲申(廿六日,1902.8.29)外务部奏:据出使大臣伍廷芳咨称……今古巴既为自主,情形与昔迥异,所有立约派使各节,似应次第举行等因。臣等查古巴现经自主……拟请简派驻美使臣兼充出使古巴国大臣,与该国妥立新约,并照日国、秘国之例,以总领事即兼参赞,常川驻札,遇事禀商使臣核办。俟奉派定兼使后,即由臣部遵照办理。得旨允行。《外务部档案》卷3258载,光绪二十八年十一月二十三日梁诚奏,六月初八日派充出使美、日、秘国大臣,十月初一日奉旨兼充出使古巴国大臣。《清史稿校注》第7603、7604页载,梁诚,至七月二十六日甲申,疑兼充出使古巴大臣。《清季中外使领年表》第27页作七月二十六日谕命,误。

2. 伍廷芳兼任驻古巴使臣时间

《清德宗实录》卷五七八,《清实录》第59册第648页载,光绪三十三年八月乙亥(十六日,1907.9.23),命前刑部左(右)侍郎伍廷芳充出使美、墨、秘、古国大臣。钱实甫编《清季新设职官年表》第25页作三月廿一日,驻美兼,误。据中国第一历史档案馆藏《电寄谕旨档》(档号1—01—12—033—0065,缩微号002—2024),《清德宗实录》卷五七一,《清实录》第59册第558页载,光绪三十三年三月二十一日,谕命直隶津海关道梁敦彦充出使美、墨、秘、古国大臣。

参考文献

[1] 中国第一历史档案馆. 光绪宣统两朝上谕档. 桂林:广西师范大学出版社,1996.

[2] 电寄谕旨档. 北京:中国第一历史档案馆藏.

[3] 电报档. 北京:中国第一历史档案馆藏.

[4] 收发电档. 北京:中国第一历史档案馆藏.

[5] 光绪朝军机处录副奏折. 北京:中国第一历史档案馆藏.

[6] 外务部档案. 北京:中国第一历史档案馆藏.

[7] 中国第一历史档案馆. 光绪朝朱批奏折. 北京:中华书局,1987.

[8] 清实录. 北京:中华书局,1987.

[9] 朱寿朋. 光绪朝东华录. 北京:中华书局,1958.

[10] 王彦威,王亮. 清季外交史料. 台北:文海出版社,1985.

[11] 清光绪朝中日交涉史料. 故宫博物院,1932.

[12] 王彦威. 清宣统朝外交史料. 台北:文海出版社,1985.

[13] 中国第一历史档案馆. 清代外务部中奥关系档案精选. 北京:中华书局,2004.

［14］中国第一历史档案馆. 清代外务部中外关系档案史料丛编——中西关系卷. 北京:中华书局,2004.

［15］中国第一历史档案馆. 清代外务部中外关系档案史料丛编——中葡关系卷. 北京:中华书局,2004.

［16］秦国经. 中国第一历史档案馆藏清代官员履历档案全编. 上海:华东师范大学出版社,1997.

［17］崔国因. 出使美日秘国日记. 台北:文海出版社,1968.

［18］薛福成. 出使四国日记. 长沙:湖南人民出版社,1981.

［19］薛福成《出使日记续刻》,传经楼光绪二十八年.

［20］吴宗濂. 随轺笔记四种. 著易堂光绪二十八年.

［21］张德彝. 随使法国记. 长沙:湖南人民出版社,1982.

［22］许景澄. 许文肃公遗稿. 台北:文海出版社,1968.

［23］许珏. 复庵遗集. 台北:成文出版社,1970.

［24］王彦威. 西巡大事记. 台北:文海出版社,1985.

［25］清代碑传全集. 上海:上海古籍出版社,1987.

［26］爵秩全览. 荣禄堂光绪三十年.

［27］大清缙绅全书. 荣宝斋光绪二十九年.

［28］沃丘仲子. 近代名人小传. 北京:中国书店,1988.

［29］金梁. 近世人物志. 北京:北京图书馆出版社,2007.

［30］朱彭寿. 清代人物大事纪年. 北京:北京图书馆出版社,2005.

［31］朱保炯,谢沛霖. 明清进士题名碑录索引. 上海:上海古籍出版社,1980.

［32］徐万民. 中韩关系. 北京:社会科学文献出版社,1996.

［33］故宫博物院明清档案部,福建师范大学历史系. 清季中外使领年表. 北京:中华书局,1987.

［34］钱实甫. 清代职官年表. 北京:中华书局,2005.

［35］钱实甫. 清季新设职官年表. 北京:中华书局,1977.

清代册封安南、琉球使臣史实考

王晋玲*

清朝与周边国家形成的宗藩体系以册封和朝贡制度相互维系。朝鲜、琉球、安南(嘉庆时改越南)等国,凡国王嗣位,须遣使具表请封。清帝依例遣正、副使节往封。暹罗、南掌、缅甸、廓尔喀等国,则不派使节往封,册封诏敕,依例交各国请封贡使奉回。钱实甫编《清代职官年表》之《特派使节年表》,即记其事,主要依据《清实录》。但《清实录》虽系官书,依据档案所编,仍有不少问题或错误,而钱表与《清实录》记载也有歧异之处。今根据有关清代册封属国之上谕、奏折、履历等档案及起居注册和志传碑铭等资料,对册封安南、琉球相关史实考异,以纠谬求真。错误之处,敬请方家教正。

一、封安南国王使臣史实考异

1. 程芳朝姓名

《清圣祖实录》卷一九载,康熙五年五月壬寅(二十二日),两广总督卢兴祖疏报:安南国黎维禧缴送伪永历敕命一道、金印一颗。上嘉之,命封黎维禧为安南国王,遣内国史院侍读学士程芳朝为册封正使、礼部郎中张易贲为副使。[1]朱保炯、谢沛霖编《明清进士题名碑录索引》载:程芳朝,江南桐城,清顺治[2]《清史稿》卷五二七《属国传二·越南》作程方朝[3],误。

2. 黎维祯姓名

《清圣祖实录》卷一〇七载,康熙二十二年正月戊辰(二十六日),命翰林院侍读明图为正使、编修孙卓为副使,往封安南国王嗣黎维正为安南国王。[4]《清圣祖实录》卷一〇九载,康熙二十二年四月丁丑(初五日),赐安南国王黎维祯御书"忠孝守邦"四大字。[5]据《明清史料》庚编载,康熙五十七年四月二

* 王晋玲(1960—),女,本科,副研究馆员,主要研究方向为历史文献学。

十五日,安南国王嗣臣黎维祹谨奏:为告哀事。臣先父黎维祯……于康熙伍拾伍年肆月拾肆日病故。[6]当从黎维祯。

3. 嵩寿、陈倓任册封使时间

《清高宗实录》卷三七载,乾隆二年二月戊寅(二十日),以故安南国王黎维祜之弟黎维祎袭封安南国王。寻差翰林院侍读嵩寿、修撰陈倓往封。[7]《乾隆帝起居注》载,乾隆二年四月二十八日丙戌,礼部奏请钦点册封安南国王正使、副使一疏。大学士张廷玉、徐本奉谕旨:遣嵩寿为正使、陈倓为副使。[8]钱实甫编《清代职官年表》谓二月二十日戊寅命[9],误。

4. 德保、顾汝修任册封使时间

《清高宗实录》卷六三〇载,乾隆二十六年二月戊寅(初八日),以故安南国王黎维祎之侄黎维褍袭封安南国王。寻差翰林院侍读德保、大理寺少卿顾汝修往封,并致祭故安南国王黎维祎。[10]《明清史料》庚编载,礼部为恭请钦点使臣事:主客司案呈礼科抄出本部题往封安南国王正副使一疏,于乾隆二十六年五月二十一日题。本月二十三日奉旨:遣德保为正使,顾汝修为副使。钦此钦遵,抄出到部。[11]《乾隆帝起居注》载,乾隆二十六年五月二十三日辛酉,礼部奏:权管安南国事黎维褍奏,臣叔黎维常(祎)病故,臣以嫡孙权管国事,理合陈告。应遣使册封安南国王,恭请钦点正副使臣一疏。奉谕旨:遣德保为正使,顾汝修为副使。[12]钱实甫编《清代职官年表》谓二月十五日乙酉命[13],误。

5. 孙士毅册封黎维祁时间

《清高宗实录》卷一三一八载,乾隆五十三年十二月丙申(初九日),谕曰:孙士毅奏,十一月十九日黎明,统兵前抵富良江……于二十日五鼓直冲彼岸……黎城不攻自溃,孙士毅及许世亨入城妥为安抚。该嗣孙维祁于是日二鼓赶赴军营,经孙士毅传旨令其袭封国王……等语。览奏嘉悦之至。[14]《清史稿》卷五二七载,(乾隆五十三年十一月十九日)捷闻。初,王师之出也……帝虑事成后,册封往返稽时,致王师久暴露于外,先命礼部铸印,内阁撰册,邮寄军前。孙士毅遂以二十二日宣诏册封黎维祁为安南国王。[15]《明清史料》庚编载,两广总督孙士毅奏:……窃臣于乾隆五十三年十一月二十日统领官兵克复黎城,是日二鼓安南嗣孙黎维祁赶赴军营,与臣见面……并经黎维祁择于十一月二十二日受封。臣即于是日进城,敬谨传旨,该国王遵一定仪制,望阙行礼,恭具谢恩折交到臣处。[16]《清高宗实录》误。

6. 成林首次任册封使时间及职衔

《明清史料》庚编载,乾隆五十四年六月二十四日内阁抄出,二十二日奉上谕:……阮光平着即封为安南国王。所有应行颁给印信、敕书等项,著该衙门照例撰铸,俟伊侄归国时恭捧赍回。[17] 乾隆五十四年七月十五日,两广总督福康安奏:为遵旨拣员恭捧敕书、御制诗章敬谨赍送安南先行恭折具奏事。窃臣钦奉上谕:……朕览表文,极为恭谨,自系出于感激至诚,而于瞻觐祝厘之处,尤属肫恳殷切……已明降谕旨,将阮惠封为安南国王。并另降敕谕,先为详晰晓示……令派满洲能事道府一员……查有奉旨派赴粤西随臣办理边务之军机满洲章京礼部员外郎成林,经臣奏明,遵旨将该员留粤,酌量以相当之缺补用……[18] 乾隆五十四年十一月初四日,奉上谕:据孙永清奏,成林到黎城后,诹吉于十月十五日宣旨锡封阮光平为安南国王。[19] 钱实甫编《清代职官年表》谓未派使臣,由其侄阮光显带回,[20] 误。

《乾隆朝上谕档》载:乾隆五十七年九月初四日,内阁奉上谕:成林前在广西道员任内,经福康安派往安南办理各事宜,……所有广西按察使员缺著成林署理,俟服阕后再行实授。[21] 光绪《钦定大清会典事例》卷五〇二礼部载,(乾隆)五十四年,安南国内讧,黎维祁弃印潜逃,国人推阮光平为国长,叩关内附,并求亲自到京瞻觐。遂命广西按察使赍敕封阮光平为安南国王,并颁给驼纽镀金银印[22]。误,成林时非广西按察使。

二、册封琉球国王使臣史实考异

1. 册封尚贞时间

《历代宝案》载,康熙二十二年十一月初二日,琉球国中山王尚贞为谢天恩事:窃照敝国远属海陬,荷蒙钦差正使翰林院检讨汪楫、副使内阁中书舍人加一级林麟焻赍捧敕谕币帛,带随员役,坐驾海船贰只,于本年六月到本国,照依旧例,文武百官等奉迎敕谕于天使(馆中)。于八月初六日先蒙谕祭先父王,续于八月十二日宣读敕诏,封贞为中山王。[23] 而潘相《琉球入学见闻录》卷一载,琉球国王尚质在位二十一年,卒。世子尚贞嗣位。康熙二十一年,尚贞请封,帝命翰林院检讨汪楫、中书舍人林麟焻充正、副使往封……康熙二十二年六月至其国,七月先谕祭故王尚质。宣诏敕,封贞为琉球国中山王。[24] 后者所载谕祭、宣封时间皆误。

2. 徐葆光籍贯

周煌《琉球国志略》卷六府署,五十八年封尚敬使:翰林院编修徐葆光,江南吴江人。[25] 朱保炯、谢沛霖编《明清进士题名碑录索引》载,徐葆光,江南吴江,清康熙……[26]

《清史列传》卷七一载，徐葆光，字亮直，江苏长洲人。[27]李桓辑《国朝耆献类征初编》卷一二四王鸣盛撰《徐葆光像赞》同。[28]乾隆《吴江县志》卷二四科第，（康熙四十七年戊子科举人）潘葆光，本姓徐，字亮直，长洲人。[29]乾隆《长洲县志》卷十九科目载，（康熙五十一年壬辰科王世琛榜进士）是科潘葆光、顾嗣立、郭孙顺钦赐殿试。[30]乾隆《苏州府志》卷二一人物十一载，长洲徐葆光，字亮直，康熙四十四年，圣祖南巡，以诸生献诗赋，被取至京。举戊子顺天乡试，壬辰会试不售，钦赐一体殿试，以第三人及第，授编修。五十七年，奉旨充册封琉球副使，赐正一品麟蟒服……历二十余年不迁，以病告归，卒。[31]当从长洲。

3. 全魁职衔及册封尚穆头衔

《清高宗实录》卷四八八载，乾隆二十年五月庚辰（初七日），以翰林院侍讲全魁充册封琉球国正使、编修周煌充副使。[32]周煌《琉球国志略》卷五山川同。[33]《清代中琉关系档案选编》载，乾隆二十二年二月十九日，翰林院侍讲全魁、周煌谨奏：……臣等蒙皇上天恩，简使琉球。[34]《明清史料》庚编载，礼部为咨取事：……伏查乾隆二十年琉球国王世子尚穆请封，经臣部奏请，照乾隆二年册封安南之例……旋奉命以翰林院侍读全魁为正使、以编修周煌为副使，持节往封在案。[35]《明清史料》谓全魁为翰林院侍读，误。钱实甫编《清代职官年表》谓乾隆二十年十二月甲辰（初五日）册封琉球国尚穆为中山王世子，[36]亦误，册封尚穆应为琉球国王。

4. 赵文楷、李鼎元任册封使时间及李鼎元职衔、籍贯

《清仁宗实录》卷四六载，嘉庆四年六月戊子（初一日），以故琉球国中山王尚穆孙温袭爵，命翰林院修撰赵文楷为正使、内阁中书李鼎元为副使往封。[37]钱实甫编《清代职官年表》同。[38]《嘉庆帝起居注》载，嘉庆四年八月十九日乙卯，礼部奏派册封琉球国王正副使人员带领引见。奉谕旨：正使著赵文楷去，副使著李鼎元去。[39]李鼎元《使琉球记》卷一载，乾隆五十有九年甲寅四月八日，琉球国中山王尚穆薨。世子尚哲先七年卒。世孙尚温……于嘉庆三年戊午八月……表请袭封。四年……八月十有九日黎明，引见乾清宫，奉旨：遣赵文楷为正使，臣李鼎元为副使。[40]《清代中琉关系档案续编》载，嘉庆四年十一月十六日，礼部尚书德明等为赵文楷等赴琉球册封事题：……先经臣部议准敕封琉球国世孙尚温为琉球国中山王，并赐恤故国王尚穆，应遣正副使前往。续经臣部遵旨将各衙门保送人员及臣部司官，于嘉庆四年八月十九日带领引见。奉旨：正使着赵文楷去，副使着李鼎元去。钦此。[41]《清仁宗实录》所载时间误。

《清史稿》卷三二一载，嘉庆三年，世孙尚温遣使入贡，兼请袭封……四年，命翰林院修撰赵文楷、编修李鼎元充正副使，往封琉球国世孙尚温为王，赐御书"海表恭藩"额。[42]《明清史料》庚编载，嘉庆五年九月十二日琉球国中山王臣尚温谨奏：……嘉庆五年钦差正使翰林院修撰赵文楷、副使内阁中书李鼎元等持节赍捧诏敕、御书、币帛，于本年五月十二日按临敝国……择吉于六月初八日先蒙谕祭臣祖王臣尚穆，随于七月二十五日荷蒙宣读诏敕，封臣温为中山王。[43]《清史稿》谓李鼎元为编修，误。

朱保炯、谢沛霖编《明清进士题名碑录索引》载，李鼎元，四川绵州，清乾隆……[44]李鼎元《使琉球记》卷一自题：钦命册封琉球副使赐正一品麟蟒服内阁中书前翰林院检讨绵州李鼎元撰。[45]朱彭寿编著《清代人物大事纪年》载，(乾隆四十三年戊戌科三甲进士)李鼎元，字焕其，号味堂、墨庄。四川罗江人。当从绵州。绵州，隋开皇五年改潼州置，治巴西县(今绵阳市东)。元至元二十年废巴西县入本州。乾隆三十五年移治今德阳市东北罗江镇，嘉庆六年仍还旧治。1913 年废州，改为绵阳县。

参考文献

[1] 清实录(第 4 册). 中华书局,1985:271.

[2] 朱保炯、谢沛霖. 明清进士题名碑录索引(上册). 上海古籍出版社,1980:886.

[3] 赵尔巽,等. 清史稿(第 48 册). 中华书局,1977:14628.

[4] 清实录(第 5 册). 中华书局,1985:87.

[5] 清实录(第 5 册). 中华书局,1985:108.

[6] 中央研究院历史语言研究所. 明清史料(庚编上册). 中华书局,1987:85.

[7] 清实录(第 9 册). 中华书局,1987:675.

[8] 中国第一历史档案馆藏. 乾隆帝起居注(第 2 册). 广西师范大学出版社,2002:178.

[9] 钱实甫. 清代职官年表(第 4 册). 中华书局,1980:3011.

[10] 清实录(第 17 册). 中华书局,1987:33.

[11] 中央研究院历史语言研究所. 明清史料(庚编上册). 中华书局,1987:168.

[12] 中国第一历史档案馆. 乾隆帝起居注(第 20 册). 广西师范大学出版社,2002:174.

[13] 钱实甫. 清代职官年表(第 4 册). 中华书局,1980:3011.

[14] 清实录(第 25 册). 中华书局,1987:820-821.

[15] 赵尔巽等. 清史稿(第 48 册). 中华书局,1977:14637.

[16] 中央研究院历史语言研究所. 明清史料(庚编上册). 中华书局,1987:237、283.

[17] 中央研究院历史语言研究所. 明清史料(庚编上册). 中华书局,1987:289－290.

[18] 中央研究院历史语言研究所. 明清史料(庚编上册). 中华书局,1987:308.

[19] 钱实甫. 清代职官年表(第4册). 中华书局,1980:3012.

[20] 中国第一历史档案馆. 乾隆朝上谕档(第17册). 档案出版社,1991:16.

[21] 光绪. 钦定大清会典事例. 台湾新文丰出版公司:11755.

[22] 历代宝案(第2册). 台湾大学出版中心,1972:741－742.

[23] 潘相. 琉球入学见闻录//黄润华,薛英. 国家图书馆藏琉球资料汇编(上册). 北京图书馆出版社,2002:25.

[24] 周煌. 琉球国志略//故宫珍本丛刊(第273册). 海南出版社,2001:161.

[25] 朱保炯,谢沛霖. 明清进士题名碑录索引(中册). 上海古籍出版社,1980:976.

[26] 王钟翰点校. 清史列传(第18册). 中华书局,1987:5810.

[27] 李桓辑. 国朝耆献类征初编(卷一二四)//周骏富辑. 清代传记丛刊(第149册). 台湾明文书局,1985:121.

[28] 倪师孟,等. 吴江县志(卷二四). 乾隆十二年刻本:20.

[29] 李光祚. 长洲县志(卷十九). 乾隆三十年刻本:65.

[30] 傅椿,等. 苏州府志(卷二一). 乾隆十三年刻本:25.

[31] 清实录(第15册). 中华书局,1987:120.

[32] 周煌. 琉球国志略//故宫珍本丛刊(第273册). 海南出版社,2001:120.

[33] 中国第一历史档案馆. 清代中琉关系档案选编》. 中华书局,1993:45.

[34] 中央研究院历史语言研究所. 明清史料(庚编上册). 中华书局,1987:793.

[35] 钱实甫. 清代职官年表(第4册). 中华书局,1980:3011.

[36] 清实录(第28册). 中华书局,1987:556.

[37] 钱实甫. 清代职官年表(第4册). 中华书局,1980:3012.

[38] 中国第一历史档案馆. 嘉庆帝起居注(第4册). 广西师范大学出版社,2006:482.

[39] 李鼎元. 使琉球记//沈云龙. 近代中国史料丛刊(第48辑第472册). 台湾文海出版社,1966:9－10.

[40] 中国第一历史档案馆. 清代中琉关系档案续编. 中华书局,1994:1030－1031.

[41] 赵尔巽,等. 清史稿(第48册). 中华书局,1977:14622.

[42] 中央研究院历史语言研究所. 明清史料(庚编上册). 中华书局,1987:794.

[43] 朱保炯,谢沛霖. 明清进士题名碑录索引(中册). 上海古籍出版社,1980:1234.

[44] 李鼎元. 使琉球记//沈云龙. 近代中国史料丛刊(第48辑第472册). 台湾文海出版社,1966:9.

[45] 朱彭寿. 清代人物大事纪年. 北京图书馆出版社,2005:834.

数字环境下图书馆古籍的整理与保护

费愉庆 *

中国古籍散布全世界，而且多集中在图书馆，例如中国国家图书馆、上海图书馆、美国国会图书馆、大英图书馆等都是中国古籍的重要收藏单位。作为首批“全国古籍重点保护单位”的苏州大学图书馆坚持科学发展观，贯彻落实中华古籍保护计划，古籍保护多项工作取得阶段性成果，现有馆藏 27 部善本入选“国家珍贵古籍名录”,51 部善本入选“第一批江苏省珍贵古籍名录”。与此同时，苏州大学图书馆有计划地组织开展古籍普查登记工作，目前馆藏集部、经部及一部分子部线装古籍已全部录入本馆汇文检索系统，并向教育部“211”重点工程 CADAL 项目报送古籍书目数据 6000 余条，向省古籍保护中心提交《中华古籍总目？江苏卷》古籍书目初编数据近 1 万条。苏州大学图书馆加入“中国高等教育文献保障系统”(简称 CALIS)三期“高校古文献资源库”，以期进一步加快馆藏古籍书目数字化进程。在古籍整理和研究工作方面，苏大古籍部取得多项研究成果，出版了以《中国历代名人图鉴》等系列人物图像资料为主的工具书与学术著作，其中瞿冕良著《中国古籍版刻辞典》荣获国家辞书奖一等奖，华人德先生著《中国书法史 · 两汉卷》荣获首届“中国书法兰亭奖 · 理论奖”。2010 年，苏州大学图书馆作为第三方，参与了日本金泽大学历史言语文化学系、苏大文学院《中日两国保护非物质文化遗产及创造新文化传统的合作研究》国际合作项目，目前由古籍部具体承担的第一期工作基本完成。此外，苏州大学图书馆在健全古籍保护规章制度、落实古籍保护设施、加强古籍修复工作、培养古籍专门人才、提升古籍阅览服务等方面亦取得显著成效。

---

* 费愉庆(1969—　),女，副研究馆员，主要研究方向为古籍保护与利用。

一、馆藏古籍的特点

（1）珍贵性:古籍多属图书馆的珍藏品。

（2）难存性:古籍距今久远,又历经迁移,外形多脆弱,不易保存。

（3）复杂性:古籍历经时代变迁,无论在内容和结构,还是外在形式上都产生许多变化。

（4）稀缺性:中国古籍有其时代断限,故其生产数量不会再有大幅度的增长。

信息数字化及网络技术的演进,促使数字图书馆的兴起,数字图书馆具有信息保存、组织、展示、利用、教育推广与研究等功能。另外,由于社会大众对文化及历史资产的重视,图书馆珍藏的历史文献遂成为数字化的重要对象。随着信息技术对图书馆影响的加大,古籍的整理也发生了很大的变化,数字图书馆在建设的过程中必须考虑和首先解决古籍的中国传统文化特征的问题,这是具有中国特色的数字图书馆的关键。借助现代化的手段,古籍的整理、组织与利用逐渐成为图书馆的重要职责。

古籍的电子版本可以无限复制,是取之不尽、用之不竭的资源,可以突破时空限制。电子古籍透过网络传播,可以瞬息千里,没有运输和分配的问题;电子古籍容易汇集,钩稽参照后,能产生新的价值;电子古籍容易储存,体积小,便于检索、应用及处理。所以,从长远来看,电子化的古籍是使古籍保持生命力和发挥作用的唯一选择。

二、馆藏古籍数字化及其组织与检索

图书馆除了保护古籍的责任外,还必须设法给使用者提供有关古籍内容中的“知识”。而要想获取古籍中的知识,必须先整理出其“线索”,所以古籍的“内容”及“线索”是古籍整理工作的重点,而数字图书馆中的古籍整理也以此两者为目的。数字图书馆提供古籍“内容”所用的方式包括数字化及建设全文数据库,前者重现古籍原貌,以便即时阅览、传递及列印;后者将古籍全文转为电子本文,以便检索、储存及编辑。此外,图书馆描述、揭示古籍的“线索”所用的方式包括机读编目、编制索引及编制古籍的诠释资料,三者皆为组织及检索网络古籍资源的必要方式。

1. 数字处理

数字处理系利用扫描技术将古籍或文献数字化,可将图书馆所典藏的珍贵原件以最接近真实的数字形式复制保存,具体发挥数字图书馆的保存功能。美国国会图书馆的国家数字化图书馆计划于 1995 年起将有助于学习美国文化及历史的原始资料数字化,成效卓著,其数字化的对象不限古籍,包括图书、文献、图片、录音资料、电影片。这个计划带动了各国数字图书馆对文化及历史资产的重视,相继有许多保护文化资产的计划以及图书馆纷纷以珍藏文献为数字化的主题,例如:联合国世界文化遗产数字化计划,大英图书馆的 11 世纪盎格鲁-撒克逊史诗手数字化计划,IBM 公司的梵蒂冈图书馆计划,北京图书馆、上海图书馆、中央图书馆的古籍善本数字化,以及元智大学与北京大学合作的善本书数字数据库计划,等等。

2. 建设全文数据库

古籍数字化有两个弱点:若原稿的文字甚小或虫蛀严重,则透过影像无法判读细小的注记文字;古籍的数字化固然可以提供在线即时阅览、传递及打印等功能,但是无法进行检索、储存及编辑。

要达到最好的效果,只有同时将古籍的全文转成电子文本。建立古籍全文数据库有以下两种方式:① 将古籍的文字以键盘输入,形成文档,使之数字化,如北京大学善本书数字数据库计划,该计划除了将北京大学图书馆所藏善本书扫描为图像外,并将内容输入文字档,再加标点,制成全文检索系统。② 利用文字辨识系统,由系统自动作数字处理、文件分析、文字识别、检索引得与建构数据库,并提供查询与阅读。其特点是可以处理多种颜色(如二色、三色)的文件,不需打字或校对来进行文件的数字化。

3. 机读目录

自 20 世纪以来,国内外已陆续编制古籍机读目录。北美地区由美国研究图书馆协会于 1980 年提出中国古籍善本国际联合目录计划,将中国清嘉庆(1796 年)以前的印本及抄稿本编制成机读形式的中国古籍善本国际联合目录,1991 年正式开始,该计划已有 18 所学术机构的图书馆参与提供书目资料,包括美加地区 13 所、中国 5 所。截至 1998 年 4 月,该目录已键完 1.2 万条书目资料,并以每年 2500 条的数量增加,该目录提供多项检索点,具有网上检索功能。目前该工作是属于美国普林斯顿大学东亚研究所的一个独立计划,称为中文善本书计划。国际电脑图书馆中心使用中、日、韩文自动化系统建立数据库,截至 1999 年 1 月,已建有 10698 条 18 世纪以前的出版品的电子数据。国内进行古籍机读编目的图书馆除了上述参与中国古籍善本国际联合目录的5所(包括中国科学院图书馆、复旦大学图书馆、北京大学图书馆、湖北省图书馆、辽宁省图书馆)外，北京图书馆已根据机读格式著录宋元版古籍，南京图书馆也已建立了中国古籍总目、南京馆藏书目、南京馆藏方志目录三个古籍书目数据库。

4. 编制索引

编制书目索引是图书馆整理资源、服务读者的重要方式，利用电脑编制机读书目长久以来受到图书馆的重视，并且发展成为馆际甚至国际间的合作系统，而索引在这方面的开发较慢。事实上目前的全文检索系统已取代了过去的逐字索引，以前人工编制索引时代所有的标引项目(如书名、人名、地名、文章篇名、事物名等)都可以输入电脑并快速检索。

5. 网络古籍资源的组织与检索

古籍资源在网络上使用元数据 Metadata 来进行组织与检索，Metadata 是对馆藏资料属性的一组描述，目的在于促进资料系统中对资料之检索、管理与分析。Metadata 对网络电子资源提供定位、探索、文件记录、评估及选择等功能。在目前的 Metadata 中，都柏林核心集及电子文献编码记录受到广泛的重视，前者包括15个栏位，现有的机读书目格式可以转换而成，后者的功能是以标准交换格式来记录电子文件，以供检索。

三、馆藏古籍的保护措施

目前利用信息技术处理古籍虽然有若干突破，但也面临不少挑战，有些问题正在研究解决的方式，初步归纳如下。

1. 建立数字处理的标准化

利用扫描技术将古籍数字化牵涉到若干标准化的问题，比如图像在制作及呈现时分别有不同的解析度，以满足不同的需求；另外，黑白及彩色图像的储存格式也不同。例如上海图书馆扫描古籍目前采用 TIFF 格式存储黑白图像，采用 JPEG 格式存储彩色图像，黑白扫描设定为 200 ~ 300dpi，彩色扫描设定为 100 ~ 150dpi。建立古籍影像数据库，应该寻求能够辨读各种语言、字形、字体的技术，并且开发失真率低、压缩比高的影像压缩技术，而在文件影像分析处理方面，也要针对古籍的特性及需求特别考虑。此外，有必要对其储存的格式、媒体及相关环境的控制等问题建立标准化。

2. 研制古籍文字辨识、检索与管理系统

中央研究院信息研究所开发的影像文件辨识、检索与管理系统提供一套兼可制作影像及全文数据库的解决方案，使用的技术包括数字处理、文件解析、文字识别、容错性检索等，然而包括此系统在内的目前的所有文字辨识系统只能处理以铅字、活字版或电脑印刷的文件，而对手写或木刻的古籍尚无法有效辨识。上述系统预定要以各种不同版本及字体的古籍（如刻本、抄本、明体、楷体等）为对象进行实验，希望将来能开发出一套最适合制作古籍影像及全文数据库的理想方案。

3. 推动古籍的合作编目

合作编目应该是现有各图书馆之间建立书目数据库的可行方式。合作建立中文古籍书目数据库包括设法整合建档的书目资料和共同探讨各种相关的规范。尤其后者是建立中国古籍书目数据库的基本工作。具体而言，这些规范包括收录范围及类型、著录规则、分类及标题方式、建档格式、中文内码等，这些问题的解决有赖各图书馆共同制定妥适的标准并付诸实施。

4. 研讨适合古籍的信息元数据

目前珍藏文献逐渐成为建构数字化图书馆的重要内容，但比文件或物件数字化更重要的是信息检索。珍贵文献要上网，除了本身须数字化外，还必须建立书目信息并建立合宜的信息组织元数据，以便提供有效的检索方法。古籍是国内外图书馆珍藏文献中最主要的藏品，所以，未来若要在电子图书馆的环境中来探讨古籍整理与利用，需要重视古籍元数据的发展。

数字图书馆中的古籍整理不只是技术的改变，更意味观念的更新。新的信息科技将协助古籍以更便捷的使用达成更深层的服务，并在网络上提供同样有深度的文化及本土资源。面对数字化时代，图书馆实应重新审视古籍的时代意义与整理方式。

参考文献

[1] 周蓉. 使用计算机整理古籍的现状与未来. 福建图书馆学刊，1993(3)：39.

[2] 陈雪华. 网路资源组织与 metadata 之发展. 图书馆学刊，1997(12)：22.

[3] 武亚民. 数字图书馆与古籍整理. 图书馆学刊，1998(3)：25.

[4] 陈秉仁. 古籍善本数字化的尝试——中国古籍善本查阅系统述略. 现代图书，1998(1)：22－25，45.

[5] 谢清俊. 中央研究院古籍全文资料库的发展概要. http://www. sinica. edu. tw/～cdp/.

吴郡有幸仗群才

——宋代苏州地方官员对苏州文化的贡献刍议

马俊芬*

苏州作为熠熠生辉的江南名郡,少不了历代地方官员的苦心营造和人文熏陶。如王国维所言,“都邑者,政治与文化之标征也”[1],科举出身的地方官员正是政治和文化的集合体,他们是苏州城市的缔造者和设计师,凭借他们文人和官员的双重身份,从物质建设的硬环境和文化氛围的软环境建设两方面做出了重要贡献。作为官吏,他们建立郡学、宣扬名贤、奖掖后学,为苏州的城市建设、人文营造所作出的功绩彪炳千秋;作为文人,他们交游唱酬,吟咏山水风光,摹写都市风情,题壁书扁,刻石临水,篇篇名作宣扬了苏州名气,种种言行馥郁了苏州的风雅气质。

“吴郡自古皆名人为守。”苏州行政长官历来多知名的文人学士。范成大《吴郡志·牧守》说:“吴郡地重,旧矣,守郡者非名人不敢当。”[2]细数西汉以来苏州的行政长官,除了西汉严助、朱买臣两位会稽辞赋太守,唐代三位姑苏诗太守韦应物、白居易、刘禹锡之外,吴郡太守以道德文章名世者不胜枚举。宋代,士大夫治理天下,政治上对文人的推崇使得整个社会文化氛围较于前代更加浓重,并直接促成了明清时期吴文化的高峰。对于一个地方而言,能够既有能力、有实力去影响一地的文化软环境,又有权力去操控地方文化硬件建设,最大的行政长官——郡守无疑是首选,其对于吴文化的推动作用自然功不可没。

一、营造风雅蕴藉的文化软环境

《宋史·选举志》载:“宋初承唐制,贡举虽广,而莫重于进士制科……三

* 马俊芬(1984—),女,博士,馆员,主要研究方向为古代文学。

百余年，元臣硕辅，鸿博之儒，清疆之吏，皆自此出，得人为最盛焉。”[3]宋代贡举，北宋前期有四种，一诗赋，二论，三策，四帖经，诗赋最重；神宗熙宁王安石为相后，议更贡举法，罢诗赋帖经而以经义策论试进士；高宗建炎二年，复诗赋与经义并用之制，终宋之叶未改。由此可见，科举出身的郡守，自身文化修养颇高，到吴郡自古风雅之地，自然是如鱼得水，徜徉于吴文化的风韵之中，有意无意推动和促进了吴文化的积淀与发展。

1. 名人效应

苏州作为当时的江南名郡，一向以“风雅吴中”著称，苏州郡守则必然是万目交耸，物议归重。南宋人楼钥曾指出：“姑苏自古号称吴门，密辅行都，最为重镇，地大物阜，诉讼实繁，衣冠走集，应酬不暇，非宽博强敏之士，其何以居师帅之任乎？”[4]身为文化名流的郡守，其自身的“名人效应”为苏州增添了新的魅力。因为他们的游踪，苏州一些普通的地点被人为地笼上了光环，自此成为苏州的地标性景观。

以王禹偁为例，叶梦得《石林诗话》卷下记载：“姑苏南园，钱氏广陵王之旧圃也。老木皆合抱，流水奇石，参错其间，最为工，王翰林元之为长洲县宰时，无日不携客醉饮，尝有诗云‘他年我若成功后，乞取南园作醉乡。’今园中大堂，遂以‘醉乡’名之。”[5]姑苏南园，景色与苏州的其他园林相比，应该说没有特殊之处。然而，因为王禹偁“无日不携客醉饮”于此，南园便不再是原来的“南园”，而成为王禹偁在苏州的标志，被永远地记录在册。

2. 表率作用

(1) 亲历文学艺术活动。

王行《半轩集》曾提及士大夫流寓苏州的文化意义：“中吴古多士，自宋渡南，吴为三辅近地，大夫士多侨寓者，故文物为尤盛焉。”[6]文人的笔墨和行迹为城市增添了许多旷世奇景和人文景观。文人的笔墨，一旦与风光糅合到一起，成为名胜佳迹，便是永远也抹煞不掉的存在。这样既弥补了未能亲见美景的人们的遗憾，又能激起欣赏过美景人们的共鸣。

文学修养颇高的郡守们身体力行地赋诗作词，与当地文人们歌咏唱和。如仁宗康定元年(1040)张先以秘书丞知吴江县。熙宁七年(1074)与苏轼、杨绘、陈舜俞等置酒垂虹亭，作《定风波令》。苏轼《东坡志林·记游松江》记载：“吾昔自杭移高密，与杨元素同舟，而陈令举、张子野皆从余过李公择于湖，遂与刘孝叔俱至松江。夜半月出，置酒垂虹亭上。子野年八十五，以歌词闻于天下，作《定风波》令，其略云：‘见说贤人聚吴分，试问，也应傍有老人星。’坐客欢甚，有醉倒者，此乐未尝忘也。今七年耳，子野、孝叔、令举皆为异物，而松江桥亭，今岁七月九日海风架潮，平地丈余，荡尽无复孑遗矣。追思曩时，真一梦耳。元丰四年十二月十二日，黄州临皋亭夜坐书。"[7]张孝祥在苏州作有《蝶恋花·恰到杏花红一树》《水调歌头·舣舟太湖岸》。嘉熙元年(1237)春吴潜知平江府，在苏州作有《满江红·姑苏灵岩寺涵空阁》《汉宫春·吴中齐云楼》，并于嘉熙二年(1238)正月去沧浪亭赏梅，和吴文英(《贺新郎》)，作有《声声慢·和吴梦窗赋梅》《蝶恋花·吴中赵园》词。"元丰间，章岵守郡，与郡之长老游从，各饮酒赋诗。"庆历年间，"都官员外郎徐佑与少卿叶参俱以耆德告老而归约为九老会晏元献公杜正献公皆寄诗赞之"[8]。吴郡耆老本有结社聚会的活动，郡守主动参与，自然是最大的鼓励和支持。

除了文学活动之外，宋代苏州郡守还多才多艺，擅长绘画的郡守也用画笔为苏州文化添一笔风雅。南宋著名画家赵伯骕，善画山水人物，尤长于花禽，传染轻盈，顿有生意。他曾摄任苏州郡守，"尝画姑苏天庆观样进呈，孝宗书其上，令依原样建造，今玄妙观是也"[9]。而南宋的另一位苏州郡守李寿朋则于绍定二年(1229)刻绘了《平江图》，是研究苏州古城历史及城市规划不可多得的史料，为苏州文化的传承做出了不可磨灭的贡献。

同时，宋代苏州得以成为当时著名的藏书刻书之地，郡守也起了重要的推动作用。北宋嘉祐四年(1059)，苏州知州王琪将所得王洙家藏杜甫诗集的善本，与其他各本参校后，交苏州公使库刻成《杜工部集》，印刷万部。《吴郡志》卷六记载此事："嘉佑中，王琪以知制诰守郡。始大修设厅，规模宏壮，假省库钱数千缗。厅既成，漕司不肯除破。时方贵《杜集》，人间苦无全书。琪家藏本，雠校素精。即俾公使库镂板，印万本，每部为直千钱，士人争买之，富室或买十许部。既偿省库羡余以给公厨。"[10]用刻书来弥补公库财政赤字，既有效地应急了财政，又促进了当地的文化发展，这种具有文化意义和政治效用的举动在苏州历史上值得大写一笔。素有"韦苏州"雅称的韦应物，其诗集《韦苏州集》于嘉祐元年(1056)由王钦臣校定后，宋代曾经四次刊刻行世，其中三刻出自苏州。正是地方官员的倡导和身体力行，使得藏书在苏州蔚然成风。

(2) 兴办学校，重视教育。

《吴郡志·县学记》谈到政令对于地方教育事业的重要性，道："吴郡自古为衣冠之薮。中兴以来，应举之士倍承平时。后五县皆兴学，然其盛衰则系令之贤否。"[11]地方官的主观态度和思想水准会直接影响到地方文化氛围的营造与文化事业的开展。自景祐二年(1035)苏州郡守范仲淹始立郡学，宋代苏州的多届郡守都对县学和官学的兴办有积极举措。

景祐元年，范仲淹守乡郡。二年，奏请立学。得南园之巽隅，以定其址。[12]

淳祐己酉月正人日，郡守郑霖会三学同舍序拜于天庆斋堂，会者四十二人。[13]

元祐四年(1089)担任知州的王觌不仅尽心修葺州学，还立祠祭祀范仲淹和胡瑗。[14]绍兴十四年(1144)，知府王(唤)重修府学，郑亿年称其"鼎新学宫，物议归重"[15]。乾道初(1165)，吴江知县、县承修葺县学，后来吴人陈从古因县民的请求，撰记加以赞许。[16]嘉定八年(1215)，吴江知县孙仁荣重建县学大成殿，长洲人、淳熙八年(1181)状元黄由所居适与大成殿相邻，落成之日，"扁舟过之，轮免夺目"，亲眼目睹了大成殿的壮观景象，为此他与朋友饮酒聚会，"席间人人言令君之贤，岂弟不扰，百废具兴。"[17]嘉定十年(1217)，吴江知县又对县学加以修葺，地方士人集体上书请时任监察御史的平江府人盛章为其作记。[18]可见，自范仲淹兴办州学，宋代苏州的各届地方官员都在不同程度上对苏州的官学采取了积极的态度和切实的行动，这必然会推动苏州文化的兴盛和全社会文化氛围的营造。

除兴办官学，苏州地方官员还通过追崇先贤的方式来倡导后学，且看《吴郡志》记载：

思贤堂，旧名思贤亭，以祠韦应物、白居易、刘禹锡。后改曰三贤堂。绍兴二十八年，郡守蒋璨建。三十二年，郡守洪遵又益以王仲舒及范文正公二像，更名思贤。状元坊，淳熙八年黄由魁天下郡守韩彦质以表其闾十一年卫泾魁天下泾居昆山之石浦亦立状元坊。

学校和教育是文化传承的基础，有清一代，苏州教育事业能够辉煌璀璨，以世人瞩目的"状元文化"卓然于世，宋代苏州地方官员对官学的兴办和投入起了奠基作用。

二、完善文治教化的硬件环境

作为官员的郡守，比普通的文人更多了一层实力，他们可以凭借手中的权力，来调配资源，对苏州的物质环境进行改善，修葺前人文化遗迹，建造亭台楼阁等具有文化意味的建筑和场所，从硬件方面给苏州文化锦上添花。

仁宗康定元年(1040)张先以秘书丞知吴江县，立马着手修葺吴江亭。

《中吴纪闻》卷三“蔡君谟题壁条”：“张子野宰吴江，因吴江旧亭，撤而新之。蔡君谟题壁间云‘苏州吴江之濒，有亭曰如归，隘壤不可居。康定元年冬十月，知县事秘书丞张先治而大之。’”

苏州很多亭台楼阁都留下了郡守们苦心营造的痕迹。《吴郡志·官宇》记载：

池光亭，在郡宅后池北。绍兴十七年郡守郑滋重建。池傍有小山二，东曰芳坻，郡守蒋粲建飞白书其额。西有桧，郡守洪遵访故事植焉。

此外，还有木兰堂、双瑞堂、平易堂、齐云楼、西楼、四照亭……这些亭台楼阁，当时是郡守和文人们雅会的场所、吟咏的对象，而遗留到后代，则又成为苏州文化的历史遗迹。正是这一处处刻印着当时文人情怀的遗迹，佐证了苏州文化千年的积淀。

或建造建筑景观，或题咏匾额，有时二者兼具，这些有益于吴中风雅的举动，都在潜移默化地推动着苏州文化名城的发展。知名的文化景观，被自身即为文化名流的郡守加以题咏，其文化意味更加浓重。而身为文人的郡守，也乐意促成这些风雅之事。张孝祥隆兴元年(1163)五月知苏州，就曾为飞虹亭桥书扁。

沧浪亭在宋代本已为文化蕴藉之地，而张孝祥作为当时名骚一时的状元，亲笔题咏，自然更为沧浪亭锦上添花。

“垂衣端拱愧佳兵，文化优游致太平。”(耶律楚材《太阳十六题》诗之七)文治教化即文化。苏州文化的形成是历朝历代累积的过程，在这一过程中，作为地方领导的地方官，其一系列文治教化的举措无疑起了重要作用。苏州地方官员尤其是郡守的文化价值观决定了当时苏州文化的基调，他们作为文化名流，其身体力行的文学艺术创作活动，对推动宋代苏州的文化建设起到了示范作用；他们积极营造的社会文化氛围，不断完善的文化设施建设，既延续了前代苏州已经形成的文化气象，又为明清时期吴中文化高峰的到来奠定了基础。

参考文献

[1] 王国维. 殷周制度论//观堂集林(卷十)//史林(二)中华书局，1959：451.
[2] 范成大. 吴郡志(卷十). 江苏古籍出版社，1999：121.

[3] 脱脱,等.宋史·选举志.中华书局,1977.
[4] 楼钥.攻媿集·吏部员外郎雷像直焕章阁知平江府.文渊阁四库全书.
[5] 叶梦得.石林诗话(卷下)//何文焕.历代诗话.中华书局,1981:429.
[6] 王行.半轩集(卷四)//何氏园林记.文渊阁四库全书:336.
[7] 苏轼著,王松龄点校.东坡志林(卷一).中华书局,1981:3.
[8] 范成大.吴郡志(卷十).江苏古籍出版社,1999:15.
[9] 夏文彦.一千种图绘宝鉴(卷四)//万有文库(第一集).1930:69.
[10] 范成大.吴郡志(卷十).江苏古籍出版社,1999:51—52.
[11] 范成大.吴郡志(卷十).江苏古籍出版社,1999:37.
[12] 范成大.吴郡志(卷十).江苏古籍出版社,1999:28.
[13] 范成大.吴郡志(卷十).江苏古籍出版社,1999:32.
[14] 脱脱等.宋史·王规传.中华书局,1977.
[15] 郑亿年.平江府修学记//钱谷.吴都文粹续集(卷3).
[16][17][18] 陈从古.吴江县重修庙学记//钱谷.吴都文粹续集(卷6).文渊阁四库全书.

宝山楼：苏州私家藏书最后的辉煌

孙迎庆*

苏州为历史文化名城，文脉源远流长，藏书之风享誉海内外，历朝繁衍不衰，前后计数百家。私家藏书楼是中国传统文化遗产的一个重要组成部分，它们在历史上，往往是当地一颗人文明珠，虽说经过了时代的风雨，如今这些历劫幸存的私家藏书楼，或者少为人知，或者即将淹没，但是只要加以重视，略作修葺，那么，其间所隐含着的历史文化价值就会凸显无遗。苏州私家藏书楼传承了丰富的文化典籍，也传承了苏州的历史文化。因此，它们是吴文化的承载者和传播者，是城市建筑中珍贵的历史文化遗产，对苏州文化发展具有极高的内在价值。

一、宝山楼的前世今生

寻访宝山楼，了解它的前世今生，就像穿越一段幽静的历史，探寻一段鲜为人知的传奇。它或许是一座年代久远的建筑，一个家族的老宅，一面长满青苔的花墙，一个书聚书散的故事，一段书香绵延的传奇，探访这些故事与传奇，如同经历一次文化寻根之旅。

宝山楼到底身在何处，却鲜有人知，因为世人大多知道南石子街6号，是潘祖荫的故居，那里有“攀古楼”和“滂喜斋”遥向呼应。为了寻找宝山楼确实地址，询问了潘氏后人，据其介绍：“宝山楼在苏州南石子街，现在挂牌为潘祖荫故居处。其实此处应为潘祖荫的堂兄潘祖同故居。潘祖同之后人，潘博山、潘景郑弟兄所有的宝山楼就在此。但因潘祖荫去世后，其弟潘祖年辗转搬迁，也住进了堂兄的住宅。所以，‘攀古楼’、‘滂喜斋’的青铜器、宋元版也落户在此。”潘达于老人也曾说过：“当年潘祖年把‘攀古楼’铜器和‘滂喜斋’

---

* 孙迎庆(1955—　)，男，大学专科，馆员，主要研究方向为图书馆图书管理及读者服务。

古籍运回苏州后,曾借住堂兄潘祖同在南石子街的宅居,即潘景郑祖屋。”

著名藏书家韦力在寻访宝山楼遗址后写道:“宝山楼地处南石子街中段,紧邻安徽会馆。进了院门是一条长长的甬道,有二十多米长,走到院子尽头,就看到一个颇大的院落。由于年久失修,再加上杂居着十多户居民,院落显得破旧杂乱。但从建筑的规模和雕梁画栋所透出的气势,仍然可看出昔日的富贵和大气。从南石子街到进深二十多米其实原来都是院内的建筑,而现在都已拆改过了,只剩最里面的这二进院子,才是当时仅存的一小部分旧居。在第一进院子门楼上砖雕刻着‘媚玉辉珠’,是嘉庆年间的题款。尤其能透出大家之气的是第二进楼上的雕花饰板,整个是用楠木所雕,一反江南的细巧而显得粗犷有力,也带出了官家的霸气。”

另据潘氏后人介绍,钱镛是苏州“老文管会”,对于潘景郑的藏书问题,钱老表示此事前后他最清楚了。新中国成立初期,应该是1951年到1952年间,潘景郑与侄子潘家嵘把苏州南石子街原老二房的祖屋卖掉,潘景郑去了上海,潘家嵘仍住苏州。当时有居民发现飞蚂蚁很多,发现有三间偏屋里全是书(潘景郑书房),房子漏雨又没人管,书都烂了。居民委员会报告了文管会,当时就是钱老去看的,一看是潘家的,就找到潘家嵘,家嵘说都是“爷叔”(即叔叔)的,不要了,就让文管会处理吧。钱老当时还挑出了一些书,现藏苏州博物馆的《潘祖荫亲笔日记》十余册,就是那时候拿到的。

二、潘氏藏书的历史渊源

苏州潘氏为藏书世家,前后十数人,实自潘亦隽始。潘亦隽博览载籍,好学深思,藏箧至富,虽无百宋之珍,而精抄名校,所获亦多。与黄丕烈为密友,常至士礼居观书,二人往还咏诗不少。潘世璜《须静斋云烟过眼录》、《荛识》均有二人“极友朋之乐”的记载。其所藏古籍中,有百种以上是经黄丕烈校跋过的。潘亦隽《三松堂书目》,潘季孺于烬余中检出,后归潘承弼所藏。潘奕隽因独子世璜先卒,其藏书大多传给潘遵祁、潘希甫两孙子,各约数万卷。潘遵祁在城郊筑“香雪草堂”归隐,他获自三松堂的书在洪杨之役损失几尽,剩下的数百种到1934年终为后人全部出售,潘博山兄弟曾以千余元收回其中的数十部。潘世恩四子中,长子潘曾沂,积藏图书数栋,计划建藏书楼供乡里学子利用,但咸丰九年时火焚损失殆尽;次子潘曾莹,其“小鸥波馆”以收藏书画著名。潘氏藏书到祖字辈时,最有成就的是潘祖荫“滂喜斋”,其次有潘祖同“竹山堂”。潘祖同在兄弟析产时获得其父所留全部图书,又陆续收购而积成竹山堂四万卷藏书，并递传给嗣孙潘博山、潘景郑承弼兄弟。兄弟俩以竹山堂四万卷藏书为基础，共同努力建立起他们自己多达30万卷的宝山楼。

抗日战争爆发后，宝山楼所藏图书遭受了一场灭顶之厄。“战事骤作，山楼一角，殃及池鱼，毁失数十簏。今避兵沪上，行箧零星，已无什一之存。”20世纪50年代，潘景郑先将所藏古石墓刻经幢砖瓦以及书画等百余件捐给了苏州市文管会，随即又将珍藏的近1.7万种金石拓片及1300多种古籍和近代文献捐给了当时的上海历史文献图书馆。而宝山楼镇楼之宝——宋版《后山居士文集》已为北京图书馆所珍藏。20世纪80年代初，潘景郑又将仅存的百余种善本连同老师章太炎的手稿赠与上海图书馆。

从三松堂、小鸥波馆、滂喜斋、竹山堂，到宝山楼，潘氏一族历经藏书路上的风尘，怀着对文化的敬畏和对书籍的痴迷，才使祖先精神所寄的事业因之代代延续。潘博山兄弟继承了祖父潘祖同竹山堂全部藏书四万卷外，还很留意三松堂失散的版本书，曾收回十之二三。到1919年“竹山堂”改名为“宝山楼”时已藏书30万卷，终成潘氏藏书之最了。潘氏藏书散而复聚，衰而复起，成为中国藏书界一大奇观。

三、从竹山堂到宝山楼

竹山堂主人潘祖同(1829—1902)，父潘曾莹。潘祖同不是科班出身，“初以荫得主簿，旋赐举人”。由于潘祖同人品、学品皆佳，翰林人不因他是门荫为官而蔑视他。但是好景不长，咸丰八年，肃顺等起科场狱，潘祖同被牵连，纳银赎罪后免职。于是他绝意仕途，以文史自娱，从此杜门不出，将其祖辈所藏珍贵字画，分给弟辈，自己留下的只是书籍万余卷而已。“君悉推与诸弟，独取书数簏，曰：此我所好也！竟以是成书藏焉。”因此成了潘氏家族著名的藏书家，家有竹山堂以供藏书。

如今提起潘博山(1904—1943)这个名字，恐怕很多人都觉得陌生，即使是知道《明清藏书家尺牍》《明清画苑尺牍》这二部书，也不会去记住辑藏者的名字，这大约是潘博山英年早逝，后人也很少提及的原因。潘博山早年丧父，独立支撑门户，不仅将祖传有200多年历史的吴县横塘潘万成酱园业振兴起来，设有总店、分店6家，史称“潘酱园”，在苏州还发起电气公司、田业银行，抗战初期又在上海创设通惠银号，是一位成就斐然的实业家。潘博山与其弟潘景郑继承了竹山堂四万卷藏书，并以此为基础，共同努力，终于使藏书多达30万卷。1929年秋天，吴县书市曾出现一部宋蜀大字本《后山居士文集》20

卷,由于纸色晦暗,大家都以为是明代翻刻本而不屑一顾。潘氏兄弟两人慧眼独具,毅然以二百元收下。此集字大如钱,字体古朴浑厚,用黄麻纸印刷,钤有“晋府书画之印”、“敬德堂图书印”等印记。由此他们将藏书处取名“宝山楼”,以示珍重。他们获得这部镇库之宝后,有次傅增湘曾到潘宅借赏,傅氏将其描述为“字大如钱,气息朴厚……捧玩再三,惊喜出于意表,盖不特为海内孤行之本,亦实为后山集传世最早之编”。潘博山逝世后,其拟辑印《元明书翰》《明季忠烈尺牍》《杨忠烈公左忠毅公遗札合璧》《瞿式耜侯峒曾尺牍》等,均由潘景郑继其遗志代为完成。

潘景郑于 1907 年 8 月 10 生于苏州市南石子街,于 2003 年 11 月 15 日在上海华东医院去世。20 世纪 20 年代后期,潘景郑即与苏州藏书家邓邦述、徐乃昌、宗舜年、丁初园等人结识,晨夕过从,获闻绪论,纵论今古,乐谈版刻,赏析奇书。在半个多世纪的藏书、购书、收书、求书、抄书、聚书的过程中,潘景郑可谓历经艰辛,逐步形成了自己的藏书旨趣及特点,成为现代为数不多的著名藏书家。

四、宝山楼藏书内容

宝山楼所藏多吴中名家叶昌炽、邓邦述、曹元忠等之旧物。举凡明末史料、清人文集、时人稿本、乡贤文献、年谱家谱、历代尺牍、金石碑拓以及名人书画,无不兼收并蓄,蔚为山海之富。从潘景郑自撰的《著砚楼书跋》中,可以看出一些他们收藏的重点。

潘景郑自弱冠便从章太炎治小学之书,故对于小学之书情有独钟。1938 年书商携惠栋校汲古阁本《说文解字》至沪求售,此书原藏苏州顾氏嘉树庼,流在吴市有年,因悬值过昂,无有问津者。潘景郑于是斥十六金购之。潘景郑自幼即喜好金石,尝自谓“于金石碑版之好不让宋代的赵明诚”。他起初想辑《苏州金石志》,搜拓石墨,只吴县一地所得已逾一万件,在战争中亦未受到大损,1940 年又购得贵池刘世珩聚学轩所藏碑拓七千余种,大大丰富了其收藏。

乡贤文献是宝山楼藏书最大的特色。凡是乡贤的稿本、校跋,甚至只有片纸只字、数语题记的书,他们都见无不收。他们收集的范围不限吴县当地,而是包括旧日苏州府辖的常熟、昆山各县在内。他们不仅仅是收藏,更常常就零散碎烂的稿本加以整理装裱。潘景郑在《瀛珠仙馆赘笔稿本》中说“予于乡贤遗稿,见辄收之”,书商也十分清楚他的爱好,所以每得一稿本,就要价奇高，时间一长，潘景郑"力渐不逮"，多次"不谐"，书商"无以射其巧"，遂"自贬其值以求售"。爱书人之痴与贾人之黠，均跃然纸上。

宝山楼的收藏中，很注重明末史料。光绪末叶以后，明末史料逐渐受人重视，收藏和研究颇成风气，潘景郑对此也有一番罗致，如庄廷龙的《明史钞略》、查继佐续《罪惟录》后所著的《国寿录》等抄本。抗战时期，丁初园的遗藏也已篌衍狼藉，其手辑的《河东君轶事》也流落市廛，此时潘景郑虽衣食困迫，然"斥饼金得之"，并在书后作跋，首先回忆了和丁初园的旧谊。

民国时期，在许多人承袭清代藏书传统，仍然津津乐道于宋雕元椠的时候，潘景郑却致力于抄校稿本的收藏。先贤未刊稿本，其珍贵自不待言，即使已经科印，也有其资料价值。如其所藏清代沈大成《学福斋集》稿本中，载有项贡甫代金农画梅以假充真的故事，刻书时因顾及与金农的友谊而删去。此段掌故世人大多不知，足见稿本的可贵之处。当然，鉴别抄校稿本要比鉴别刻本难度高。但是前文已述，潘景郑不到20岁便与吴中老一辈藏书家邓邦述、丁祖荫等研讨版本目录学问，因此鉴定抄校稿本的学问修养很高。有次，他在书店看到一部《五代史补》，满篇校语，朱墨烂然，仔细辨认，竟是出于清代校勘名家陈鳣之手，但由于没有陈氏署款与印记，无人能识，书店老板自然亦不居以为奇，于是他不声不张，以廉价买进。正是具有价值观念及一双过人法眼，宝山楼才因此网罗了大批抄校稿本，如徐枋居易堂稿本《通鉴纪事类聚》，邓邦述《清世宗本纪拟稿》《群碧楼稿》《随笔》，张茂镛《日记》，叶昌炽《藏书纪事诗》及《语石》，等等。

五、结　语

余秋雨在《白发苏州》一文中说："无数的小巷中，无数的门庭里，藏匿着无数的灵魂。千百年来，以积聚久远的固执，使苏州保持了风韵的核心。"珍藏着很多线装书的苏州私家藏书楼，就曾构成了这种风韵的核心。从庙堂之高，拾级而下，被贬的耿直之士，告老的达官贵人，他们在阅尽了人世的千山万水后，穿过繁嚣，走进小巷，躲进苏州小巷深处，筑一安静的藏书楼作为终老的精神归依。

申报馆早期(1872—1875年)发行网络的构建

周建国* 孙 琴**

《申报》初创时,为扩大影响,雇人分送各行号,报资由读者随意给付。[1]但"本馆条例"中还是明确了四种销售方式:订阅、零卖、信局代卖、批发代卖。"本馆新闻开设伊始,今售人分送各行号或沿街零买,如贵客欲看,请向该送报人取阅。""本馆之设新报,原冀流传广远,故设法由信局带往京都及各省销售。""贵客如有欲贩至他处销售,其价钱一切均与信局一式,请赴本馆面议可也。""本馆新报概系整卖,贵客如欲零买,请向送报各店自取,本馆事繁,不能兼顾也。"[2]为了增加销售者信心,凡剩余新报,一律收回,分文不取。这一原则同样适用于申报馆此后代卖的所有书刊,包括《瀛寰琐纪》。并且,申报馆把苏杭等地广告收费之提高部分返还实际揽收者——卖报人,以作激励。[3]此后,《申报》通过灵活的多样发行与频繁的广告推送,开始着手构建申报馆早期的销售网络。

一、上海各销售网站之建立

《申报》创办于上海,因而上海的读者可直接向报馆订阅。[4]并多次发布了《寻各店代售新报》之广告:"启者:本馆新报定价每张八文,因本馆未便零星拆卖,欲于上洋各大街寻代为卖报之店,每日早晨发售。各宝号如愿做此生理者,本馆趸卖只取钱六文,余二文归各店自取,每日四点钟至本馆结账,如有卖不完仍退回本馆,分文不取,特此告白。"[5]

壬申四月初一日,《申报》公布了上海代卖、零售《申报》的各店:三茅阁桥

*周建国(1974—),男,硕士,编辑,主要研究方向为汉语言文字。
**孙 琴(1975—),女,博士,馆员,主要研究方向为文献学与古籍保护和利用。

广永昌广货店、山东路三茂酒店、又山东路悦隆号、新开河王春记、陈家木桥裕大酒店、棋盘街周元成洋货店。[6]三天后，新增了大马路角东兴永京杂货店、二马路外国坟对面恒盛书坊、抛球厂后恒兴洋布庄门口、字林洋行对门张万源自鸣钟店、望平街漱芳斋刻字店、小东门十六铺桥永兴和记信局。[7]翌日又新增城隍庙花园内文萃堂刻字店、棋盘街锦名洋行栈房对面谦和打包铺、吉祥街口延龄烟膏铺、永安街王灿记、吉祥街大吉祥烟膏铺。[8]壬申四月初十日，再次增加新北门外吊桥堍毛元顺京货店、大东门外大魁堂书坊。[9]至此，申报馆确定的上海代售店号共有22家之多。但各广告末尾仍继续加以征求新的销售点。

此外，申报馆雇人沿街叫卖："启者，本馆新报欲雇人代卖，要觅十余人，如有欲做此生意者，可请至本行，便知详细，即十六岁童子亦可，来得以早为贵，勿误事。特此告白。"[10]壬申六月十二日，《申报》上再次刊载广告，直接雇佣报童："启者，本馆现欲雇十余岁小孩数人在街上代卖《申报》，每月一人约可赚钱二三千文。如有愿做此生意者，可来本馆面议可也。"[11]

自此，借助众多代售点以及流动的叫卖方式，《申报》有效地深入上海的大街小巷。

二、各大城市代售处之构建

壬申三月二十五日，《申报》发布了《各处信局地脚》广告：

> 启者：本馆《申报》今注明在各路远处发售地名：镇江大闸外天主街口运河边、南京评事街万寿宫隔壁、扬州左卫街中、九江西门外仙镇菜市街、汉口董家巷中市、苏州阊门外渡僧桥……宁波水街口、杭州珠宝巷、嘉兴塘卫镇，以上问协兴信局可也，每张拾文。[12]

壬申四月二十一日，《申报》招徕加盟：

> 启者：本馆欲请华人在于各阜设立代售《申报》，现镇江、宁波、苏州、杭州均已延定前去，其北京燕台、天津清江、扬州仙女庙、南京、嘉兴、湖州等处须人前去。如有愿作此生理者，请保协同来馆面订可也。[13]

壬申四月二十三日《申报》第6版详细明确代销优惠措施。[14]一周后，为把销售网络延伸至各地，《申报》利用不同之定价来鼓励代售。[15]

壬申五月十六日,《申报》刊载广告,宣称新建立了扬州、嘉兴、湖州、天津代销点。[16]

壬申五月十七日,《申报》又发布广告,鼓励代售:

> 本馆为代售《申报》,已设人在宁波、汉口、镇江、天津等通商口,其价每张十文,苏州、杭州价亦十文,湖州、嘉兴、震泽、扬州、香港、广东价十二文,北京价未定。如另处有人欲代作者,不论远近各镇,或寄信前来,或托友向本馆相议,或二十张,或三十张,本馆按日照寄,连信资每张收钱八文,该处卖钱十二文,月底算帐,如有卖存者,月底寄回,不收分文,特此启知。[17]

此时,申报馆之销售网络已初步成功,每日所印《申报》已达四千五百张之数[18]。

壬申十一月初三日,《申报》建立南京代销处,负责南京《申报》与《瀛寰琐纪》的销售;癸酉六月初九日,申报馆又确立了福州代售处[19];癸酉闰六月十七日,《申报》建立了京都代销处[20];癸酉七月二十四日,申报馆又建立了湖南长沙代售处[21];癸酉八月十八日,申报馆建立了广州代销处[22];癸酉九月初五日(第460号),《申报》公布在慈溪、镇海之销售处[23];甲戌三月十二日,申报馆确立了无锡代售处[24]。

三、各省、各大城市总代销处之建立

初步的销售网络建立后,申报馆又着手建立各省总代销处,以统属各地区众多代售点。

首先于浙江建立总代理处,壬申九月初十三日,申报馆发布《本馆告白》:

> 本馆《申报》通行各省,渐见流通广远,日盛月增。兹于浙江一省,已议由杭城京报房陶文炎兄承认代为销售,所有前次各府镇代售《申报》友人,概行撤回其帐,以九月初十日截止,十一日以后统归陶处接办,以归划一。凡浙中、官商欲看《申报》者,须至杭城抚院前过军桥直街积善堂陶宅挂号,自能按期分送,快捷弗迟也。特此奉布。[25]

乙亥正月念七日,《申报》首页刊载派沈友竹赴北京开设分馆事宜[26];乙亥十月二十日(1875年11月17日),申报馆北京分馆经理换人:

本馆前托沈君竹君在京都卖报，现已换人经理，如蒙诸君赐顾可向绳匠胡同伏魔寺内向卖报人购取，抑或有佳章鉅制，意拟付刊，亦祈统交伏魔寺内卖报人寄下可也。本馆告白。[27]

四、信局代售

癸酉五月二十日，《申报》第1版《布告各远处可由信局代买申报启》，鼓励集中通过信局代购，一方面节约信赀，另一方面亦可有效深入各地。同时，《瀛寰琐纪》亦可如此代购，可见《瀛寰琐纪》当时影响广远。

癸酉九月初五日，申报馆开始于沙市、宜昌寄售[28]；甲戌九月二十五日，《申报》于江西开展由信局代售业务[29]；乙亥六月初十日，申报馆再次强调边远地区通过信局订购之有效性：

启者：本馆今在远迩各大城镇，自设有卖报送报之人，其城池较小、地方窎远之区，虽或诸君意欲赏阅，若本馆自行专投售报之人，则支费收项两不相济。不若请此处欲阅诸君，联名与地方信局商量承办。但集买七八九张，则摊算信钱，犹为廉省，且与设有承售之人无异。此法近蒙多处渐行，各信局向本馆按月定买已成大数。因恐或有多城不筹及此，故再为陈说也。方今国事大局，日尚权变，为古所未见，凡留心世务者，自宜日有所闻，远隔通都、乡居僻静者，非得新报日日阅之，又何从而知当世之事耶。本馆告白。[30]

五、个人零售邮寄

癸酉三月十四日，《申报》发布《本馆告白》，申明申报馆一直开展为零星读者邮寄服务[31]，但因费用较高，因而鼓励集中通过邮信局代买。癸酉十一月十九日，《申报》于第1版再次发布《本馆告白》，主张读者集中通过邮信局订阅[32]。

同时，申报馆采用了灵活的运送方式，1875年12月，大寒，轮船停发，申报馆立即把海路送报改由陆路[33]。

同治壬申五月十七日，《申报》第1版发布《本馆告白》："本馆申报今已大销，每日所印四千五百张之数，上海各士商无不按日买阅。"[34]壬申八月初七日,申报馆刊登《本馆自叙》:"现在本馆《申报》日见畅行,于本处上洋地方,每日约计可销三千张也。如苏州、杭州、汉口、宁波等处,始则未经入目,销路寥寥,继则逐渐通行,日盛一日。"[35]短短数月,申报馆自述于上海一处已日销三千张。李嵩生于《本报之沿革》中记及《销数及价格》时,"同治十一年三月,本报初创时……每日销数约六百张……十三年终,销数增六百余张。光绪二年五月,销数益广,每月达二千余张。"[36]不知是当日申报馆故意夸大,或是李嵩生回忆有误。但不容置疑的是,申报馆发行网络之构建极其成功,几乎遍及各地。"(光绪)六年,重要各都市无不有本报,如北京、天津、南京、武昌、九江、香港、安庆、保定、广东、广西、四川、湖南、杭州、福州、苏州、扬州、宁波、烟台等处,外埠各信局皆代售本报。"[37]此外,不仅发行《申报》以及《申报》馆出版之书刊,而且《侯鲭新录》《海上奇书》等诸多非申报馆创办及出版之书刊,亦借助于《申报》馆发行。

参考文献

[1] 启者. 申报(壬申四月初十日第6版). 申报(影印本第1册):49.

[2] 本馆条例. 申报(壬申三月二十三日第1版)//申报(影印本第1册):1.

[3] 本馆条例. 申报(壬申三月二十三日第1版)//申报(影印本第1册):1.

[4] 本馆条例. 申报(壬申四月十七日第6版)//申报(影印本第1册):75.

[5] 寻各店代售新报. 申报(壬申三月二十五日第7版)//申报(影印本第1册):8.

[6] 今将在沪代零卖本馆新报之各店开列. 申报(壬申四月初一日第6版)//申报(影印本第1册):19.

[7] 今将在沪代零卖本馆新报之各店开列于左. 申报(壬申四月初八日第7版)//申报(影印本第1册):44.

[8] 今将在沪代零卖本馆新报之各店开列于左. 申报(壬申四月初九日第7版)//申报(影印本第1册):48.

[9] 今将在沪代零卖本馆新报之各店开列于左. 申报(壬申四月初十日第7版)//申报(影印本第1册):52.

[10] 觅人代卖新报. 申报(壬申三月二十五日第7版)//申报(影印本第1册):8.

[11] 本馆告白. 申报(壬申六月十二日第5版)//申报(影印本第1册):263.

[12] 各处信局地脚. 申报(壬申三月二十五日第7版)//申报(影印本第1册):8.

[13] 启者. 申报(壬申四月二十一日第6版)//申报(影印本第1册):88.

[14] 本馆告白. 申报(壬申四月二十三日第6版)//申报(影印本第1册):95.

[15] 启者. 申报(壬申四月三十日第1版)//申报(影印本第1册):117.

[16] 启者. 申报(壬申五月十六日第6版)//申报(影印本第1册):175.
[17] 启者. 申报(壬申五月十七日第1版)//申报(影印本第1册):177.
[18] 本馆告白. 申报(壬申五月十七日第1版)//申报(影印本第1册):177.
[19] 谨告福州各贵客. 申报(癸酉六月初九日第1版)//申报(影印本第3册):9.
[20] 本馆告白. 申报(癸酉闰六月十七日第1版)//申报(影印本第3册):137.
[21] 本馆告白. 申报(癸酉七月念四日第1版)//申报(影印本第3册):261.
[22] 本馆告白. 申报(癸酉八月十八日第1版)//申报(影印本第3册):345.
[23] 本馆告白. 申报(癸酉九月初五日第1版)//申报(影印本第3册):401.
[24] 启者. 申报(甲戌三月十二日第1版)//申报(影印本第4册):375.
[25] 本馆告白. 申报(壬申九月初十三日第1版)//申报(影印本第1册):565.
[26] 启者. 京都专设分馆售报. 申报(乙亥正月念七日第1版)//申报(影印本第6册):193.
[27] 本馆告白. 申报(乙亥十月二十日第1版)//申报(影印本第7册):477.
[28] 本馆告白. 申报(癸酉九月初五日第1版)//申报(影印本第3册):401.
[29] 启者. 申报(甲戌九月二十五日第1版)//申报(影印本第5册):431.
[30] 集阅报纸告白. 申报(乙亥六月初十日第1版)//申报(影印本第7册):37.
[31] 本馆告白. 申报(癸酉三月十四日第1版)//申报(影印本第2册):317.
[32] 本馆告白. 申报(癸酉十一月十九日第1版)//申报(影印本第4册):21.
[33] 寄报改由陆路. 申报(乙亥十一月初六日第1版)//申报(影印本第7册):533.
[34] 本馆告白. 申报(同治壬申五月十七日第1版)//申报(影印本第1册):177.
[35] 本馆自叙. 申报(壬申八月初七日第1版)//申报(影印本第1册):445.
[36] 李嵩生. 五十年来之新闻业・本报之沿革//申报馆. 最近之五十年(下):31.
[37] 李嵩生. 五十年来之新闻业・本报之沿革//申报馆. 最近之五十年(下):31.

柳亚子藏红梨社文献考论

黄建林*

柳亚子，原名慰高，号安如；十六岁改名人权，号亚卢；十八岁再改名弃疾，号亚子。柳亚子生于清末，处于社会变动、思潮更替之际，颇能代表那个时代进步知识分子。研究者多注重其思想家、革命家、诗人的身份，其实亚子还是学者型的藏书家，其所收藏书籍中颇多红梨社之史料，学界尚未有专门的讨论。红梨社是一个清代道光年间活动于吴江盛泽的文人社团，社员以盛泽邑人为主，兼及临近郡邑之人士，前后存在时间逾25年，1830年红梨社社集作品汇集成《红梨社诗钞》一卷刊行。柳亚子收集的红梨社文献极富特色，有着重要的史料意义。本文主要从柳亚子家族与红梨社之关系，柳亚子藏红梨社文献之类型特点，以及柳亚子藏红梨社文献的价值三个方面对柳氏这部分藏书进行探讨，以期为深化柳亚子研究、地域文学研究、社团文学研究、家族文学研究做最基础的工作。

一、吴江柳氏家族与红梨社

清光绪十三年（1887），柳亚子出生于吴江北厍之大胜村，该地位于分湖之北侧。柳氏家族是分湖地区典型的文学世家，然而柳氏族人科举不显于世，柳亚子高祖柳树芳仅为秀才。然而这位秀才在柳氏家族发展史上有着举足轻重的低位，柳亚子尊称其为“大胜柳氏在文坛上的开山祖师”。柳氏家族与红梨社的关系也要从这位“开山祖师”说起，柳树芳，字湄生，晚自号古查，又号粥粥翁。性伉爽直谅，乐善好施，尝刊先辈遗书数种。诗精警明爽，不屑为钩章棘句。著述宏富，有《养馀斋诗初集》四卷，《二集》四卷，《三集》六卷，《四集》二卷，《文集》二卷，《胜溪竹枝词》一卷，《分湖小识》六卷，《分湖诗苑》

* 黄建林（1987— ），男，硕士，助理馆员，主要研究方向为古代文学。

一卷等。

柳树芳与红梨社之关系，当从其好友红梨社中坚陈希恕说起。希恕字养吾，号梦琴，吴江芦墟人。承继先人医术，醍醐救世，卖药救人。暇日组织红梨社，诗酒风雅。著作等身，论者谓足以抗手灵芬，有《灵兰精舍诗》十六卷*、《闹红一舸词》八卷等。北厍和芦墟毗邻，两地文人多以分湖冠其籍，也多以分湖为名举行文学活动，如"分湖文宴"、"分湖诗会"之举，嘉庆间此类文学活动尤甚，彼时陈希恕尚里居。道光乙酉年(1825)陈希恕买药红梨湖畔，若非新年，鲜有归时，故而每到正月初七便举行"人日雅集"之会，此会从道光十二年(1832)开始，绵延十多年未断，人员多有变动，然陈希恕、柳树芳少有缺席。[1]陈希恕、柳树芳之友情在柳树芳殁后，陈希恕家人极力隐瞒一事中更为突出地展现，"文学陈先生希恕方卧病，其子应元至，遍戒其家人无许言君(古查)卒者"[2]。柳树芳辑《分湖小识》，陈希恕列入校勘姓氏，并承担部分文献采访的任务。同样列入校勘姓氏的还有陈希恕之婿沈曰富，曰富字沃之，道光己亥(1939)举人。十三岁即能作诗。弱冠后从平湖方教谕垌、震泽张教谕履讲求性理经旨，攻古文辞。后又问业平湖顾广誉，客授松郡，游姚椿之门。著有《受恒受渐斋集》十二卷等。除了《分湖小识》，曰富还参与校勘柳氏著作多种，"君为《家谱》，为《分湖志》，校刻《陆清献公日记》，俱有余共事。偶有所规正，辄应手改"[3]。

道光庚寅年(1830)，红梨社在盛泽成立并举行活动，远在分湖大胜村的柳树芳对于此等风雅之事心生向往之情，遥应红梨社活动，作《分咏清明旧事》四首《抛堉》《停针》《插柳》《踏青》，下注"舜湖同人课题"[4]。

应该说柳亚子高祖柳树芳和红梨社渊源颇深，除了上述陈希恕、沈曰富而外，柳树芳与沈烜、叶树枚等都为至交**。

二、柳亚子藏红梨社文献述略

考察柳亚子藏书思想，我们有必要概述一下柳氏家族对于地方文献的态度，这可看作是柳亚子藏书思想的渊源之一。高祖柳树芳在《分湖小识·自序》中言："邑中诸镇若同里、盛泽、黄溪、黎里均有人焉，刻其里志以备采访，

* 柳亚子把保存吴江地方文献作为自己的一个使命，如其因资金问题未能及时刊刻《灵兰精舍诗选》，心中颇多愧疚，序言："撰序又一载余，始克付印，弃疾之负疚于先生殆有不可说者。"

** 沈烜卒，柳树芳作《哀词九章为故友沈琛厓(烜)赋》；叶树枚卒，柳树芳作《哭叶十一翁》。

独分湖无闻焉。生其地者忍听其文献无传,废坠而不知举耶?抑或尚有待于来者,谓此事非我责耶?树芳志在搜罗,阅二十余年矣。家庭多故,岁月少闲,惟兹一事拳拳于寝兴食息之余,而不忍释。”[5]除此而外,柳树芳还为吴江乡史善长刊刻《秋树读书楼诗集》,所有这些行动都是对地方文献责任感的高度体现。柳树芳之子柳兆薰著有《〈松陵文录〉作者姓氏、爵里、著述考》,得以弥补《松陵文录》仅列作者姓名而无人物小传之不足,保存了大量吴江地方人物的传记资料。高祖、曾祖对地方文献之重视必然对柳亚子有潜移默化之影响,亚子《自撰年谱》“三十三岁”条言:“狂胪乡邦文献,购书万余卷。资用不足,则举债以继之。”[6]

红梨社文献包括红梨社社集,红梨社成员别集,红梨社成员家谱、家集以及与红梨社相关的其他集子。探讨柳亚子藏红梨社文献之前,我们有必要对亚子狂胪之文献的来源有所交代。先辈家藏自不必说,柳树芳与红梨社成员友谊密切,必然对该社团的相关文献有所收藏。除此而外,柳亚子藏红梨社文献还包括自刻红梨社成员别集,如陈希恕《灵兰精舍诗选》就是亚子出资刊刻的。最初有刊刻《灵兰精舍全集》之打算,迫于资金未能成行,仅刊选本,“全书卷帙浩漫,从事綦艰,俟河之清未知何日,盖先出选本行世乎”[7]。亚子红梨社文献的另一个重要来源是陈希恕后人的收藏。希恕亦是富于藏书的大家,郭麐赞曰:“梦琴家仅中资,而收书厚价;赋禀孱弱,而于学溺苦。”[8]希恕藏书多为曾孙文濬所继承,文濬不仅借书给亚子录副,还经常抄录好副本赠给亚子,甚至直接赠与原本。[9]《磨剑室钞存乡先辈已刊未刊稿本题记》记录亚子从陈文濬、许观(文濬的外甥)处所得之书达33种之多。[10]

柳亚子藏红梨社文献颇多,其或收购,或借抄,但都不仅仅局限于现有的本子,亚子是一个学者型的藏书家,对于这些文献多加辑佚整理,虽非完璧,终归达到因人存文,保存文献之目的。除了辑佚之外,亚子对红梨社文献还常加以精当考证。其对于红梨社文献的考证在《磨剑室钞存乡先辈已刊未刊稿本题记》中比比皆是。他不仅利用红梨社成员的别集相互考证,还利用红梨社文献对吴江其他先辈的著作进行补遗。

洪亮吉《北江诗话》把藏书家分为考订家、校雠家、收藏家、鉴赏家数等[11],通过上面对柳亚子藏红梨社文献的概述,我们发现柳亚子是一个精于考订、乐于收藏、不斤斤于精本的学者型藏书家。亚子所做的工作是吴江一地文化传承之幸事。

三、柳亚子藏红梨社文献的价值

柳亚子所搜集的红梨社文献具有多方面的价值,具体如下。

其一,文献保护之意义。柳亚子诸辈很早就开始思考地方文献保护和整理,看到文献散落痛心不已:“顾百十年来,遗书零落,或简编脱乱,卷帙无可考;或竟蠹烂漫漶之已甚,至其姓氏而亡者。当今且然,更阅数十载,读书之士益少,风雅益衰,炊薪覆瓿,更恬不之怪,先民之泽,不几荡然?”[12]文献是文化的载体,是一种不可再生的文化资源。晚清、民国时期,亚子保存文献功劳颇大。不仅如此,亚子还颇有一双慧眼,新中国成立后,他把自己的藏书主要捐献给了上海图书馆和北京图书馆这样的大型藏书机构,免遭“文革”之灾。

其二,对于研究之意义。文献的价值是通过对文献加以利用而实现的,就柳亚子所藏红梨社文献而言,至少具有如下之研究价值。首先,深化柳亚子的研究。对于柳亚子的研究在20世纪末达到了一个高潮,《柳亚子文集》陆续出版面世,研究性著作诸如《柳亚子传》以及南社方面的研究著作也颇多印行;进入21世纪又陆续出版了《分湖诗钞》《柳亚子史料杂记》《柳亚子集外诗文汇编》等著作。但是对于柳亚子藏红梨社文献一直没有专门的关注,诸如柳亚子这部分藏书的来源、对这部分藏书所做的工作等,都缺少必要的探讨和研究。其次,深化社团文学之研究。就红梨社的研究而言,如果没有柳亚子藏书的支撑是难以进行下去的。柳亚子所藏的这部分文献具有极其珍贵的文献价值。社集《红梨社诗钞》一卷是红梨社研究的基本文献。红梨社成员的诸多别集更是深化红梨社研究绝不可少的文献,它们或以刊本或以稿本或以钞本诸种形态存在,都成为研究社团文学珍贵的材料。再次,深化家族文学研究。吴江地区人文荟萃,世家鼎盛期多在清前中叶,家族文学研究也多止于此。晚清以降,社会积弊日出,文化氏族多有凋敝之貌。但是通过对于红梨社文献的发掘,我们发现氏族之余韵尚存。柳亚子的《分湖诗钞》也是促进家族文学研究的重要文献,是分湖地区文化家族的汇总,该书以姓氏为纲,罗列了陆姓、陈姓、袁姓、柳姓、凌姓、许姓等诸多文化家族的诗歌作品。总的来说,无论是柳亚子研究、社团文学研究还是家族文学研究,它们都具有一定的时空限制。时代性无需赘笔,就空间性而言,所有的研究都应纳入吴江地域文学研究这个大的课题之中。

柳亚子在《〈盛湖竹枝词〉题辞》中说:“词客辛壬角两雄,一编留爪德尤崇。百年风雅红梨社,狎主齐盟有寓公。”可见亚子对红梨社情况之熟稔。通过对柳亚子藏红梨社文献的挖掘，在还原那段风雅往事的同时，更能深化多方面的文学研究，是明清文学研究从文献入手的一个典范。

参考文献

[1] 柳亚子. 分湖诗钞. 南京：江苏人民出版社，2009：271.

[2] 沈曰富. 太学贡生柳君墓志铭（并序）//受恒受渐斋集（卷四）. 同治八年（1869）刻本.

[3] 沈曰富. 太学贡生柳君墓志铭（并序）//受恒受渐斋集（卷四）. 同治八年（1869）刻本.

[4] 柳树芳. 养馀斋二集（卷一）//清代诗文集汇编：409.

[5] 柳树芳. 分湖小识・自序//分湖小识（卷首）. 杨州：广陵书社，2008：104.

[6] 柳亚子. 自撰年谱//柳亚子文集（自传・年谱・日记）：18.

[7] 柳亚子. 灵兰精舍诗选・序//陈希恕. 灵兰精舍诗选.

[8] 郭麐. 灵芬馆续诗话（卷五）//清诗话访佚初编.

[9] 柳亚子. 灵兰精舍诗选・序//陈希恕. 灵兰精舍诗选.

[10] 柳亚子. 磨剑室文录（上）. 上海：上海人民出版社，1993：926.

[11] 洪亮吉. 北江诗话（卷三）//洪亮吉集（第五册）. 北京：中华书局，2001：2271.

[12] 沈昌直. 吴江文献保存会书目・序//张明观，等. 柳亚子集外诗文辑存：289.

后 记

一转眼,我到图书馆工作已近五年时间,在离开图书馆工作岗位而即将履新之际,这本论文集完成了初步编辑工作,将交由出版社正式出版。按惯例,还是要写个“后记”,简单交代一下编辑工作的原委。因为对编辑过程稍微熟悉些,就由我代为执笔说几句吧。

我在2012年年底印行的图书馆《东吴图情通讯》之《刊首寄语》中说过这样一段话:

> 我们这个图书馆和她所隶属的大学同龄,已经有一百多年的历史了。历史是个无限的量,将不断地延续。只要是在这个图书馆工作过的人,无论担任哪个部门、哪个岗位的工作,都是这个历史的承接者和创造者。
>
> 说“历史”,也许让人感到这个词太大,太重,因为在高校,图书馆除了地理位置在“中心”,其他都处于“边缘”。别看和过去的大学图书馆比较起来,现在无论哪所大学,图书馆的大楼都高大堂皇了很多,甚至超过了教学楼的壮观程度,但这并不表明她在人们心中真的重要,而被高校的“历史”至深镌刻。数字化的网络环境正在加速度改变着这个世界,图书馆已经建到信息高速公路上了,人们习惯于快速地浏览和获取信息,而不太愿意走进实体图书馆。这是非常现实的,无可回避的事实。
>
> 但我站在一个人文学者的立场,总是执着地为图书馆的价值辩护,甚至坚定地相信:在可以预见的未来,任何一所大学都不能没有图书馆,而好的大学更需要好的图书馆——不仅人文社会学学者需要,自然科学研究者同样需要——只是不同学科利用的方式不同罢了。这是图书馆的“历史”会长久续写下去的理由,也是我们的信念、信心所在。

这里之所以重复一下几个月前写下的文字，是因为这些文字中确实包含了我对高校图书馆价值的认识，也有自己几年来图书馆工作的思想印迹。其实，长期在高校图书馆工作的同仁比我的认识更为深刻，大家都能感到图书馆工作愈来愈在“相当重要”与“未必重要”、“宏图欲展”与“发展困境”之间徘徊。虽然我们不必对此过于焦虑，但无疑应该自觉承担起续写图书馆历史、巩固其地位的责任。这是需要我们每个图书馆人真诚地、创造性地为之努力的。

高校图书馆发展的进路是多元的，我们要做的工作也有多方面。持久性地开展学科研究，是我们的工作之一。近几年，我们常规性地隔年举办一次“学术周”活动，是推动图书馆科研工作的一项重要举措。它的作用如何，应由既往和未来来验证。但我很清楚地知道，开展这项工作本身就需要理念和意志的支撑。这里要感谢所有积极参与学术周活动的馆员和职员们，没有大家的理解和支持，这项工作是无法开展并取得实效的。

第二届学术周除了同样具有首届学术周全馆广泛参与的特点外，在论题的前沿性、深入性方面有后来居上之势，这是令人感到欣慰的。这本论文集现在能够以可观的面貌出版，正是对这一届学术周活动最好的总结。

需要说明的是，本论文集的编撰经历了一年多的过程，其间编辑思路有些变化。开始我们拟本着“好中选优”的原则对学术周提交的论文加以去取，尤其阳澄湖校区图书馆合并进来后，要吸纳他们最新的成果。这样，考虑到篇幅的限制，学术周论文的录用门槛就更高了一些。但经过编委会和馆务会的几次讨论，最后还是决定将达到相当水平的论文尽可能都收录进来，以更全面地记录学术周的历史，同时也鼓励更多的同仁参与科研活动。因此，对一部分选题好、有观点、基础较好但尚需修改打磨的论文，由编委会提出修改建议，交作者修改、提高、完善。这样一来，既做到了坚持学术标准，又能更多地推出成果。我想，后来确定的这一思路是有积极意义的。当然，这样做，需要不断往复，因此稍微拖延了本论文集出版的时间，希望大家鉴谅。

另外，去年我馆著名学者、版本目录学家瞿冠群先生不幸逝世，我在国内报刊上发表了一篇纪念文章。在原初文本中收录了该文，并遴选了瞿先生三篇代表性论文，列为一个纪念专栏。初编文本提交给出版社后，出版社方面考虑到全书篇幅问题，提出商询意见。为保持全书学术周论文的统一性质，也限于篇幅，这个专栏权且搁置一下，容另考虑其他纪念形式。而无论采取何种形式纪念，我们在表达哀思之外总想表达出这样的心情：瞿冠群先生是一位杰出的版本目录学家，对我国文献学研究做出了非凡的贡献。这份贡献永远记载于我国文献学史发展的史册，也记载在我们苏州大学图书馆的历史上。我们将永远铭记他为图书馆带来的光荣，并永远怀念他。

本论文集之能够顺利出版，首先要感谢所有参与学术周的同仁们；另外，编委会周建屏主任和各位编委在一年多的时间里，付出了辛勤劳动；陈家翠老师持久地带领一批兼职人员进行扎实而细致的工作，在此表示衷心感谢。还要特别提及的是，江作军副校长倾心关注图书馆的发展，关心本书的出版，亲撰序言加以鼓励；唐忠明馆长在听取了本书编辑情况报告后，十分重视，大力推进本书出版进程；出版社史创新编辑也为本书出版付出了辛劳。领导、同事及出版社多方面支持，共同襄成此举，在此一并深表谢忱！

罗时进

写于 2013 年 4 月初